So lernen Sie richtig mit der Hemmer-Box:

1. Verstehen:	Haben Sie den gelesenen Stoff verstanden, wandert die Karte auf Stufe 2. Wiederholen am nächsten Tag.
2. erstes Wiederholen:	Haben Sie den Stoff behalten, wandert er von Stufe 2 zu Stufe 4.
3. kleine Strafrunde:	Konnten Sie den Inhalt von Stufe 2 nicht exakt wiedergeben, arbeiten Sie die Themen bitte noch einmal durch, dann damit zurück zu Stufe 2.
4. fundiertes Wissen:	Wiederholen Sie die hier einsortierten Karten nach einer Woche noch einmal. Konnten Sie alles wiedergeben? Dann können Sie vorrücken zu Stufe 5.
5. Langzeitgedächtnis:	Wiederholen Sie auf dieser Stufe das Gelernte im Schnelldurchlauf nach einem Monat. Sollten noch Fragen offen bleiben, gehen Sie bitte eine Stufe zurück.

1. Verstehen:

Verstehen:
Bevor Sie beginnen, schaffen Sie sich eine geeignete Lernatmosphäre (Mood: Einstimmen). Lesen Sie die Karteikarte immer dahingehend, dass Sie sie auch verstehen. „Kartenfresserei“ rentiert sich nicht. Wachstum auch im Jurastudium heißt Auseinandersetzung mit Problemfeldern. So lernt nur derjenige bzw. diejenige richtig, der bzw. die Gehörtes oder Gelesenes verstanden hat. Schaffen Sie sich Verständnis, indem Sie zunächst das Problem definieren (Problem erkannt, Gefahr gebannt). Fragen Sie sich auch, was der Grund für eine Regelung ist.
Machen Sie sich bewusst, dass das Kurzzeitgedächtnis nur 7-9 Sinneseinheiten abspeichert. Über die Strukturierung der Karteikarte gelingt es Ihnen, mehr abzuspeichern.

✔ **Sie haben sich jetzt bemüht, den gelesenen Stoff zu verstehen, und damit den ersten wesentlichen Schritt des Lernens gemeistert. Sortieren Sie jetzt die Karteikarte unter „2. Wiederholen“ ein.**

Gefahr Vergessen: In der Regel wird bis zu 70 % des Gelernten innerhalb von 24 Stunden wieder vergessen. Daher ist es wichtig, das Gelernte auf Stufe 2 am nächsten Tag zu wiederholen, bevor Sie sich neue Karteikarten vornehmen.

Skizzieren Sie sich die Rechte des Käufers bei mangelhafter Leistung des Verkäufers!

Pflicht des Verkäufers aus § 433 I S. 2 BGB

Verletzung

Nacherfüllung, §§ 437 Nr. 1, 439 I BGB,
ist vorrangig wegen des Fristsetzungserfordernisses in §§ 323 I, 441 I, 281 I S. 1 BGB

Bei erfolglosem Fristablauf bzgl. Nacherfüllung

Rücktritt, §§ 437 Nr. 2, 323, 326 V BGB

Minderung, §§ 437 Nr. 2, 441, 323, 326 V BGB

Schadensersatz, §§ 437 Nr. 3, 280 ff., 311a II BGB bzw. **Aufwendungsersatz**, §§ 437 Nr. 3, 284 BGB

Unter welchen Voraussetzungen stehen dem Käufer die Mängelrechte des § 437 BGB zu?

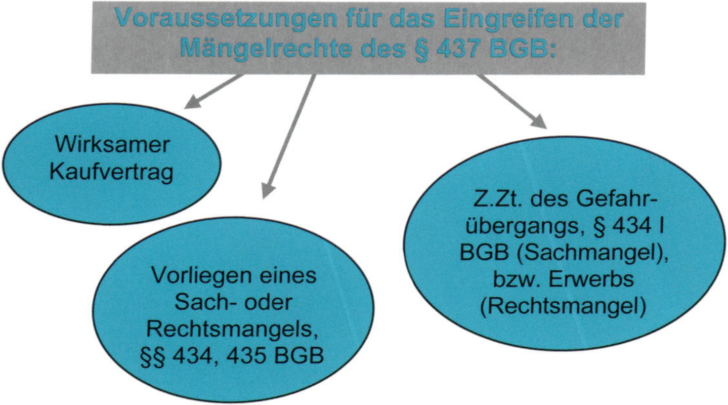
Voraussetzungen für das Eingreifen der Mängelrechte des § 437 BGB:
Wirksamer Kaufvertrag
Vorliegen eines Sach- oder Rechtsmangels, §§ 434, 435 BGB
Z.Zt. des Gefahrübergangs, § 434 I BGB (Sachmangel), bzw. Erwerbs (Rechtsmangel)

Ist das Eingreifen der Mängelrechte vom Vertretenmüssen abhängig?

Das Eingreifen der Mängelrechte ist unabhängig vom Erfordernis des Vertretenmüssens des Verkäufers ausgestaltet.
Dies wird am Wortlaut des Einleitungssatzes zu § 437 BGB deutlich: „Ist die Sache mangelhaft…“.
§ 437 BGB ist eine **Rechtsgrundverweisung**. Das bedeutet, dass die Tatbestandsvoraussetzungen der Normen, auf die in § 437 BGB verwiesen wird, auch vollständig vorliegen müssen.
Sowohl die Nacherfüllung nach §§ 437 Nr. 1, 439 I BGB als auch der Rücktritt nach §§ 437 Nr. 2, 323 bzw. § 326 V BGB kennen das Erfordernis des Vertretenmüssens ebenfalls nicht.
Das bedeutet, dass nur im Falle des Schadensersatzes nach §§ 437 Nr. 3, 280 ff. bzw. 311a II BGB ein Vertretenmüssen des Verkäufers vorliegen muss, siehe §§ 280 I S. 2, 311a II S. 2 BGB.

Achten Sie also genau darauf, nach welchem Recht des Käufers in der Klausur gefragt wird. Erwägungen zum Vertretenmüssen werden nur im Rahmen der Schadensersatzansprüche relevant!

Wie ist das Verhältnis der Tatbestandsvarianten der objektiven und subjektiven Anforderungen (§ 434 I-III BGB)?

§ 434 BGB regelt keinen Vorrang der subj. Anforderungen

Mangelfreiheit nur, wenn Sache den subjektiven und (!) den objektiven Anforderungen entspricht

Subjektive Anforderungen, § 434 I Var. 1 i.V.m. II BGB

Diff. zwischen Nr. 1 und Nr. 2. Selbst wenn Sache subj. Anforderungen entspricht: weiterprüfen!

Objektive Anforderungen, § 434 I Var. 2 i.V.m. III BGB

„Soweit nicht wirksam etwas anderes vereinbart wurde, …“; negative Beschaffenheitsvereinbarungen möglich, beim Verbrauchsgüterkauf aber nur bei Beachtung des § 476 I S. 2 BGB!!!

Erstes Wiederholen:
Das Wiedererinnern des Lernstoffs am nächsten Tag vertieft die Gedächtnisspur. Finden Sie heraus, wie viel Sie behalten haben. Überlegen Sie sich, in welchem Zusammenhang die Hauptpunkte zueinander stehen. Über die Fragen kontrollieren Sie, ob Sie den Lernstoff verstanden und behalten haben. So setzen Sie sich aktiv mit dem jeweiligen Themenkreis auseinander. Es bleibt immer mehr hängen.

Haben Sie sich an das Gelernte umfänglich erinnert?

✔ **Der Stoff ist nun einen Schritt näher auf dem Weg zum Langzeitgedächtnis. Bestimmte Problemkreise haben Sie nun abgespeichert. Es darf daher Stufe 3 übersprungen werden.
Sortieren Sie die Karteikarte unter „4. fundiertes Wissen" ein.**

✗ **Haben Sie sich nur teilweise oder gar nicht an das Gelernte erinnert, so muss der Lernstoff noch mal vertieft werden. Bleiben Sie am Ball: Es gilt am nächsten Tag Stufe 3.
Sortieren Sie die Karteikarte unter „3. kleine Strafrunde" ein.**

Welches sind die Pflichten des Verkäufers?

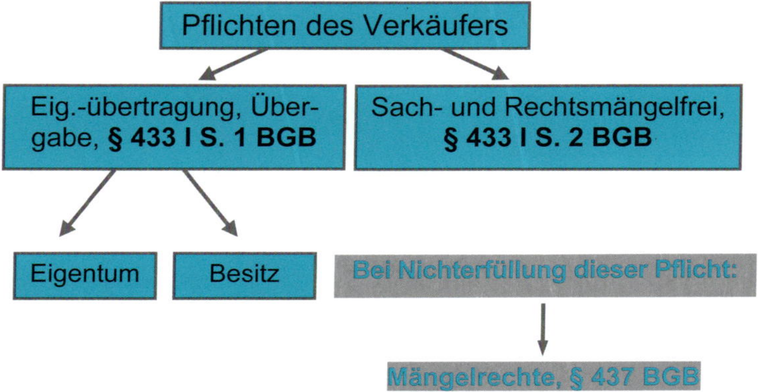
Pflichten des Verkäufers
Eig.-übertragung, Übergabe, **§ 433 I S. 1 BGB**
Sach- und Rechtsmängelfrei, **§ 433 I S. 2 BGB**
Eigentum
Besitz
Bei Nichterfüllung dieser Pflicht:
Mängelrechte, § 437 BGB

Was bedeutet „verschaffen“ des Eigentums und „übergeben“ i.S.d. § 433 I S. 1 BGB?

Pflichten des Verkäufers

Der Verkäufer einer Sache ist verpflichtet, dem Käufer das Eigentum an der Kaufsache zu verschaffen, § 433 I S. 1 BGB.

Das Eigentum wird durch Übereignung verschafft:

- Bei **beweglichen Sachen gemäß §§ 929 ff. BGB**
- Bei **Grundstücken gemäß §§ 873, 925 BGB**

Der Verkäufer muss dem Käufer die Sache ferner übergeben, d.h. **grds. den unmittelbaren Besitz gemäß § 854 BGB verschaffen**. Als Übergabe i.S.d. § 433 I S. 1 BGB genügt die Verschaffung mittelbaren Besitzes daher nur, wenn dies zwischen den Vertragsparteien vereinbart ist.

Neben der Pflicht zur Übergabe und der Eigentumsverschaffungspflicht ist der Verkäufer verpflichtet, die Sache mangelfrei zu übergeben, § 433 I S. 2 BGB.

Ändert sich durch den Kaufvertrag die dingliche Rechtslage?

Der **Kaufvertrag verpflichtet** den Verkäufer zu Verschaffung des Eigentums und zur Übergabe der Sache, § 433 I S. 1 BGB, siehe KK 10.

Dies ist jedoch **nur** eine schuldrechtliche **Pflicht**.

Streng davon zu unterscheiden ist der Realakt Übergabe nach § 854 S. 1 BGB und die dingliche Einigung nach § 929 S. 1 BGB.

Nach dem Trennungsprinzip sind schuldrechtlicher Vertrag (hier Kaufvertrag) und dingliches Erfüllungsgeschäft (Einigung nach § 929 S. 1 BGB) strikt voneinander zu trennen.

Nach dem Abstraktionsprinzip sind Verpflichtungs- und Erfüllungsgeschäft in ihrer Wirksamkeit unabhängig voneinander.

Folglich ändert sich durch den Kaufvertrag die dingliche Rechtslage nicht.

Welche Rechte hat der Käufer bei Nichterfüllung der Pflicht des Verkäufers aus § 433 I S. 1 BGB?

Rechte bei Nichterfüllung: Kommt der Verkäufer seiner Pflicht aus § 433 I S. 1 BGB nicht nach, kann der Käufer gegenüber einer Inanspruchnahme aus § 433 II BGB die Einrede des nichterfüllten Vertrages gemäß § 320 BGB geltend machen.

Durchsetzung: Der Käufer kann die Erfüllung des Anspruches auf Übereignung und Übergabe nach § 433 I S. 1 BGB auf gerichtlichem Wege erzwingen.
Zunächst muss der Käufer ein Leistungsurteil auf Übereignung „Zug um Zug" gegen Zahlung erstreiten. Aus dem obsiegenden Urteil kann er vollstrecken, § 704 I ZPO.
Die **Vollstreckung** bezüglich der nach § 929 S. 1 BGB erforderlichen **Einigungserklärung** des Verkäufers richtet sich nach **§ 894 I S. 1 ZPO** (Fiktion mit Rechtskraft des Urteils).
Die Vollstreckung hinsichtlich der **Übergabe** wird durch die Wegnahme der Sache seitens des Gerichtsvollziehers ersetzt, **§ 897 I ZPO**.

Wie kann der Käufer diesen Anspruch durchsetzen?
Welches sind die Rechte des Käufers bei Unmöglichkeit der Leistung gem. § 433 I S. 1 BGB?
– Teil I –

Unmöglichkeit ist die dauerhafte Nichterbringbarkeit des Leistungserfolges durch eine Leistungshandlung des Schuldners.

⇨ Sie **führt zum Erlöschen der geschuldeten Leistungspflichten nach § 275 BGB**.

Unmöglichkeit kann auch nach § 275 II, III BGB eintreten. Während aber **§ 275 I BGB** eine **rechtsvernichtende Einwendung** ist und daher **von Amts wegen zu beachten** ist, sind **§ 275 II und III BGB** Leistungsverweigerungsrechte, die als **rechtsvernichtende Einreden** (nach a.A. Gestaltungsrechte) ausgestaltet sind, d.h. sie **müssen** spätestens bis zum Ende der letzten mündlichen Verhandlung **erhoben werden**.

Welches sind die Rechte des Käufers bei Unmöglichkeit der Leistung gem. § 433 I S. 1 BGB?

– Teil II –

Besteht das Leistungshindernis bereits im Zeitpunkt des Vertragsschlusses, spricht man von **anfänglicher Unmöglichkeit**. Mögliche **Anspruchsgrundlage** für einen Schadensersatzanspruch des Käufers gegen den Verkäufer ist dann **§ 311a II BGB**.

Tritt das Leistungshindernis erst nach Vertragsschluss auf, spricht man von **nachträglicher Unmöglichkeit**. Mögliche **Anspruchsgrundlage** sind dann **§§ 280 I, III, 283 BGB**.

Beachte: Hier brauchen Sie **nicht** die Verweisung des **§ 437 Nr. 3 BGB**. Eine Zitierung des § 437 Nr. 3 BGB ist hier sogar falsch. Denn es geht **vorliegend nicht** um **Mängelrechte**. Denn die Mängelrechte **knüpfen an die Pflicht aus § 433 I S. 2 BGB an**, während es hier um die Pflicht aus § 433 I S. 1 BGB geht.
Merken Sie sich: Für das Eingreifen der Mängelrechte ist als Zeitpunkt der Gefahrübergang, § 434 I BGB, maßgeblich, zumeist die Übergabe der Sache, § 446 S. 1 BGB.

Wann tritt bei Gattungsschulden Unmöglichkeit ein?

- Bei einer **Gattungsschuld** verpflichtet sich der Schuldner, einen **nur** der **Gattung nach bestimmten Gegenstand** zu leisten.
- Der Untergang einzelner Gegenstände aus der fraglichen Gattung führt nicht zur Unmöglichkeit, denn **Gattungsschulden sind Beschaffungsschulden**. Geschuldeter Leistungserfolg ist demnach die Leistung irgendeines Gegenstandes aus der Gattung. Unmöglichkeit ist daher erst dann zu bejahen, wenn auch die Beschaffung eines weiteren Gattungsgegenstandes unmöglich ist.
- Bei der sog. **Vorratsschuld** verpflichtet sich der Verkäufer, nur aus einem bestimmten Vorrat zu leisten. Geht der gesamte Vorrat unter, liegt demzufolge Unmöglichkeit vor.
- Durch **Konkretisierung, § 243 II BGB**, kann eine **Gattungsschuld zu einer Stückschuld** werden.
- Zu der gleichen Rechtsfolge führt nach **§ 300 II BGB** der **Annahmeverzug des Gläubigers**.
- In diesen Fällen tritt Unmöglichkeit mit Eintritt des Leistungshindernisses bezüglich der konkretisierten Sache ein.

Welche Rechte hat der Käufer bei Nichtleistung trotz Fälligkeit?

- Der Käufer kann **Ersatz des Verzögerungsschadens** vom Verkäufer nach **§§ 280 I, II, 286 BGB** verlangen, wenn der Verkäufer mit seiner Verschaffungspflicht im Verzug ist bzw. war.

- **Schadenersatz statt der Leistung** steht dem Käufer unter den Voraussetzungen der **§§ 280 I, III, 281 BGB** zu. Insbesondere muss der Käufer dem Verkäufer grundsätzlich zunächst eine angemessene Frist zur Nachholung der Leistung setzen, § 281 I S. 1 BGB.

- **Rücktritt, § 323 I BGB**

Welches sind die Pflichten des Käufers?

Pflichten des Käufers

Kaufpreiszahlungspflicht, § 433 II Alt. 1 BGB

Die Kaufpreiszahlung steht mit der Verschaffungspflicht des Verkäufers im Gegenseitigkeitsverhältnis, so dass § 320 BGB anwendbar ist.

Abnahmepflicht, § 433 II Alt. 2 BGB

Die Abnahmepflicht steht mit der Verschaffungspflicht des Verkäufers i.d.R. nicht im Gegenseitigkeitsverhältnis, es sei denn, die Parteien vereinbaren dies.

Was passiert mit der Kaufpreiszahlungspflicht des Käufers bei Unmöglichkeit der Sachleistung?

– Teil I –

- **§ 275 BGB** betrifft **nur** die **unmöglich gewordene (Sach-) Leistungspflicht**. Die in der Zahlung von Geld bestehende Gegenleistung kann jedoch nicht nach § 275 BGB unmöglich werden: „Geld hat man zu haben!“, vgl. § 276 I S. 1 BGB.
- Die **Gegenleistungs- oder Preisgefahr** (d.h. die Gefahr, den Preis bezahlen zu müssen trotz Nichterbringung der Sachleistung) richtet sich ausschließlich nach **§ 326 BGB bzw. Spezialvorschriften** (§§ 446 f., 615 f., 644 f., 2380 S. 1 BGB).
- Nach § 326 I S. 1 HS 1 BGB entfällt der Anspruch auf die Gegenleistung grds. bei Unmöglichkeit der Sachleistungspflicht nach § 275 BGB.
- **§§ 446, 447 BGB** sind **leges speciales im Kaufrecht**, die in ihrem Anwendungsbereich § 326 I S. 1 HS 1 BGB vorgehen.

Was passiert mit der Kaufpreiszahlungspflicht des Käufers bei Unmöglichkeit der Sachleistung?

– Teil II –

- Nach **§ 446 S. 1 BGB** führt beim Sachkauf die **Übergabe** der verkauften Sache zum Übergang der Preisgefahr. Übergabe ist hier identisch mit Übergabe i.S.d. § 433 I S. 1 BGB, d.h. grds. Verschaffung des unmittelbaren Besitzes.
- Nach **§ 446 S. 3 BGB** steht der Übergabe der **Annahmeverzug** (nach §§ 293 ff. BGB) des Käufers gleich.
- Nach **§ 447 I BGB** geht beim sog. **Versendungskauf** die Preisgefahr auf den Käufer über, wenn auf Verlangen des Käufers die Kaufsache an einen anderen Ort als den Erfüllungsort (= Ort der Leistungshandlung) versendet worden ist (Schickschuld).

Beachten Sie: Nach § 475 II BGB ist § 447 I BGB ausnahmsweise auch beim Verbrauchsgüterkauf anwendbar, wenn der Käufer den Spediteur, den Frachtführer oder die sonst zur Ausführung der Versendung bestimmte Person oder Anstalt mit der Ausführung beauftragt hat und der Unternehmer dem Käufer diese Person oder Anstalt nicht zuvor benannt hat.

Gilt § 447 I BGB auch beim Transport durch eigene Leute des Verkäufers?

Grundsätzlich erfasst § 447 I BGB den Transport durch Transportpersonen (siehe Wortlaut des § 447 I BGB).

- § 447 I BGB erfasst aber **auch** den **Transport durch eigene Leute bzw. durch den Verkäufer selbst**.

  Denn durch die Ausführung des Transports erbringt der Verkäufer eine zusätzliche Leistungshandlung, zu der er vertraglich nicht verpflichtet ist (die bloße Ausführung ändert nichts daran, dass hier eine Schickschuld vorliegt, vgl. auch § 269 III BGB!). Der Verkäufer darf hier wertungsmäßig nicht das Risiko eines Misserfolges tragen, wenn er zur Erbringung des Erfolges vertraglich nicht verpflichtet ist.

- Bei einem **Verschulden der eigenen Leute** des Verkäufers ist dieses Verschulden diesem über § 278 BGB zuzurechnen. Die eigenen Leute sind hier nicht hinsichtlich des Transports, wohl aber hinsichtlich der Wahrung der Interessen des Käufers i.S.d. § 241 II BGB Erfüllungsgehilfen des Verkäufers. Da § 447 I BGB voraussetzt, dass die Leistungsstörung vom Schuldner nicht zu vertreten ist, greift § 447 I BGB **beim verschuldeten** Unfall durch eigene Leute nicht ein.

Ordnen Sie das Problem der Drittschadensliquidation in den § 447 I BGB ein!

– Teil I –

Fall: V und K vereinbaren eine Schickschuld hinsichtlich eines Gemäldes. V übergibt das Gemälde an Transportperson T, aufgrund leichter Fahrlässigkeit des Dritten D geht das Gemälde bei einem Verkehrsunfall während des Transports unter.
Ansprüche des K?

- Aus § 280 I BGB (-), da zu D kein Schuldverhältnis bestand und V (und auch der V evtl. zurechenbare T) keine vertragliche Pflicht verletzt hat.
- Aus § 823 I BGB (-), da keine absolut geschützte Rechtsposition des K vorliegt, weil K mangels Übergabe, §§ 929 ff. BGB, nicht Eigentümer geworden ist.

Aufgrund dieses „anspruchslosen“ und daher unbilligen Ergebnisses wurden die Grundsätze der Drittschadensliquidation entwickelt.

Ordnen Sie das Problem der
Drittschadensliquidation in den § 447 I BGB ein!
– Teil II –

Voraussetzungen der Drittschadensliquidation (DSL):
1. Anspruch des V, jedoch kein Schaden
2. Schaden des K, jedoch kein Anspruch
3. Zufällige Schadensverlagerung (z.B. § 447 I BGB)

⇨ **Rechtsfolge**: Anspruch des Käufers gegen den Verkäufer auf Abtretung seiner Schadensersatzansprüche gegen den Dritten gem. § 285 I BGB analog. Der Verkäufer muss also den Schaden des Käufers liquidieren.

Hier hat K einen Schaden (er muss den Kaufpreis zahlen wegen § 447 I BGB), aber keinen Anspruch (vgl. KK 21). V hat wegen § 447 I BGB aufgrund der Kaufpreiszahlung des K keinen Schaden (aber als Eigentümer aus § 823 I BGB grds. einen Anspruch). § 447 I BGB ist ein Fall der zufälligen Schadensverlagerung. Die Voraussetzungen liegen also vor, K hat gegen V den Anspruch auf Abtretung nach § 285 I BGB analog.

Achtung: bei VGK 475 II BGB beachten.

Aufgrund § 421 I S. 2 HGB hat sich das Problem der DSL entschärft, da hiernach ein gesetzlicher Anspruch gegen den Frachtführer besteht. Nach § 421 I S. 2 HS 2 HGB sind V und K Gesamtgläubiger. Dieser Nachteil für K, dass an V befreiend erfüllt werden kann, wird auch über die DSL gelöst.

Wie müssen Sie beim Kauf nach dem Vertragsgegenstand differenzieren?

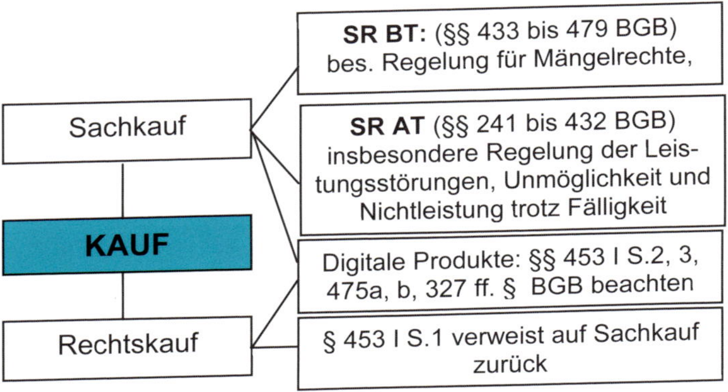
SR BT: (§§ 433 bis 479 BGB) bes. Regelung für Mängelrechte,
Sachkauf
SR AT (§§ 241 bis 432 BGB) insbesondere Regelung der Leis-tungsstörungen, Unmöglichkeit und Nichtleistung trotz Fälligkeit
KAUF
Digitale Produkte: §§ 453 I S.2, 3, 475a, b, 327 ff. § BGB beachten
Rechtskauf
§ 453 I S.1 verweist auf Sachkauf zurück

Im Schuldrecht gilt der Grundsatz der Vertragsfreiheit (sog. „Privatautonomie").

Nennen Sie Bestandteile und Rechtsgrundlage dieses Grundsatzes!

Vertragsfreiheit (§ 311 I; Art. 2 I GG)
Teil der Privatautonomie

Abschluss-freiheit ob und mit wem?	**Gestaltungs-freiheit** worüber?	**Formfreiheit** wie?
Ausnahme: Abschlusszwang	Ausnahme: Typenzwang	Ausnahme: Formzwang

Welche Vertrags*arten* kennen Sie neben den im SR BT ausdrücklich geregelten Vertragstypen?

Vertrags**arten**

atypische Verträge

Angelehnt an Vertragstypen des SR BT, allerdings punktuell modifiziert

z.B.
Vorschuss bei MaklerV

gemischte Verträge

Enthalten Elemente verschiedener Vertragstypen

z.B. Hotelaufnahmevertrag (Miete, Kauf-, Dienstvertrag), gemischte Schenkung

Verträge **sui generis**

Können keinem Vertragstyp zugeordnet werden

z.B. Abfindungsvertrag, Franchisevertrag, Sponsoringvertrag

Wonach richtet sich die rechtliche Beurteilung sog. typengemischter Verträge?

Typengemischte Verträge sind stets nach den **Verhältnissen des Einzelfalls** zu beurteilen

Ausgangspunkt ist der **mutmaßliche Parteiwille**, der entsprechend dem Vertragszweck, der Interessenlage und der Verkehrssitte auszulegen ist (§§ 133, 157).

Dabei sind grds. die Regeln des Vertragstyps heranzuziehen, dem die jeweilige Einzelleistung zuzuordnen ist (**Kombinationstheorie**). Kollidieren danach die anwendbaren Vorschriften, ist das Recht des Vertragstyps heranzuziehen, der den rechtlichen oder wirtschaftlichen Schwerpunkt des Vertrages bildet (**Absorbtionstheorie**).

Wie kommt ein Kaufvertrag zustande?

Überblick

- Der Kaufvertrag kommt – wie jeder Vertrag – durch Angebot und Annahme nach den §§ 145 ff. BGB zustande.
- Die **Hauptbestandteile** (**essentialia negotii**) sind:
  - ⇨ **Person des Vertragspartners**,
  - ⇨ **Kaufgegenstand** und
  - ⇨ **Kaufpreis**

  ⇨ Ohne eine diesbezügliche Einigung liegt ein Totaldissens vor. Der Kaufvertrag kommt nicht zustande.
  Fehlt dagegen eine Einigung über Nebenabreden (accidentialia negotii), so greifen die §§ 154, 155 BGB ein.

Bei einem sog. Totaldissens, also der fehlenden Einigung über essentialia negotii, greifen die §§ 154 f. BGB nicht ein! Der Vertrag kommt nicht zustande.

Beachte: Auch bei einem Kauf über das Internet (Stichwort eBay) finden die §§ 145 ff. BGB Anwendung, siehe KK 152.

Nennen Sie die wichtigsten examensrelevanten Arten des Kaufs!

Kauf, §§ 433 ff. BGB

Sachkauf, §§ 433 ff. BGB

Verbrauchsgüterkauf, §§ 474 ff. BGB
nur bei Ware i.S.d. § 241a I BGB, § 474 I S. 1 BGB

Rechtskauf, §§ 453 I S. 1, 433 ff. BGB

Vorkauf, §§ 463 ff. BGB,
sowohl bei Sach- als auch bei Rechtskauf

Was ist eine Sache i.S.d. § 433 I S. 1 BGB?
Wann ist eine Sache beweglich i.S.d. § 241a I BGB?

- Eine **Sache**, § 433 I 1 BGB, ist ein **körperlicher Gegenstand**, **§ 90 BGB**. Körperliche Gegenstände müssen im Raum abgrenzbar sein, entweder durch eigene körperliche Begrenzung, durch Fassung in einem Behältnis oder sonstige künstliche Mittel wie Grenzsteine oder Einzeichnungen in Karten.
  Daher sind Allgemeingüter wie freie Luft und fließendes Wasser keine Sachen i.S.d. §§ 433 I 1, 90 BGB.
  Keine Sachen sind außerdem das Licht, die elektrische Energie, Computerdaten und Computerprogramme (hier ggfs. Rechtskauf), wohl aber deren Verkörperung in einem Datenträger, vgl. § 327 V BGB; hier gelten dann die §§ 327 ff. BGB.
  Gemäß § 90a S. 3 BGB sind Tiere den Sachen i.S.d. § 90 BGB gleichstellt.
- Eine **bewegliche Sache** i.S.d. § 241a I BGB meint **beweglich im Rechtssinne**. Beweglich ist jede körperliche Sache, die nicht Grundstück, den Grundstücken gleichgestellt oder Grundstücksbestandteil (§§ 93 bis 95 BGB) ist.

Was regelt das Allgemeine Schuldrecht im Gegensatz zum Besonderen Schuldrecht?

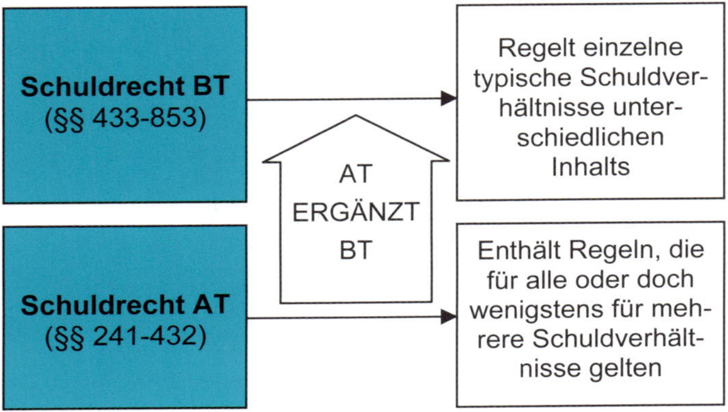
Schuldrecht BT
(§§ 433-853)
Regelt einzelne typische Schuldverhältnisse unterschiedlichen Inhalts
AT
ERGÄNZT
BT
Schuldrecht AT
(§§ 241-432)
Enthält Regeln, die für alle oder doch wenigstens für mehrere Schuldverhältnisse gelten

Welche Charakteristika hat ein Kaufvertrag und welche Hauptleistungspflichten gibt es?

- Der Kaufvertrag ist in den §§ 433 ff. BGB geregelt.
- Der Kaufvertrag ist ein **gegenseitiger**, d.h. vollkommen zweiseitiger **Vertrag**, in dem die beiderseitigen Verpflichtungen in einem Abhängigkeitsverhältnis zueinander stehen. Jeder Partner verspricht seine Leistung um der Gegenleistung willen, die Leistung des einen ist Entgelt für die des anderen. Kennzeichnend ist die synallagmatische Verknüpfung der beiderseitigen Leistungspflichten, d.h. eine auf dem Grundsatz „do ut des" (lat.: ich gebe, damit du gibst) beruhende, gegenseitige Zweckbindung.
- Der Kaufvertrag begründet **für den Verkäufer** nach **§ 433 I S. 1 BGB** die **Pflicht**, dem Käufer die **Sache** zu übereignen und zu übergeben, und zwar frei von Sach- und Rechtsmängeln, § 433 I S. 2 BGB.
- Im Gegenzug dazu verpflichtet sich der Käufer zur **Zahlung des vereinbarten Kaufpreises** und zur **Abnahme** der gekauften Sache, **§ 433 I S. 2 BGB**.

Was sind Rechte und sonstige Gegenstände i.S.d. § 453 I S. 1 BGB?

- Ein **Recht** ist die Befugnis, die sich für den Berechtigten unmittelbar aus der geltenden Rechtsordnung ergibt (subjektives Recht). Es besteht originär oder wird erworben (derivativ) und kann ein Anspruch, § 194 I BGB, ein Herrschafts- oder ein Gestaltungsrecht sein. Gegenstand eines Kaufs kann nur ein Recht sein, das als solches wirksam übertragen und so vom Verkäufer dem Käufer verschafft werden kann.
- **Sonstige Gegenstände** i.S.d. § 453 I S. 1 BGB sind übertragbare Sachen und Rechte, die einzeln oder zusammengefasst im Rechts- und Wirtschaftsverkehr gegen Entgelt dem Erwerber zur Verwendung oder Verfügung verschafft werden, insbesondere Unternehmen und Software (soweit sie im Einzelfall nicht schon ganz oder zum Teil Kauf einer Sache oder Werkvertrag ist).

Recht i.S.d. § 453 I S. 1 BGB ist insbesondere eine Forderung, d.h. ein schuldrechtlicher Anspruch des Gläubigers gegen den Schuldner auf Leistung. Ein Anspruch ist der Oberbegriff zur Forderung und kann auch gegen mehrere gerichtet sein oder auf einem absoluten Recht bestehen.

Ist der Kaufvertrag formbedürftig?

- Der Kaufvertrag bedarf zu seiner Wirksamkeit in der Regel **keiner** besonderen **Form**.
- **Ausnahmen** sind:
  - ⇨ **§ 311b I S. 1 BGB**
    Bei einem Kaufvertrag über ein Grundstück bedarf der Vertrag der notariellen Form, § 128 BGB.
  - ⇨ **§ 311b III BGB**
    Bei einem Kaufvertrag über gegenwärtiges Vermögen bedarf der Vertrag der notariellen Form, § 128 BGB.
  - ⇨ **§ 2371 BGB**
    Beim Erbschaftskauf bedarf der Kaufvertrag notarieller Form, § 128 BGB.
  - ⇨ **§ 15 IV S. 1 GmbHG**
    Bei einem Kaufvertrag über einen Gesellschafteranteil an einer GmbH bedarf dieser Vertrag der notariellen Form, § 128 BGB.

Zweites Wiederholen („kleine Strafrunde“):
Beschäftigen Sie sich am Tag nach Stufe 2 mit dem „unvollständig Gelernten“. In der Klausur wäre der Stoff noch nicht abrufbar. Machen Sie sich bewusst, warum der Problemkreis nicht beherrscht wird. Lesen Sie gezielt noch mal in unseren Produkten nach und schaffen Sie sich hierdurch die Basis zum Verstehen.
Machen Sie sich kurze Notizen und Verweise.

✔ **Nach der zweiten Wiederholung wird die Karteikarte zurück auf Stufe 2 einsortiert und unterliegt dort am nächsten Tag nochmals einer Kontrolle. Durch diese Lernmethode widmen Sie den Problemkreisen, die Sie nicht auf Anhieb verstehen, von Anfang an mehr Zeit.**

So kommen Sie über den „Umweg“ Stufe 3 wieder zu Stufe 2 und anschließend zu Stufe 4.

Erklären Sie die wichtigsten Problemkreise der Formbedürftigkeit am Beispiel der Unterverbriefung („Schwarzkauf")!

– Teil I –

Fall: V und K wollen einen Kaufvertrag über ein Grundstück im Wert von 500.000 € schließen, beurkunden jedoch lediglich einen Kaufpreis von 200.000 €. V bewilligt K eine Auflassungsvormerkung. Danach veräußert V das Grundstück an D, §§ 873 I, 925 BGB.
Schützt nun die Vormerkung den K vor der entgegenstehenden Verfügung des V zugunsten des D?

Die **Vormerkung** als **dingliches Sicherungsmittel sui generis** ist **streng akzessorisch zur Forderung (§ 883 I S. 1 BGB)**.
Hier besteht aber kein Anspruch des K auf Übereignung. Denn hinsichtlich des KVs über 200.000 € wurde zwar die Form beachtet, hier ist das simulierte Geschäft wegen Verstoßes gegen § 117 I BGB als Scheingeschäft aber nichtig.

Erklären Sie die wichtigsten Problemkreise der Formbedürftigkeit am Beispiel der Unterverbriefung („Schwarzkauf“)!

– Teil II –

Das gewollte (dissimulierte) Geschäft (§ 117 II BGB) über 500.000 € ist nach § 125 S. 1 BGB nichtig, da die Form des § 311b I S. 1 BGB nicht beachtet wurde (beurkundet wurden nur 200.000 €; die Heilung nach § 311b I S. 2 BGB wirkt erst mit Eintragung des K als Eigentümer [ex nunc, „wird…gültig"]). Damit bestand zum maßgeblichen Zeitpunkt der Eintragung der Vormerkung kein zu sichernder Anspruch, so dass die Vormerkung unwirksam ist.
Auch § 883 I S. 2 BGB („künftiger Anspruch") ändert nichts an der Unwirksamkeit der Vormerkung, da für einen künftigen Anspruch i.S.d. § 883 I S. 2 BGB Voraussetzung ist, dass die Entstehung dieses Anspruchs allein vom Erwerber abhängt. Hier muss aber auch der Verkäufer bei der Eintragung noch mitwirken, § 20 GBO.
Es handelt sich hier also um eine bloße Erwerbsaussicht und nicht um einen künftigen Anspruch.
Ergebnis: Mangels wirksamer Vormerkung wird K nicht vor der Veräußerung des V an den D geschützt.

Fundiertes Wissen:
Die schon vorhandene Gedächtnisspur wird durch eine weitere Wiederholung vertieft. Wir empfehlen nach einer Woche eine Wiederholung der hier einsortierten Karteikarten. So retten Sie das Gelernte in das Langzeitgedächtnis. Das Wiederholen geht jetzt schon viel schneller. Stichwortartig memorieren Sie die Hauptpunkte der Lösung.

Haben Sie sich an das Gelernte umfänglich erinnert?

✔ **Die Karteikarte darf vorrücken zu „5. Langzeitgedächtnis“.**

✗ **Die Karteikarte wird noch nicht so sicher und schnell beherrscht wie gewünscht.**
Belassen Sie die Karte in Stufe 4 und wiederholen Sie sie in einer Woche nochmal.

Langzeitgedächtnis:
Wiederholen Sie auf dieser Stufe das Gelernte im Schnelldurchlauf nochmals nach **einem Monat**. Sie können jetzt an einem Tag ein ganzes Rechtsgebiet wiederholen.

✔ **Konnten Sie auf die Frage schnell und im Wesentlichen antworten: Die Karteikarte bleibt auf dieser Stufe.**

✗ **Merken Sie beim stichwortartigen Memorieren der Karteikarte, dass Sie zu lange überlegen müssen, um das Gelernte wieder herzuleiten, so sortieren Sie diese Karteikarte nochmals auf Stufe 4 ein.**

An alles erinnert? Sie können mit sich zufrieden sein.
Der Lernstoff ist nun im Langzeitgedächtnis und Sie haben erfolgreich gegen das Vergessen angekämpft. Das Gelernte können Sie nun bei der Fallbearbeitung jederzeit abrufen.

Sortieren Sie § 434 III S. 1 Nr. 2 b) BGB in die Systematik des § 434 BGB ein.

§ 434 III S. 1 Nr. 2b) BGB hat nur für solche Äußerungen Bedeutung, die nicht Vertragsinhalt geworden sind (sonst schon Abweichung von vereinbarter Beschaffenheit). Er erweitert den Schutz des Käufers hinsichtlich der Frage, welche Beschaffenheit dieser von der Kaufsache erwarten darf. Er darf sich auf öffentliche Äußerungen des Verkäufers oder eines anderen Glieds der Vertragskette (i.d.R. Hersteller) verlassen.

Äußerungen sind dann **öffentlich**, wenn sie an einen **unbestimmten Adressatenkreis** gerichtet und für diesen auch **wahrnehmbar** sind. **Häufig**ste Fallgruppe und Regelbeispiel in § 434 III S. 1 Nr. 2b) BGB sind **Werbeaussagen**. Diese müssen sich aber auf bestimmte Beschaffenheitsmerkmale beziehen. Reißerische, unbestimmte Werbeaussagen begründen kein schützenswertes Vertrauen des Käufers und unterfallen daher nicht der Norm.
Selbst wenn öffentliche Äußerung umfassender als gleichzeitige Beschaffenheitsvereinbarung, liegt Mangel vor (kein Vorrang des subjektiven Mangelbegriffs). Aber: ggfs. negative Beschaffenheitsvereinbarung (bei VGK auf § 476 I S.2 BGB beachten).

Wann entfällt die Haftung für öffentliche Äußerungen i.S.d. § 434 III S. 1 Nr. 2 b) BGB wieder?

§ 434 IIII S. 3 BGB kennt 3 Ausschlussgründe, deren Vorliegen der Verkäufer beweisen muss („Ausnahme von der Regel"):

1. Der Verkäufer haftet nicht für solche öffentlichen Äußerungen, die er weder kannte noch kennen musste.
2. Die öffentliche Aussage ist unerheblich, wenn sie zum Zeitpunkt des Vertragsschlusses in gleichwertiger Weise berichtigt war.
3. Die öffentliche Aussage hat keine Bedeutung, wenn sie die Kaufentscheidung nicht beeinflussen konnte.
   Fehlen der Kausalität genügt nicht, es ist vielmehr erforderlich, dass die Aussage zur Beeinflussung der Kaufentscheidung objektiv nicht geeignet war. Eine Beeinflussung der Kaufentscheidung muss also nachweislich ausgeschlossen sein (BGH, Life&LAW 03/2022, 83 ff.).

Was ist unter einer vertraglich vorausgesetzten Verwendung i.S.d. § 434 II S. 1 Nr. 2 BGB zu verstehen?

Unter vertraglich vorausgesetzt ist eine Verständigung der Parteien zu verstehen; der BGH ließ früher genügen ein Voraussetzen i.S.e. Erwartung. Aufgrund der Zuordnung dieses Tatbestandes zu den subjektiven Anforderungen ist das Verlangen nach einer Verständigung überzeugender.
Abgrenzung zu Nr.1: Gegenstand dieser Verständigung kann nie eine konkrete Eigenschaft sein, sonst schon Beschaffenheitsvereinbarung.
Vertraglich vorausgesetzte Verwendung kann immer nur eine konkrete Nutzungsart sein, die nach h.M. zudem außergewöhnlich sein muss (andernfalls Abgrenzungsprobleme zu § 434 III S.1 Nr.1 BGB – „gewöhnliche Verwendung"). Vgl. dazu BGH, Life&LAW 2017, 813 ff. (Heft 12)

Es ist also erforderlich, § 434 II S.1 Nr.2 BGB „nach oben und nach unten" abzugrenzen, damit jeder Tatbestand einen eigenständigen Anwendungsbereich für sich verbuchen kann. Nur das entspricht der Intention des Gesetzgebers!

Erklären Sie die Tatbestandvoraussetzungen des § 434 I Var. 3, IV BGB!

Gem. § 434 I Var. 3 BGB muss die Sache auch den Montageanforderungen der Norm erfüllen. Dies wird in Absatz IV konkretisiert. Die Montage muss **vereinbart** worden sein (vgl. Wortlaut „soweit … durchzuführen ist"):

Die Sache entspricht den Montageanforderungen, wenn die Montage

- sachgemäß durchgeführt wurde (Nr. 1) oder
- zwar unsachgemäß durchgeführt wurde, dies aber wiederum nicht auf unsachgemäßer Montage durch den Verkäufer oder auf einer vom Verkäufer übergebenen Anleitung basiert (Nr. 2).

Für die Nr. 1 ist also irrelevant, ob die Anleitung selbst mangelhaft war; denn gelingt der mangelfreie Aufbau trotzdem, liegt ein Fall sachgemäßer Montage vor! Fehlt die Montageanleitung, liegt ein Fall von § 434 III S. 1 Nr. 4 BGB vor.

Was ist unter *un*sachgemäßer Montage zu verstehen?

Unsachgemäß ist die Montage, wenn sie dazu führt, dass die Sache selbst einen Mangel aufweist oder wenn die Sache zwar nicht beeinträchtigt wird, aber gleichwohl „falsch“ aufgebaut wurde. Dann entspricht die Sache nicht den Montageanforderungen, Nr. 1. Dabei muss sich der Verkäufer ein Fehlverhalten seiner Angestellten bzw. sonstiger Gehilfen gem. § 278 BGB zurechnen lassen.

Selbst bei unsachgemäßer Montage entfällt die Haftung bei vom Käufer durchgeführter Montage, wenn die unsachgemäße Montage nicht auf einem Mangel in der vom Verkäufer übergebenen Anleitung beruht (Nr. 2).

Wann richtet sich die Beurteilung der Mangelhaftigkeit nach § 475b BGB?

- Erste Voraussetzung ist das Vorliegen eines Verbrauchsgüterkaufs.
- Zweite Voraussetzung ist der Kauf von Ware mit digitalen Elementen.

Definition in § 327a III BGB:
Ware kann ohne digitales Produkt Funktion nicht erfüllen (funktionales Kriterium) und Bereitstellung des digitalen Produkts ist aus dem Kaufvertrag über die Ware geschuldet (vertragliches Kriterium). Bsp.: Kauf von Computer mit Betriebssystem

Fehlt eine dieser Voraussetzungen (d.h. entweder geht es um digitales Produkt, welches für Ware nicht wichtig (Computerspiel) oder es handelt sich um verschiedene Verträge), liegt ein Fall des § 327a II BGB vor, so dass sich die Mangelhaftigkeit nach § 327e BGB richtet!

Wird im Rahmen eines Verbrauchsgüterkaufs Computer inklusive Betriebssystem und mit weiterem Computerspiel verkauft, gilt für Mängel am Computer § 434 BGB, für Mängel am Betriebssystem § 475b BGB und für Mängel am Computerspiel § 327e BGB!

Erklären Sie die Tatbestandvoraussetzungen und Rechtsfolgen des § 434 V BGB!

Einem Sachmangel steht nach § 434 V BGB die Lieferung eines aliud gleich. Ratio dieser Norm ist die Gleichstellung der Lieferung von aliud und peius (Schlechtleistung), um Abgrenzungsschwierigkeiten zu vermeiden.

Eigentlich ist die Gleichstellung überflüssig, da der Fall schon über den Begriff „Art der Sache" i.S.d. § 434 II S. 2 BGB erfasst wird.

Beim Stückkauf schuldet der Verkäufer den individualisierten Gegenstand. Beim Gattungskauf wird hingegen eine Sache geschuldet, die nach allgemeinen Merkmalen beschrieben ist (vgl. § 243 I BGB). Demnach ist ein aliud beim Gattungskauf gegeben, wenn die gelieferte Sache nicht der geschuldeten Gattung angehört.
Da beim **Stückkauf** die Schuld nicht durch allgemeine Merkmale beschrieben wird, ist bei diesem **nur ein Identitätsaliud und beim Gattungskauf** allein ein **Qualifikationsaliud** denkbar.

Ist § 434 V BGB auch auf das Identitäts-aliud des Stückkaufs anwendbar?

Anwendbarkeit des § 434 V BGB auf den Stückkauf

1. Ansicht: Beim Stückkauf ist § 434 V BGB teleologisch zu reduzieren.
Dafür: Sinn und Zweck der Norm ist es, Abgrenzungsschwierigkeiten zu beseitigen. Diese bestehen beim Stückkauf jedoch gerade nicht. § 378 HGB a.F., die gesetzgeberische Vorlage des § 434 V BGB, wurde von der Rechtsprechung auch nur auf den Gattungskauf angewandt.
Dagegen: Die Beseitigung von Abgrenzungsschwierigkeiten war nicht alleiniger Zweck der Norm, sondern auch die Schaffung einer einheitlichen Verjährung.
2. Ansicht: Auch beim Stückkauf ist § 434 V BGB uneingeschränkt anwendbar.
Dafür: Der Wortlaut des § 434 V BGB trennt nicht zwischen Stück- und Gattungskauf (anders als andere Vorschriften im BGB). Die Einführung des § 434 V BGB soll zu einem Verjährungsgleichlauf führen. Es gibt keine zwingenden Argumente *gegen* die Gleichstellung.
Dagegen: Beim Stückkauf gibt es keine Abgrenzungsschwierigkeiten, vgl. o.

Ist § 434 V BGB auch bei Extremabweichungen anwendbar?
– Teil I –

Extremabweichungen und § 434 V BGB – Teil I

1. Ansicht: Alle Extremabweichungen werden erfasst.
Dafür: Der Wortlaut begrenzt die Anwendbarkeit des § 434 V BGB nicht.
Dagegen: Wenn jedwede Form der Abweichung von der Norm erfasst würde, könnte man das aliud nicht mehr von einem konkludenten Angebot auf Vertragsänderung, einem Betrugsversuch oder einer schlichten Lieferpanne unterscheiden.
2. Ansicht: Von § 434 V BGB werden Extremabweichungen nicht erfasst, wenn eine Genehmigung aus objektivierter Verkäufersicht ausgeschlossen erscheint.
Dafür: Die gesetzgeberische Vorlage zu § 434 V BGB, § 378 HGB a.F. stellte auch auf das Kriterium der Genehmigungsfähigkeit ab.
Dagegen: § 378 HGB a.F. sah eine solche Genehmigungsfähigkeit ausdrücklich vor. Auch im Gesetzgebungsverfahren war in § 434 V BGB eine Genehmigungsfähigkeit zunächst explizit vorgesehen, wurde aber in der endgültigen Fassung nicht übernommen.

Ist § 434 V BGB auch bei Extremabweichungen anwendbar?
– Teil II –

Extremabweichungen und § 434 V BGB – Teil II

3. Ansicht (h.L.): Extremabweichungen werden nur dann erfasst, wenn die Lieferung aus objektivem Empfängerhorizont als Erfüllung verstanden werden konnte.

Dafür: Nur so kann aus dem ursprünglichen Erfüllungsanspruch ein Nacherfüllungsanspruch werden, da letzterer einen erfolglosen Erfüllungsversuch, d.h. die Lieferung einer mangelhaften Sache, voraussetzt.
Außerdem kann nur so eine sinnvolle Abgrenzung zwischen § 241a BGB und § 434 V BGB erfolgen.

Wie wird die Lieferung eines höherwertigen aliuds behandelt?

Behandlung des höherwertigen aliud – Teil I

1. Ansicht: Käufer kann höherwertiges aliud behalten, weil es ihm freisteht, Mängelrechte geltend zu machen oder nicht. Da das aliud der mangelhaften Leistung gleichgestellt wird, müsse dies auch für die Fälle des § 434 V BGB gelten.
Dagegen: Käufer nicht schutzwürdig, da sich Fehler des Verkäufers als „Geschenk des Himmels" erweisen würde.
2. Ansicht: Der Verkäufer kann nach § 812 I S. 1 Alt. 1 BGB kondizieren, da kein Rechtsgrund hinsichtlich des höherwertigen aliud vorliegt.
Dafür: § 434 V BGB erfasst nicht das höherwertige aliud, weil Mängelrechte dem telos nach nur bei Mängeln, nicht aber bei einer Besserstellung des Käufers eingreifen sollen. Auch der Kaufvertrag selbst stellt nur einen Rechtsgrund für den *geschuldeten* Gegenstand, nicht aber für das aliud dar.
Dagegen: Abgrenzungserfordernis zwischen mangelhafter Leistung und Nichtleistung „durch die Hintertür".

Wie wirkt sich § 377 HGB bei der Lieferung eines höherwertigen aliuds aus?

Relevanz einer Präklusion gem. § 377 II HGB?

1. Ansicht: Käufer schuldet höheren Kaufpreis. Über § 377 II HGB werde ein Kaufvertrag über höherwertiges aliud fingiert.
Dafür: § 377 HGB hätte sonst keine sanktionierende Wirkung; Käufer könnte bewusst eine Rüge unterlassen.
Dagegen: § 377 HGB will dem Käufer Rechte nehmen (Obliegenheit), nicht dem Verkäufer weitere Rechte geben

2. Ansicht (h.L.): Verkäufer kann höherwertiges aliud gem. § 812 BGB im Austausch gegen tatsächlich geschuldete Ware herausverlangen.
Dafür: Intention der Norm (s.o.)

Dagegen: Faktisch wirkt sich Präklusion gem. § 377 HGB nicht aus.

Hat die Lieferung einer zu geringen Menge Relevanz im Rahmen des § 434 BGB?

Zuweniglieferung, eigentlich partielle Nichtleistung	= ABER =	**§ 434 II S. 2 bzw. III S. 2 BGB**

Voraussetzung (str.!):

Der Verkäufer leistet gemäß seiner Tilgungsbestimmung nach § 366 I BGB zur **vollständigen** Erfüllung seiner Pflicht aus § 433 I S. 1 BGB.

Abzustellen ist hierbei auf den objektiven Empfängerhorizont des Käufers.

§ 434 BGB daher **nicht anwendbar, wenn** der Verkäufer **erkennbar** eine **Teilleistung** erbringt.

Unklar, ob dies auch unter Geltung des neuen Rechts ab 2022 so ist. Gesetzesbegründung lässt sich dazu nicht aus.

Hat die Lieferung einer zu großen Menge Relevanz im Rahmen des § 434 BGB?

Wie wirkt sich „Zuviel-Leistung“ aus?

Eigentlich

Problem: Nach alter Rechtslage wurde nur die Lieferung einer zu geringen Menge dem Sachmangel gleichgestellt (§ 434 III BGB a.F.)

Daher: Überschießender Teil konnte kondiziert werden.

Neues Recht: Nicht nur Gleichstellung, sondern generell gelten Mengenabweichungen als Mangel

Folge: Käufer dürfte überschießenden Teil der Ware behalten!

Klärung durch Literatur / Rechtsprechung bis dato (-)

Was sind Rechtsmängel i.S.d. § 435 BGB?
(vgl. ausführlich Life&LAW 2017, 221 ff. bzw. 593 ff.)

Ein Rechtsmangel i.S.d. § 435 S. 1 BGB kann **bei Sach- und Rechtskäufen** vorliegen.
Ein solcher Rechtsmangel liegt vor, wenn von Dritten aufgrund eines privaten oder öffentlichen Rechts das Eigentum, der Besitz oder der unbeschränkte Gebrauch des Kaufgegenstands beeinträchtigt werden kann. Dies ist objektiv zu verstehen und unabhängig vom vereinbarten Verwendungszweck.
Wenn der Mangel aus der Beschaffenheit der Sache folgt, ist aber nicht § 435 BGB, sondern allein § 434 BGB anzuwenden.
Jedoch ist eine Abgrenzung nicht zwingend, weil Rechts- und Sachmangel jedenfalls hinsichtlich der Rechtsfolgen gleichgestellt sind.
Maßgeblicher Zeitpunkt für das Vorliegen eines Rechtsmangels ist allein das Bestehen dieses Rechts beim Erwerb des Gegenstands, nicht zum Beispiel der Abschluss des Kaufvertrags.

Beispiele *für Rechte i.S.d. § 435 S. 1 BGB:* ***dingliche Rechte*** *(z.B. im Grundbuch eingetragene Rechte einschließlich Vormerkung),* ***öffentliche Rechte*** *(z.B. Baulast),* ***obligatorische Rechte*** *(z.B. Miete wegen § 566 BGB).*

Stellt das Eigentum eines Dritten an der Kaufsache einen Rechtsmangel i.S.d. § 435 BGB dar oder bleibt es bei dem Erfüllungsanspruch aus § 433 I S. 1 BGB?
– Teil I –

Behandlung der fehlenden Eigentumsverschaffung im System der §§ 433 ff. BGB – Teil I

1. Ansicht: Die fehlende Eigentumsverschaffung stellt einen Rechtsmangel i.S.d. § 435 S. 1 BGB dar.

Dafür: Der Gesetzeswortlaut spricht für das Eigentum als Recht eines Dritten i.S.d. § 435 S. 1 BGB, da dort keine Eingrenzung vorgenommen wird. Zudem besteht die Gefahr der Regressfalle wegen der unterschiedlichen Verjährung des Erfüllungs- und des Herausgabeanspruchs. Denn der Erfüllungsanspruch des Käufers gegen den Verkäufer verjährt nach §§ 195, 199 I BGB in 3 Jahren und der Herausgabeanspruch des Eigentümers nach §§ 197 I Nr. 2, 200 S. 1 HS 1 BGB in 30 Jahren. Somit wäre der Erfüllungsanspruch des Käufers nach 3 Jahren nicht mehr durchsetzbar, wohingegen sich der Käufer 30 Jahre lang dem Herausgabeanspruch des Eigentümers ausgesetzt sähe. Aus Wertungsgründen muss daher ein Rechtsmangel vorliegen, damit die Rechtsmängelverjährung nach § 438 I Nr. 1 lit. a BGB von 30 Jahren zur Anwendung kommen kann, um die Regressfalle zu verhindern.

Stellt das Eigentum eines Dritten an der Kaufsache einen Rechtsmangel i.S.d. § 435 BGB dar oder bleibt es bei dem Erfüllungsanspruch aus § 433 I S. 1 BGB?

– Teil II –

Behandlung der fehlenden Eigentumsverschaffung im System der §§ 433 ff. BGB – Teil II

2. Ansicht: Die fehlende Eigentumsverschaffung stellt aufgrund der Tatsache, dass bereits § 433 I S. 1 BGB die Pflicht zur Übertragung des Eigentums normiert, gar keine Erfüllung dar, so dass der ursprüngliche Erfüllungsanspruch fortbesteht.

Dafür: Sowohl die Gesetzesbegründung als auch die Systematik sowie § 434 BGB a.F. sprechen für diese Ansicht.

Im Übrigen verkennt die Gegenansicht, dass sich die Problematik der Regressfalle jedenfalls bei einem gutgläubigen (schutzwürdigen) Eigenbesitzer wegen der Ersitzungsnormen der §§ 937 ff. BGB gar nicht stellen wird.

[Ausführlich hierzu Tyroller, Life&LAW 03/2008, 197 ff.]

Haftet der Grundstücksverkäufer für öffentliche Lasten?

§ 436 II BGB stellt klar, dass der **Verkäufer <u>nicht</u>** für **öffentliche Lasten**, z.B. Abgaben nach den Kommunalabgabegesetzen der Länder, „haftet".

Das bedeutet, dass derartige **öffentliche Lasten weder** einen **Sach- noch** einen **Rechtsmangel** des Grundstücks darstellen.

Abweichend hiervon bestimmt **§ 436 I BGB**, dass der Verkäufer Erschließungsbeiträge und sonstige Anliegerbeiträge für diejenigen Maßnahmen zu tragen hat, die bis zum Zeitpunkt des Vertragsschlusses bautechnisch begonnen wurden.

Dies bewirkt nicht, dass das Grundstück deshalb als mangelhaft i.S.d. §§ 434, 435 BGB anzusehen ist. In § 436 I BGB geht es lediglich um die Verteilung öffentlicher Lasten, was mit Mängelrechten streng genommen nichts zu tun hat.

Wer Schuldner der Beiträge i.S.d. § 436 I BGB ist, bestimmt sich nach öffentlichem Recht. Hierauf hat § 436 I BGB keinen Einfluss.

Aufgrund welcher Vorschriften kann es zu einem Ausschluss der Mängelrechte kommen?

Ausschluss der Mängelrechte

Aufgrund vertraglicher Vereinbarung, Grenzen: §§ 444, 309 Nr. 7 und Nr. 8 b), 476 BGB

Aufgrund Ausschlusses der Mängelrechte in der Zwangsvollstreckung, § 806 ZPO (bewegliche Sachen), § 56 S. 3 ZVG (Grundstücke)

bei Kenntnis/grob fahrlässiger Unkenntnis des Käufers, § 442 BGB (gilt nicht bei VGK, § 475 III S. 2 BGB)

Aufgrund handelsrechtlicher Genehmigungsfiktion, § 377 II HGB

Unter welchen Voraussetzungen sind die Mängelrechte nach § 442 BGB ausgeschlossen?

Maßgeblicher Zeitpunkt für den gesetzlichen Ausschuss der Mängelrechte nach § 442 I BGB ist der Vertragsschluss.
Hat der Käufer zu diesem Zeitpunkt positive Kenntnis von dem Mangel, führt dies zum Ausschluss der Mängelrechte hinsichtlich dieses Mangels, § 442 I S. 1 BGB.
Dasselbe gilt nach § 442 I S. 2 BGB bei grob fahrlässiger Unkenntnis des Käufers, es sei denn, dass der Verkäufer den Mangel arglistig verschwiegen oder eine Garantie übernommen hat.

Beachten Sie, dass sich der Ausschluss nach § 442 I BGB nur auf einen bestimmten Mangel bezieht. Hinsichtlich anderer Mängel kann der Käufer weiterhin von seinen Mängelrechten Gebrauch machen.
Die Regelung gilt nicht beim VGK, § 475 III S. 2 BGB, Kauf digitaler Produkte bzw. Rechtskauf digitaler Inhalte, §§ 475a II S. 1 Nr. 2, 453 I S. 2 Nr. 2 BGB. Hintergrund: Negative Beschaffenheitsvereinbarungen sind nur bei Wahrung der Vorgaben in § 476 I S. 2 bzw. § 327h BGB möglich. Diese Vorgaben würden bei Geltung von § 442 BGB unterlaufen werden.

Wann kann sich der Verkäufer gemäß § 444 BGB nicht auf den Ausschluss der Mängelrechte berufen?

Wenn einer der Tatbestände des § 444 BGB vorliegt, kann sich der Verkäufer auf den **vertraglichen** Ausschluss der Mängelrechte insoweit nicht berufen.

Wie aus dem Wortlaut des § 444 BGB („kann sich der Verkäufer nicht berufen...") klar wird, ist der Ausschluss nicht unwirksam, sondern hat nur keine Wirkung. „Beschränkung" meint auch Verkürzung der Verjährungsfrist.

Die Tatbestände des § 444 BGB sind:

- **Arglist des Verkäufers**

  Der Verkäufer kann sich auf einen Ausschluss der Mängelrechte nicht berufen, soweit er vorsätzlich einen Mangel verschweigt, wobei bedingter Vorsatz genügt. Ausreichend sind auch unrichtige Angaben „ins Blaue hinein".

- **Garantieübernahme durch den Verkäufer**

  Die Garantie liegt regelmäßig in der Zusicherung einer bestimmten Beschaffenheit. Garantie bedeutet dabei, dass der Verkäufer für eine bestimmte Beschaffenheit verschuldensunabhängig einstehen will.

Welche Besonderheiten gibt es beim Ausschluss der Mängelrechte in AGB bzw. beim Verbrauchsgüterkauf?

Bei einem **Ausschluss** der Mängelrechte **in AGB** genießt der Käufer einer neu hergestellten Sache nach **§ 309 Nr. 8 lit. b BGB** umfänglichen Schutz. „Neu" i.S.d. § 309 Nr. 8 lit. b BGB ist eine Sache, wenn sie noch nicht ihrem bestimmungsgemäßen Gebrauch zugeführt ist.
Bei einem **Verbrauchsgüterkauf**, legaldefiniert in § 474 I S. 1 BGB, kann sich der Unternehmerverkäufer gemäß **§ 476 I S. 1 BGB** auf Abmachungen, die von den §§ 433 bis 435, 437, 439 bis 441 und 443 BGB zum Nachteil des Verbraucherkäufers abweichen, nicht berufen. Hier findet also ein noch weitergehender Schutz statt; insbesondere gilt dieser Schutz auch bei individualvertraglichen Vereinbarungen (beachte aber § 476 II, III BGB).
Eigenständige Bedeutung haben § 309 Nr. 7 und Nr. 8 lit. b BGB im Rahmen des Verbrauchsgüterkaufs daher nur i.R.d. Ausschlusses des Schadensersatzanspruches, § 476 III BGB.

Weder ein individualvertraglicher Ausschluss der Mängelrechte noch ein solcher in AGB erfasst solche Mängel, die nach Vertragsschluss und vor Gefahrübergang entstehen, wenn nicht anders vereinbart.

Was sind die Tatbestandsvoraussetzungen des § 377 HGB?

Handelsrechtliche Genehmigungsfiktion des § 377 II HGB:

- Wirksamer Kaufvertrag
- Vorliegen eines beiderseitigen Handelskaufs
  Handelsgeschäft ist in § 343 I HGB definiert. Die Beidseitigkeit ist eine Ausnahme zu § 345 HGB.
- Ablieferung der Ware beim Käufer
- Vorliegen eines Sach- oder Rechtsmangels
- Verletzung der Untersuchungs- oder Rügeobliegenheit
  Diese Obliegenheit gilt nicht bei versteckten Mängeln, § 377 III HGB.
- Keine Arglist des Verkäufers, § 377 V HGB

⇨ **Rechtsfolge**: Genehmigungsfiktion, d.h. Ausschluss der Mängelrechte des Käufers, **nicht** aber **deliktischer Ansprüche**.

§ 381 II HGB erweitert § 377 HGB auf Handelskäufe, die die Lieferung **herzustellender oder zu erzeugender** beweglicher Sachen zum Gegenstand haben (Werklieferungsverträge, vgl. § 650 I S. 1 BGB).

Was sind die Tatbestandsvoraussetzungen des Nacherfüllungsanspruches gemäß §§ 437 Nr. 1, 439 I BGB?

Tatbestandsvoraussetzungen des Nacherfüllungsanspruchs gemäß §§ 437 Nr. 1, 439 I BGB:

- Wirksamer Kaufvertrag
- Vorliegen eines Sach- oder Rechtsmangels zur Zeit des Gefahrübergangs
- Ausübung des Wahlrechts nach § 439 I BGB durch den Käufer
  - ⇨ Nachbesserung nach § 439 I Alt. 1 BGB
    ODER
  - ⇨ Nachlieferung nach § 439 I Alt. 2 BGB
- Keine Unmöglichkeit der Nacherfüllung, § 275 BGB
- Keine berechtigte Verweigerung durch den Verkäufer, § 439 IV BGB
- Keine Verjährung, §§ 438, 214 I BGB

Wie ist das Verhältnis zwischen Nachbesserung und Nachlieferung?

Das Gesetz spricht dem Käufer ein Wahlrecht zwischen Nachbesserung, § 439 I Alt. 1 BGB, und Nachlieferung, § 439 I Alt. 2 BGB, zu, § 439 I BGB.

Bei diesem Wahlrecht (ius variandi) handelt es sich um eine elektive Konkurrenz, nicht zu verwechseln mit der in §§ 262 ff. BGB geregelten Wahlschuld. Denn während bei der **Wahlschuld nur <u>eine</u>** Forderung mit alternativem Inhalt besteht, stehen dem Gläubiger bei der **elektive**n **Konkurrenz wahlweise <u>mehrere</u>**, inhaltlich verschiedene Rechte zu. Die §§ 262 ff. BGB sind grds. weder unmittelbar noch analog anzuwenden.

Der Nacherfüllungsanspruch ist der **<u>modifizierte Erfüllungsanspruch</u>** (modifiziert im Hinblick auf Inhalt, Verjährung ...). Der Nacherfüllungsanspruch ist wegen des Fristsetzungserfordernisses vorrangig vor den anderen Mängelrechten (sog. **Primat der Nacherfüllung**).

Wann erlischt das ius variandi des Käufers?

Das ius variandi des Käufers erlischt nach h.M. nicht bereits mit der Ausübung, sondern erst dann, wenn der Verkäufer bereits mit der gewählten Art der Nacherfüllung begonnen hat. Hat der Verkäufer zunächst die gewählte Nacherfüllungsart akzeptiert, verweigert diese aber später grundlos, muss der Käufer die Möglichkeit haben, nun die andere Nacherfüllungsart zu wählen.

Bei Unmöglichkeit oder berechtigter Verweigerung der einen Nacherfüllungsart beschränkt sich der Nacherfüllungsanspruch auf die **nicht unmögliche bzw. verweigerte Art** der Nacherfüllung.
Nur wenn auch diese unmöglich bzw. berechtigterweise verweigert ist, entfällt der Nacherfüllungsanspruch gänzlich. Im Rahmen des Verbrauchsgüterkaufs gilt hier aber die Einschränkung des § 475 IV BGB.

Unter welchen Voraussetzungen kann der Verkäufer eine Nacherfüllungsart nach § 439 IV BGB berechtigterweise verweigern?

Berechtigte Verweigerung nach § 439 IV BGB:

Relevanz: Käufer hat sein ius variandi ausgeübt bzw. ist auf eine Art der Nacherfüllung beschränkt. Nach allgemeiner Ansicht ist § 439 III BGB lex specialis zu § 275 II BGB, weil weniger streng.

I.R.d. § 439 IV BGB ist **zwischen relativer und absoluter Unverhältnismäßigkeit zu unterscheiden**.

Die relative Unverhältnismäßigkeit ist durch einen „internen Kostenvergleich" zwischen der einen und der anderen Art der Nacherfüllung zu bestimmen (h.M.: ab 10 %).

Die absolute Unverhältnismäßigkeit bestimmt sich nach dem Verhältnis des Wertes der Sache in mangelfreiem Zustand (vgl. § 439 IV S. 2 BGB) und den Kosten der Nacherfüllung.

Was war der Hintergrund für die Schaffung des ab 01.01.2018 geltenden § 439 III BGB?

Problem der Ein- und Ausbaukosten i.R.d. § 439 III BGB:

Die Nacherfüllung hat ohne erhebliche Unannehmlichkeiten für den Käufer stattzufinden, daher bekommt er verschuldensunabhängigen Aufwendungsersatzanspruch hinsichtlich der Ein- und Ausbaukosten bei Vorliegen der Voraussetzungen des § 439 III BGB.

Hintergrund der Einführung waren zwar Vorgaben der Verbrauchsgüterkaufrichtlinie.

Der Gesetzgeber hat die Umsetzung allerdings im „normalen" Kaufrecht vorgenommen, um auch Werkunternehmern, die mangelhaftes Material kaufen und sodann bei Kunden einbauen, einen verschuldensunabhängigen Regressanspruch ggü. Verkäufer zu verschaffen, obwohl dies kein Verbrauchsgüterkauf ist.

Wo ist der Erfüllungsort des Nacherfüllungsanspruchs?

Erfüllungsort des Nacherfüllungsanspruchs

Nach umstrittener, aber h.M. ist der Erfüllungsort des Nacherfüllungsanspruchs weder der momentane Belegenheitsort der Kaufsache noch der ursprüngliche Erfüllungsort. Vielmehr kommt § 269 BGB zur Anwendung (**BGH, Life&LAW 07/2011, 457 ff.; 11/2017, 735 ff. = jurisbyhemmer**).

Dafür: Die Frage des Erfüllungsorts bei der Nacherfüllung ist im Kaufrecht nicht speziell geregelt, da § 439 II BGB nur eine Kostenregelung enthält. Weder die Rechtsnatur des Nacherfüllungsanspruchs als modifizierter Erfüllungsanspruch noch das Europarecht stehen der Anwendbarkeit des § 269 BGB entgegen. Danach sind grds. die von den Parteien getroffenen Vereinbarungen entscheidend. Fehlen vertragliche Abreden über den Erfüllungsort, ist auf die jeweiligen Umstände, insbesondere die Natur des Schuldverhältnisses, abzustellen. Insbesondere muss die Nacherfüllung ohne erhebliche Unannehmlichkeiten für den Käufer erfolgen (europarechtskonforme Auslegung).

Liegt beim Kauf einer neuen Sache Stückkauf oder Gattungskauf vor?

Abgrenzung Gattungs- bzw. Stückkauf

Maßgeblich für die Abgrenzung zwischen Gattungs- und Stückkauf ist nicht die Neuheit der Sache, sondern die Klärung der Frage, was **im Zeitpunkt des Vertragsschlusses** Vertragsgegenstand ist.

Differenziere:

Erwerb neuer Sachen (z.B. Kleidung) im Einzelhandel: Stückkauf, da nur die Ware erworben wird, die an der Kasse Gegenstand des Kaufs ist.

Wird die Ware allerdings online bestellt, steht im Zeitpunkt des Vertragsschlusses noch nicht fest, mit welcher Ware erfüllt wird: Gattungsschuld

Gibt es beim Stückkauf einen Nach*lieferungs*anspruch?

Nachlieferungsanspruch beim Stückkauf

Ansicht (BGH/ganz h.L.): Beim Stückkauf gibt es einen Anspruch auf Nachlieferung, sofern der Gegenstand ersetzbar ist.

Dafür: Der Wortlaut des § 439 I BGB differenziert bewusst nicht zwischen Stück- und Gattungskauf. Die Verbrauchsgüterkaufrichtlinie, auf der § 439 I BGB beruht, kennt die Unterscheidung zwischen Stück- und Gattungskauf nicht. Der Nacherfüllungsanspruch ist ein *modifizierter* Erfüllungsanspruch. Daher ist zumindest bei ersetzbaren, d.h. nach dem hypothetischen Parteiwillen austauschbaren Gegenständen Nacherfüllung möglich.

Belegt wird dieser Ansatz durch die Darstellung auf KK 56. Ein und dieselbe (neue) Ware kann Gegenstand eines Stück- oder Gattungskaufs sein; Differenzierung wäre nicht überzeugend

Erstellen Sie eine Übersicht der Gründe für Rücktritt und Schadensersatz statt der Leistung bei mangelhafter Leistung!

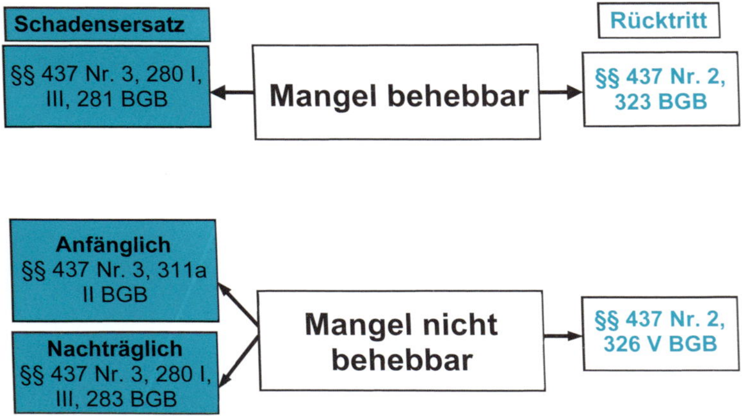
Schadensersatz
§§ 437 Nr. 3, 280 I, III, 281 BGB
Mangel behebbar
Rücktritt
§§ 437 Nr. 2, 323 BGB
Anfänglich
§§ 437 Nr. 3, 311a II BGB
Nachträglich
§§ 437 Nr. 3, 280 I, III, 283 BGB
Mangel nicht behebbar
§§ 437 Nr. 2, 326 V BGB

Welches sind die Tatbestandsvoraussetzungen des Rücktritts nach §§ 437 Nr. 2 Var. 1, 323 BGB?

Tatbestandsvoraussetzungen des Rücktritts gemäß §§ 437 Nr. 2 Var. 1, 323 BGB:

- Wirksamer Kaufvertrag als gegenseitiger Vertrag
- Vorliegen eines Sach- oder Rechtsmangels z. Zt. des Gefahrübergangs
- Nacherfüllung ist möglich, sonst § 326 V BGB
- Rücktrittserklärung, § 349 BGB (Rücktritt ist ein Gestaltungsrecht)
- Erfolgloser Fristablauf bzgl. Nacherfüllung, § 323 I BGB, **ODER** Entbehrlichkeit der Fristsetzung nach §§ 323 II, 440 BGB (bei VGK § 475d BGB)
- Eigene Vertragstreue des Käufers
- Keine Unerheblichkeit i.S.d. § 323 V S. 2 BGB
- Kein Ausschluss des Rücktrittsrechts nach § 323 VI BGB
- Kein Ausschluss gem. § 442 BGB (nicht bei VGK) oder wg. Vereinbarung
- Keine Unwirksamkeit des Rücktrittsrechts wegen Verjährung des Nacherfüllungsanspruchs, §§ 438 IV S. 1, 218 I S. 1 BGB

Welches sind die Probleme i.R.d. Fristsetzung nach §§ 437 Nr. 2 Var. 1, 323 BGB?

Mängelrechte: Rücktritt

§ 437 Nr. 2 BGB ist eine Rechtsgrundverweisung auf § 323 BGB, so dass alle Merkmale des § 323 BGB geprüft werden müssen. Schlechtleistung ist dabei „nicht vertragsgemäße Leistung“ i.S.d. Norm. § 323 I BGB ist direkt nur anwendbar, wenn die vom Schuldner zu erbringende Nacherfüllung möglich ist. Bei Unmöglichkeit der Nacherfüllung gilt § 326 V BGB, welcher wiederum auf § 323 BGB verweist.

Das **Setzen einer angemessenen Frist** zur Nacherfüllung ist eine geschäftsähnliche Handlung des Gläubigers, auf die die §§ 104 ff. BGB analoge Anwendung finden. Aus der Fristsetzung muss hervorgehen, wegen welchen Mangels der Verkäufer nachzuerfüllen hat.

Setzt der Käufer eine **unangemessen kurze Frist**, so **verlängert sich** diese **ipso iure auf eine objektiv angemessene**.

Mängelrechte: Rücktritt

Wann ist die Fristsetzung i.R.d. Rücktritts nach §§ 437 Nr. 2 Var. 1, 323 BGB entbehrlich?

Die **Fristsetzung ist entbehrlich**, wenn die Kaufvertragsparteien dies vertraglich vereinbart haben. Allerdings steht § 309 Nr. 4 BGB einem wirksamen Ausschluss durch AGB entgegen.
Des Weiteren ist die Fristsetzung entbehrlich in folgenden Fällen:

- Der Verkäufer verweigert die Leistung ernsthaft und endgültig, **§ 323 II Nr. 1 BGB**.
  Hieran sind strenge Anforderungen zu stellen. Der Verkäufer muss das letzte Wort gesprochen haben.
- Fall des relativen Fixgeschäfts, **§ 323 II Nr. 2 BGB**.
  Ein relatives Fixgeschäft liegt vor, wenn der Kaufvertrag mit der Leistung „stehen und fallen" soll. Zum relativen Fixgeschäft vgl. auch § 376 HGB.
- Bei nicht vertragsgemäßer Leistung nach der Auffangklausel des **§ 323 II Nr. 3 BGB**

ACHTUNG: Beim VGK verdrängt § 475d BGB obige Fälle (und § 440 BGB)

Welche weiteren Fälle der Entbehrlichkeit der Fristsetzung gibt es im Kaufrecht?

Eine Erweiterung der Fälle des § 323 II BGB **enthält § 440 BGB**.

- Nach **§ 440 S. 1 Var. 1 BGB** ist eine Fristsetzung auch dann entbehrlich, wenn der Verkäufer beide Arten der Nacherfüllung nach § 439 IV BGB verweigert hat. Über den Wortlaut hinaus muss dies auch dann gelten, wenn nur eine Art der Nacherfüllung möglich ist und der Verkäufer diese Art der Nacherfüllung verweigert hat.
- Ist die Nacherfüllung fehlgeschlagen, erklärt **§ 440 S. 1 Var. 2 BGB** die Fristsetzung für entbehrlich. § 440 S. 2 BGB enthält die widerlegliche Vermutung, dass die Nach*besserung* nach zwei erfolglosen Nachbesserungsversuchen fehlgeschlagen ist.
- Die Fristsetzung kann für den Käufer auch unzumutbar sein, **§ 440 S. 1 Var. 3 BGB.** Wichtigster Fall ist das arglistige Verschweigen eines Mangels durch den Verkäufer.
- Beim Verbrauchsgüterkauf kommt § 475 V BGB für den Fall der absoluten Unverhältnismäßigkeit hinzu, wenn der Käufer sich nicht an den Kosten beteiligen möchte, § 475 IV S. 2 BGB.

Welche Besonderheiten gelten für die Entbehrlichkeit der Fristsetzung beim Verbrauchsgüterkauf?

§ 475d I Nr. 1 bis 5 BGB verdrängt die §§ 323 II, 440 BGB

- **Setzen** einer Frist grundsätzlich nicht erforderlich; Frist läuft automatisch ab Unterrichtung vom Mangel, vgl. auch § 475 V BGB.

- Weitere Fristsetzung dann nicht mehr erforderlich, vgl. § 475d I Nr. 1 BGB

- § 475d Nr. 2 BGB regelt Fehlschlagen schon nach erstem gescheitertem Versuch; Achtung: gilt auch bei neuen Mängeln („ein" Mangel)

- Geltung auch für SE-Ansprüche, vgl. § 475d II BGB

Welche Bedeutung haben
§ 475d I Nr. 3 bis 5 BGB?

§ 475d I Nr. 3 BGB: Schwerwiegend bezieht sich nach h.M. nicht nur auf den Mangel selbst, sondern auch auf die Begleitumstände. Wohl auch im Falle des arglistigen Verschweigens eines Mangels einschlägig (Pendant zu § 323 II Nr. 3 BGB)

§ 475d I Nr. 4 BGB: Nach h.M. sind sowohl die berechtigte (§ 439 IV BGB) als auch die nicht berechtigte Verweigerung erfasst. Im letzteren Fall aber typischerweise überflüssig, da schon § 475d I Nr. 1 BGB eingreifen wird (es sei denn, Rücktritt wird schon vor Ablauf der automatisch anlaufenden Frist erklärt)

§ 475d I Nr. 5 BGB: Denkbar, dass Verkäufer aus organisatorischen Gründen nicht in der Lage ist, die Nacherfüllung durchzuführen, oder Insolvenzverfahren eröffnet wird (praktisch wird Nr. 5 kaum bedeutsam sein)

Welches sind die Problemkreise bzgl. des Ausschlusses des Rücktritts nach § 323 VI BGB?

Nach § 323 VI BGB erfolgt bei den dort genannten Tatbeständen der Mitverantwortlichkeit des Käufers der **Ausschluss des Rücktrittsrechts**.

- **§ 323 VI Alt. 1 BGB: Verantwortlichkeit des Käufers**

Klassischer Fall ist der der sog. „Selbstvornahme“. Diese führt zur Unmöglichkeit der Leistung durch den Verkäufer (Fall der Zweckerreichung), so dass eigentlich ohne Fristsetzung gem. § 326 V BGB der Rücktritt erklärt werden könnte. Dieser scheitert dann aber an § 323 VI Alt. 1 BGB.

- **§ 323 VI Alt. 2 BGB: Annahmeverzug des Käufers**

Bei Eintritt des zum Rücktritt berechtigenden Umstandes, den der Verkäufer nicht zu vertreten hat, muss sich der Käufer im Annahmeverzug befunden haben.

Weggefallen

Thema der Karte ist überholt

Weggefallen

Kann das Rücktrittsrecht verjähren?

Der **Rücktritt** ist ein **Gestaltungsrecht**.
Der Verjährung unterliegen gemäß § 194 I BGB aber nur Ansprüche.
Jedoch kann der Käufer von dem Rücktrittsrecht nicht zeitlich unbegrenzt Gebrauch machen. Daher koppeln die **§§ 438 IV S. 1, 218 I BGB** das Rücktrittsrecht an die Verjährung des Nacherfüllungsanspruchs. Ist der Nacherfüllungsanspruch verjährt und erhebt der Verkäufer die Verjährungseinrede gemäß § 214 I BGB, so ist das Rücktrittsrecht des Käufers ausgeschlossen, § 218 I S. 1 BGB.

Anspruch ist legaldefiniert in § 194 I BGB.

Gestaltungsrechte geben die Befugnis, durch einseitiges Rechtsgeschäft ein Recht zu begründen, aufzuheben und zu verändern. Da die Gestaltung auf die Rechtsstellung des Erklärungsempfängers ohne dessen Zutun einwirkt, muss sich die beabsichtigte Rechtsänderung klar aus der Erklärung ergeben. Gestaltungsrechte sind daher grds. **bedingungsfeindlich**, vgl. auch § 388 S. 2 BGB.

Was ist Sinn und Zweck der Regelung des § 438 IV S. 2 BGB?

– Teil I –

Hat die gelieferte Sache einen behebbaren Mangel, so kann der Käufer die Zahlung des Kaufpreises vor Verjährung mit der Einrede des nichterfüllten Vertrages nach § 320 BGB verweigern.
Nach Verjährung ist § 320 BGB nicht mehr anwendbar, weil er einen fälligen, durchsetzbaren Gegenanspruch voraussetzt.

Hier hilft aber die **Mängeleinrede des § 438 IV S. 2 BGB**.
Danach ist der Käufer auch nach Ablauf der Verjährungsfrist berechtigt, die Kaufpreiszahlung insoweit zu verweigern, als er dazu aufgrund des Rücktritts befugt sein würde. Hintergrund: Andernfalls bestünde Missbrauchsgefahr: Verkäufer könnte mit Geltendmachung seines Zahlungsanspruchs zuwarten, um ihn nach Ablauf von 2 Jahren ab Übergabe durchsetzen zu können.

Was ist Sinn und Zweck der Regelung des § 438 IV S. 2 BGB?

– Teil II –

Mängelrechte: Rücktritt

Aus **§ 438 IV S. 2 BGB** folgt ausschließlich ein Leistungsverweigerungsrecht. Der Käufer soll nach Verjährung aus dem Mangel keine Rechte mehr herleiten können. Ihm steht lediglich die Mängeleinrede des § 438 IV S. 2 BGB zu.
Hat der Käufer daher den Kaufpreis ganz oder zum Teil bezahlt, kann er ihn **nicht** zurückfordern, vgl. auch §§ 214 II S. 1, 813 I S. 2 BGB.
Ist der Kaufpreis noch nicht oder noch nicht vollständig gezahlt, steht der Käufer durch die Mängeleinrede faktisch nach Ablauf der Verjährungsfrist so, als wäre er vom Kaufvertrag zurückgetreten.

Die **analoge Anwendung** des § 438 IV S. 2 BGB auf Mängelrechte bei unmöglicher Nacherfüllung **vor Verjährung** ist **abzulehnen**. Zwar liegt hier auf den ersten Blick ein Erst-Recht-Schluss nahe. Jedoch kann der Käufer ja ohne Fristsetzung mindern bzw. zurücktreten und so auf den Bestand der Kaufpreisforderung einwirken.
A.A. BGH: Verkäufer agiert missbräuchlich, wenn er trotz mangelhafter Lieferung Zahlung verlangt, bevor Käufer zurücktritt bzw. mindert.

Nennen Sie die Tatbestandsvoraussetzungen des Rücktritts nach §§ 437 Nr. 2 Var. 2, 326 V, 323 BGB!

Mängelrechte: Rücktritt

Tatbestandsvoraussetzungen des Rücktritts gemäß §§ 437 Nr. 2 Var. 2, 326 V, 323 BGB:

- Wirksamer Kaufvertrag als gegenseitiger Vertrag
- Vorliegen eines Sach- oder Rechtsmangels zur Zeit des Gefahrübergangs
- Unmöglichkeit der Nacherfüllung nach § 275 BGB
- Rücktrittserklärung, § 349 BGB
- Eigene Vertragstreue des Käufers
- Keine Unerheblichkeit i.S.d. §§ 326 V, 323 V S. 2 BGB
- Kein Ausschluss des Rücktrittsrechts nach §§ 326 V, 323 VI BGB
- Kein Ausschluss des Rücktrittsrechts wegen Verjährung nach §§ 438 IV S. 1, 218 I S. 2 Alt. 2 BGB

Welches sind die Problemkreise i.R.d. Rücktritts nach §§ 437 Nr. 2 Var. 2, 326 V, 323 BGB?

Bei Unmöglichkeit **beider Arten** der Nacherfüllung kommt ein Rücktritt allein nach §§ 437 Nr. 2, 326 V BGB in Betracht.

Beachten Sie: Bei Unmöglichkeit des ursprünglichen Erfüllungsanspruchs liegt bereits kein Gefahrübergang i.S.d. § 434 I S. 1 BGB vor, so dass der Rücktritt nicht über §§ 437 Nr. 2, 326 V, 323 BGB, sondern direkt über §§ 326 V, 323 BGB erfolgt!

Bezüglich des Ausschlusses des Rücktrittsrechts nach §§ 438 IV S. 1, 218 I S. 2 Alt. 2 BGB wird auf einen **fiktiven Nacherfüllungsanspruch** abgestellt, weil der tatsächliche Nacherfüllungsanspruch unmöglich ist nach § 275 I - III BGB.

Anders als beim SE-Anspruch muss nicht zwischen anfänglicher und nachträglicher Unmöglichkeit differenziert werden (dort wichtig wegen unterschiedlicher AGLen auf SE statt der Leistung, vgl. § 311a II BGB bzw. §§ 280 I, III, 283 S. 1 BGB (jeweils in Verbindung mit § 437 Nr. 3 BGB).

Kann man einen Schadensersatzanspruch neben dem Rücktritt geltend machen?

§ 325 BGB regelt das Verhältnis von Rücktritt und Schadensersatz.

Danach hat der Käufer jederzeit das Recht, neben einem bereits geltend gemachten Schadensersatz zurückzutreten oder zusätzlich zu einem von ihm erklärten Rücktritt Schadensersatz zu verlangen.

Die **Rechte aus § 281 BGB und aus § 323 BGB** stehen also **kumulativ nebeneinander**.

Beachten Sie: Bei der Minderung ist zwar eine Kombination mit dem sog. kleinen Schadensersatz denkbar („statt der Leistung"); nicht aber mit dem großen Schadensersatz („statt der *ganzen* Leistung"). Wurde die Minderung erklärt, hat der Käufer die Rechtslage endgültig gestaltet: Der Vertrag soll Bestand haben; § 281 V BGB liefe dem entgegen, vgl. KK 84!

Welches sind die Rechtsfolgen eines wirksamen Rücktritts?

Rechtsfolgen des Rücktritts
⇨ geregelt in §§ 346 ff. BGB

Erlöschen der **noch nicht erfüllten** Leistungspflichten
⇨ rechtsvernichtende Einwendung

Diese rechtsvernichtende Wirkung wird allgemein anerkannt, obwohl sie nirgends ausdrücklich gesetzlich geregelt ist.

Rückgewähr der **bereits erbrachten** Leistungen, § 346 I BGB

Das Schuldverhältnis Kauf wird durch die Gestaltungswirkung der Rücktrittserklärung in ein Rückgewährschuldverhältnis umgewandelt (nicht: § 812 BGB!!!).

Veranschaulichen Sie sich das Verhältnis von § 346 I, II und III BGB!

Mängelrechte: Rechtsfolgen des Rücktritts

<u>*3. Stufe*</u>: § 346 III BGB
Ausnahmsweise Entfallen der Wertersatzpflicht nach § 346 II BGB.

<u>*2. Stufe*</u>: § 346 II BGB
Soweit der Käufer zur Rückgewähr bzw. Herausgabe außerstande ist, muss er Wertersatz leisten, wobei der Kaufpreis bei der Wertersatzberechnung berücksichtigt wird (S. 2).

<u>*1. Stufe*</u>: § 346 I BGB
Danach muss der Käufer dem Verkäufer die bereits empfangenen Leistungen in natura zurückgewähren und die **<u>gezogenen</u>** Nutzungen herausgeben.

In welchen Fällen besteht eine Wertersatzpflicht nach § 346 II BGB?

! Mängelrechte: Rechtsfolgen des Rücktritts

Die Wertersatzpflicht nach § 346 II BGB besteht grundsätzlich, wenn der Schuldner zur Herausgabe der bereits empfangenen Leistungen bzw. gezogenen Nutzungen außerstande ist.
Wertersatz ist zu leisten, wenn

- Nach § 346 II S. 1 Nr. 1 BGB die Rückgewähr der Leistung aufgrund der Natur des Erlangten **nicht möglich** ist.
  Es geht hier also um solche Leistungen, die aufgrund ihrer Beschaffenheit **von vornherein** nicht zurückgewährt werden können.
- Nach § 346 II S. 1 Nr. 2 BGB eine Rückgewähr in natura **nicht mehr möglich** ist, weil der Käufer den empfangenen Gegenstand verbraucht, veräußert, belastet verarbeitet oder umgestaltet hat.
- Nach § 346 II S. 1 Nr. 3 HS 1 BGB sich der Gegenstand verschlechtert hat oder untergegangen ist.
  Zu beachten ist hier § 346 II S. 1 Nr. 3 HS 2 BGB (Verschlechterung durch bestimmungsgemäße Ingebrauchnahme). Darunter fällt z.B. die Erstzulassung eines Pkw.

Wie fließt der Kaufpreis nach § 346 II S. 2 BGB in die Berechnung des Wertersatzes nach § 346 II BGB ein?

§ 346 II S. 2 BGB bestimmt, dass bei der Berechnung des Wertersatzes die Gegenleistung „zugrunde zu legen" ist.
Die ratio dieser Vorschrift ist, dass das von den Parteien privatautonom festgelegte Verhältnis zwischen Leistung und Gegenleistung beim Rückgewährschuldverhältnis weitgehend erhalten bleibt.
„Zugrunde zu legen" bedeutet dabei, dass die Höhe der vereinbarten Gegenleistung bei der Bemessung des Wertersatzes nicht allein maßgeblich ist.
Vielmehr ist § 441 III S. 1 BGB entsprechend anzuwenden, um der Mangelhaftigkeit des Gegenstandes Rechnung tragen zu können. Denn durch die Mangelhaftigkeit wird gerade die vereinbarte Gegenleistung wieder geschmälert.

Rechenbeispiel: *Wert der Sache mangelfrei 6.000 €, vereinbarter Kaufpreis 9.000 €, Wert der Sache mangelhaft 3.000 €. Nun erfolgt der Rücktritt. Wie hoch ist der Wertersatz nach § 346 II S. 1 Nr. 3 BGB bei Untergang der Sache?*

$$\frac{\text{Wertersatz}}{\text{Kaufpreis (9.000 €)}} = \frac{\text{Wert der Sache in mangelhaftem Zustand (3.000 €)}}{\text{Wert der Sache in mangelfreiem Zustand (6.000 €)}}$$

Damit beträgt der Wertersatz im Rechenbeispiel 4.500 €.

Wie weit reicht die Privilegierung des gesetzlich zum Rücktritt Berechtigten nach § 346 III S. 1 Nr. 3 BGB?

– Teil I –

Reichweite der Privilegierung des § 346 III S. 1 Nr. 3 BGB –Teil I –

Beim gesetzlichen Rücktrittsrecht (§§ 323, 326 V BGB) dürfen die Parteien zunächst von der Endgültigkeit des Erwerbs ausgehen. Daher können sie mit dem Gegenstand nach ihrem Belieben verfahren, § 903 BGB. Mit dem Rücktritt beim vertraglichen Rücktrittsrecht muss man rechnen, beim gesetzlichen Rücktrittsrecht ist der Rücktritt quasi eine Überraschung. Daher wird der Rücktrittsberechtigte privilegiert.

1. Ansicht: Diese Privilegierung gilt für alle Fälle des gesetzlichen Rücktritts unabhängig von Kenntnis des Rücktrittsgrunds oder Erklärung des Rücktritts.

Dagegen: Sinn und Zweck der Privilegierung des gesetzlich Rücktrittsberechtigten ist, das Vertrauen in die Endgültigkeit des Erwerbs zu schützen, welches aber in den Fällen von Kenntnis bzw. nach Rücktrittserklärung nicht gegeben ist.

Daher gilt das Privileg beim vertraglichen Rücktrittsrecht nicht, weil der Rücktrittsberechtigte von seinem Rücktrittsrecht Kenntnis hat. Dann muss diese Wertung aber auch beim gesetzlichen Rücktrittsrecht gelten, sobald man hiervon Kenntnis hat.

Wie weit reicht die Privilegierung des gesetzlich zum Rücktritt Berechtigten nach § 346 III S. 1 Nr. 3 BGB?

– Teil II –

Reichweite der Privilegierung des § 346 III S. 1 Nr. 3 BGB – Teil II –

2. Ansicht: § 346 III S. 1 Nr. 3 BGB ist teleologisch zu reduzieren.

Dafür: Telos der Privilegierung ist, das Vertrauen in die Endgültigkeit des Erwerbs zu schützen. Daher muss in den Fällen, in denen der Rücktrittsberechtigte den Rücktrittsgrund kennt oder er bereits den Rücktritt erklärt hat, eine teleologische Reduktion vorgenommen werden. Das bedeutet, dass in den beiden letztgenannten Fällen der Rücktrittsberechtigte nach dem allgemeinen Maßstab des § 276 I S. 1 BGB haftet, also für jede Form der Fahrlässigkeit.

Dagegen: Gesetzliches Rücktrittsrecht setzt Pflichtverletzung voraus; vertragliches Rücktrittsrecht dagegen nicht (keine vergleichbare Interessenlage).

Erklären Sie die Regelung des § 346 III S. 2 BGB!

Verbleibt dem Rückgewährschuldner, der aufgrund § 346 III S. 1 Nr. 1 bis 3 BGB zum Wertersatz nicht verpflichtet ist, **eine Bereicherung**, so **muss er diese gemäß § 346 III S. 2 BGB herausgeben**.

§ 346 III S. 2 BGB ist eine **Rechtsfolgenverweisung auf die §§ 818 ff. BGB**.

Erklären Sie die Regelung des § 346 IV BGB!

Mängelrechte: Rechtsfolgen des Rücktritts

- Nach § 346 IV BGB trifft den Rückgewährschuldner eine Schadensersatzpflicht, sofern er die Pflichten aus § 346 I BGB (so der ausdrückliche Wortlaut des § 346 IV BGB) verletzt.
- Der Hinweis in § 346 IV BGB auf eine „Pflicht aus Absatz 1" bedeutet grundsätzlich, dass ein Schadensersatzanspruch aus §§ 346 IV, 280 ff. BGB erst entsteht, wenn der Rücktritt erklärt wurde, da erst dann Pflichten aus Absatz 1, d.h. Pflichten aus dem Rückgewährschuldverhältnis, entstehen.
- Dieser Anspruch kann aber auch an eine Pflichtverletzung anknüpfen, die schon vor Erklärung des Rücktritts, aber erst nach Kenntnis des Rücktrittsgrundes erfolgt ist. Der Grund dafür ist, dass das Rückgewährschuldverhältnis zwar erst mit Ausübung des Rücktrittsrechts entsteht, aber immer schon latent vorhanden war.
- Ein bloßes Kennenmüssen des Rücktrittsgrundes genügt dagegen nicht, da der Gesetzgeber den Inhaber eines gesetzlichen Rücktrittsrechts schützen wollte.

Veranschaulichen Sie sich die Regelung des Nutzungsersatzes!

Nutzungsersatz

Gezogene Nutzungen ⇨ § 346 I Alt. 2, II, III und IV BGB

Entgegen den Regeln einer ordnungsmäßigen Wirtschaft **nicht gezogene Nutzungen ⇨ § 347 I BGB**

Der Hinweis in **§ 347 I S. 2 BGB** auf die eigenübliche Sorgfalt (diligentia quam in suis) bedeutet, dass i.R.d. § 347 I S. 1 BGB im Falle eines gesetzlichen Rücktrittsrechts hinsichtlich der Frage, welche nicht gezogenen Nutzungen zu ersetzen sind, nicht das objektive Merkmal „ordnungsmäßige Wirtschaft" (so § 347 I S. 1 BGB), sondern zu prüfen ist, ob der Rücktrittsberechtigte in eigenen Angelegenheiten Nutzungen gezogen hätte (eigenübliche Sorgfalt nach § 277 BGB, § 347 I S. 2 BGB).

Erklären Sie die Regelung des Verwendungsersatzes des Verkäufers gegenüber dem Käufer!

Mängelrechte: Rechtsfolgen des Rücktritts

Der Verwendungsersatz, den der Verkäufer (= Rücktrittsgegner) dem Käufer (= Rücktrittsberechtigter) leisten muss, ist in **§ 347 II BGB** geregelt. Nach **§ 347 II S. 1 BGB** hat der Verkäufer im Falle des Wertersatzes oder des Ausschlusses des Wertersatzes nach § 346 III S. 1 Nr. 1 und 2 BGB **notwendige Verwendungen** des Käufers zu ersetzen.
Ist der Wertersatz dagegen durch die Privilegierung des § 346 III S. 1 Nr. 3 BGB ausgeschlossen, kann kein Ersatz der notwendigen Verwendungen gefordert werden. Allerdings kann sich ein Anspruch aus **§ 347 II S. 2 BGB** (Rechtsfolgenverweisung auf §§ 818 ff. BGB) ergeben, wonach generell **alle anderen Aufwendungen** des Käufers zu ersetzen sind, wenn der Verkäufer dadurch noch bereichert ist. Für die Frage der Bereicherung ist auf die subjektive Sicht des Verkäufers abzustellen.

Notwendige Verwendungen sind Vermögensaufwendungen, die der Sache zugutekommen, indem sie nach objektivem Maßstab zur Erhaltung der Sache oder ihrer ordnungsgemäßen Bewirtschaftung beitragen.

Nennen Sie die Tatbestandsvoraussetzungen der Minderung nach §§ 437 Nr. 2 Var. 3, 441 BGB!

Tatbestandsvoraussetzungen der Minderung gemäß §§ 437 Nr. 2 Var. 3, 441 BGB:

- Wirksamer Kaufvertrag
- Vorliegen eines Sach- oder Rechtsmangels zur Zeit des Gefahrübergangs
- Möglichkeit des Rücktritts (§ 441 I S. 1 BGB, „Statt zurückzutreten“)
  ⇨ Inzidentprüfung der Rücktrittsvoraussetzungen
- Minderungserklärung, § 441 I S. 1 BGB (Minderung ist ein Gestaltungsrecht)
- Kein Ausschluss der Minderung wegen Verjährung des Nacherfüllungsanspruchs nach §§ 438 V, 218 BGB

⇨ **RECHTSFOLGE**: Herabsetzung des Kaufpreises nach dem Schlüssel des § 441 III S. 1 BGB

Ist ein Anspruch auf Schadensersatz statt der Leistung neben der Minderung möglich?

§ 325 BGB erlaubt nach seinem Wortlaut nur die Kombination von **Rücktritt und Schadensersatz**.
Da bei einer Minderung jedoch auch die Voraussetzungen des Rücktritts vorliegen müssen (siehe § 441 I S. 1 BGB), scheint auch eine Kombination von Minderung und Schadensersatz statt der Leistung denkbar. Jedoch ist **Rechtsfolge der Minderung**, dass die **Leistungen ausgetauscht** bleiben, der Kaufpreis nur herabgesetzt wird.

Die Geltendmachung des Schadensersatzes statt der *ganzen* Leistung führt hingegen zur Rückabwicklung (wie beim Rücktritt), § 281 V BGB. Damit würde die Wahl i.S.d. § 437 Nr. 2 BGB nachträglich unterlaufen werden.

Daher kann die **Minderung lediglich mit dem Schadensersatz statt der Leistung kombiniert werden**.

Gilt die Erheblichkeitsschwelle des § 323 V S. 2 BGB auch für die Minderung?

§ 441 I S. 2 BGB regelt explizit, dass die Erheblichkeitsschwelle des § 323 V S. 2 BGB bei der Minderung keine Anwendung findet.

Ratio dieser Regelung ist, dass der Käufer **mindern** können soll, **auch wenn** der **Mangel noch so geringfügig** ist. Denn anders als beim Rücktritt bleibt bei der Minderung der Kaufvertrag bestehen, die Leistungen werden also ausgetauscht, nur der Kaufpreis wird gemindert.

Beim Rücktritt geht es dagegen um das Fortbestehen des Kaufvertrags überhaupt (daher „großes Recht"), während die Minderung den Vertrag durch Kaufpreisherabsetzung lediglich modifiziert (daher „kleines Recht").

Welches sind die Rechtsfolgen einer wirksamen Minderung?

Mängelrechte: Minderung

Das vom Käufer ordnungsgemäß ausgeübte Minderungsrecht bewirkt die Herabsetzung des Kaufpreises. Der **Kaufpreisanspruch erlischt** durch Ausübung des Gestaltungsrechts Minderung **in Höhe der Minderung ex nunc**.

Nach § 441 III BGB müssen zur Berechnung des geminderten Kaufpreises ins Verhältnis gesetzt werden:

$$\frac{X\ (= \text{geminderter Kaufpreis})}{\text{Vereinbarter Kaufpreis}} = \frac{\text{Tatsächlicher Wert der mangelhaften Sache}}{\text{Hypothetischer Wert bei Mangelfreiheit}}$$

Löst man die Gleichung nach X auf, erhält man den zu ermittelnden herabgesetzten Kaufpreis.

Hat der Käufer bereits mehr als den geminderten Kaufpreis gezahlt, so kann er den zu viel gezahlten Betrag vom Verkäufer nach § 441 IV S. 1 BGB herausverlangen. § 441 IV S. 1 BGB ist eigene Anspruchsgrundlage, § 441 IV S. 2 BGB ist eine Rechtsfolgenverweisung nur hinsichtlich der Nutzungen auf §§ 346 I, 347 I BGB.

Ist durch die Minderung eine Herabsetzung des Kaufpreises auf 0 möglich?

Mängelrechte: Minderung

Durch die **Minderung** kann der Kaufpreis bis **auf 0 Euro** herabgesetzt werden.

Wenn dies geschieht, ist der **Käufer** allerdings **zur Rückgabe der Kaufsache verpflichtet, § 346 I BGB analog**.

Denn eine Herabsetzung des Kaufpreises auf 0 Euro ist **wirtschaftlich mit dem Rücktritt des Käufers identisch** und muss daher zur Rückgewähr der Kaufsache an den Verkäufer führen.

Hinsichtlich der Mängeleinrede bei der Minderung verweist § 438 V BGB auf § 438 IV S. 2 BGB und § 218 BGB.

Aufgrund der Verweisung gelten die Ausführungen zur Mängeleinrede auf KK 68 und 69 sinngemäß.

Welche Arten des Schadensersatzes kennen Sie?

Schadensersatz

Neben der Leistung ⇨ **AGL: §§ 437 Nr. 3, 280 I bzw. §§ 439 I, 280 I, II, 286 BGB**	Statt der Leistung ⇨ **AGL: §§ 437 Nr. 3, 280 I, III, 281 bzw. 283 oder 311a II BGB**
Neben der Leistung bedeutet, dass der Anspruch auf die Leistung bestehen bleibt	**§ 280 I ⇦⇨ §§ 280 I, III, 281:** Statt der Leistung bedeutet, dass der Anspruch auf die Leistung mit Geltendmachung erlischt, § 281 IV BGB, und der Schadensersatz an dessen Stelle tritt
Wenn der Schaden auch durch rechtzeitige Nacherfüllung nicht behoben werden kann	**Wenn der Schaden bei rechtzeitiger Nacherfüllung des Verkäufers beseitigt worden wäre**

Grenzen Sie den Schadensersatz neben der Leistung nach § 280 I BGB von dem Schadensersatz statt der Leistung nach § 280 I, III, 281 BGB ab!

Mängelrechte: Schadensersatz

Zum Schadensersatz statt der Leistung gehören alle Schadenspositionen, deren Ersatz an die Stelle des Erfüllungsanspruchs tritt, sodass sie funktional als Leistungsersatz anzusehen sind.

Man kann sich für die Zuordnung zu § 280 I BGB (Schadensersatz neben der Leistung) einerseits und §§ 280 I, III, 281 bzw. 283 BGB oder § 311a II BGB (Schadensersatz statt der Leistung) andererseits immer die **Kontrollfrage** stellen,

ob beide Ansprüche, d.h. die Ansprüche auf **Schadensersatz und Erfüllung**, **nebeneinander** bestehen können

⇨ dann Schadensersatz neben der Leistung,

bzw. ob der geltend gemachte **Schaden durch eine ordnungsgemäße Nacherfüllung behoben werden könnte**

⇨ dann Schadensersatz statt der Leistung.

Nach welchen Vorschriften richtet sich der Ersatz des Verzögerungsschadens bei verzögert ausgeführter Nacherfüllung?

Mängelrechte: Schadensersatz

Nach den allgemeinen Regeln wird der Verzögerungsschaden gemäß §§ 280 I, II, 286 BGB ersetzt.

In § 437 Nr. 3 BGB fehlt aber eine Verweisung auf § 286 BGB.

Dennoch wird der Verzögerungsschaden, der darauf beruht, dass die Nacherfüllung verspätet erfolgt, nach §§ 437 Nr. 1, 439 I, 280 I, II, 286 BGB ersetzt.

Umstritten ist jedoch, ob der sog. mangelbedingte Betriebsausfallschaden nur unter den Voraussetzungen der §§ 437 Nr. 1, 439 I, 280 I, II, 286 BGB zu ersetzen ist **- oder allein schon nach §§ 437 Nr. 3, 280 I BGB**.

Der BGH hat entschieden, dass Verzug keine Voraussetzung für den Ersatz dieses Schadens ist (z.B. Maschine kann während Nacherfüllung nicht genutzt werden; Gewinneinbußen werden allein gem. §§ 437 Nr. 3, 280 I BGB ersetzt); vgl. ausführlich KK 99

Ist Anspruchsgrundlage für einen Schadensersatz des Käufers stets §§ 437 Nr. 3, 280 ff. BGB?

Mängelrechte: Schadensersatz

Die §§ 437 Nr. 3, 280 ff. BGB sind nur dann die richtige Anspruchsgrundlage für einen Schadensersatz des Käufers gegen den Verkäufer, wenn die Pflichtverletzung des Verkäufers in einer Verletzung der Gutleistungspflicht nach § 433 I S. 2 BGB bzw. der Pflicht zur mangelfreien Nacherfüllung beruht.
Voraussetzung i.R.d. Ansprüche des § 437 BGB ist also stets das Vorliegen eines Mangels der Kaufsache nach den §§ 434, 435 BGB.
Beruht der Schaden auf einer **Schutzpflichtverletzung**, gelten §§ 280 I, 241 II BGB. Bzgl. der Schlechtleistung gelten die **§§ 280 ff. BGB ohne die Verweisung des § 437 Nr. 3 BGB, wenn es nicht zum Gefahrübergang gekommen ist.**

Bedeutsam ist diese Abgrenzung insbesondere, da die Ansprüche aus §§ 280 ff. BGB innerhalb der regelmäßigen Verjährungsfrist der §§ 195, 199 BGB (3 Jahre) und nicht nach § 438 BGB (grds. 2 Jahre) verjähren.

Welches sind die Tatbestandsvoraussetzungen des Schadensersatzes neben der Leistung nach §§ 437 Nr. 3, 280 I BGB?

Mängelrechte: Schadensersatz

Tatbestandsvoraussetzungen des Schadensersatzes neben der Leistung gemäß §§ 437 Nr. 3, 280 I BGB:

- Wirksamer Kaufvertrag
- Vorliegen eines Sach- oder Rechtsmangels zur Zeit des Gefahrübergangs (Pflichtverletzung ist die Verletzung der „Gutleistungspflicht“ nach § 433 I S. 2 BGB)
- keine Widerlegung des vermuteten Vertretenmüssens, § 280 I S. 2 BGB
- Vorliegen eines Schadens
- Haftungsausfüllende Kausalität
- Keine Verjährung nach § 438 BGB

⇨ **RECHTSFOLGE**: Ersatz des Schadens neben der Leistung

Was bedeutet die Formulierung des Gesetzes in § 280 I S. 2 BGB „Dies gilt nicht, wenn“?

Die Formulierung in § 280 I S. 2 BGB bedeutet, dass das **Vertretenmüssen** hinsichtlich der Pflichtverletzung **widerleglich vermutet** wird.
Anders als bei einer gesetzlichen Fiktion (Wortlaut bei einer Fiktion ist i.d.R. „gilt“, Bsp. § 377 II HGB) ist bei einer widerleglichen Vermutung der Beweis des Gegenteils möglich, § 292 S. 1 ZPO.
Für die Beweislast i.R.d. §§ 437 Nr. 3, 280 I BGB bedeutet dies, dass für die **Pflichtverletzung**, den **Schaden** und die **Kausalität** zwischen Pflichtverletzung und Schaden der **Käufer** die **Beweislast** trägt. Hingegen ist das **Nichtvertretenmüssen** eine **Einwendung**, für die der **Verkäufer** die **Beweislast** trägt (anders im Arbeitsrecht, vgl. § 619a BGB).

Unterscheiden Sie zwischen Darlegungs- und Beweislast, welche sich beide nach dem materiellen Recht richten. Die Darlegungslast bestimmt, welche Partei welche Tatsachen darzulegen hat. Bei mangelnder Überzeugung (§ 286 I S. 1 ZPO) bestimmt das Gericht, dass dargelegte Tatsachen bewiesen werden müssen. Beweisbedürftig sind nur streitige Tatsachen.

Welches ist der Haftungsmaßstab bezüglich des Vertretenmüssens des Verkäufers i.R.d. §§ 437 Nr. 3, 280 I S. 1 BGB?

Mängelrechte: Schadensersatz

Grundsätzlich gilt der Haftungsmaßstab des § 276 I S. 1 BGB, d.h. der Verkäufer hat danach **Vorsatz und** jede Form von **Fahrlässigkeit** zu vertreten. Das bedeutet, dass im Regelfall vorwerfbares Verhalten des Verkäufers vorliegen muss.

§ 276 I S. 1 BGB spricht aber auch explizit mögliche Haftungsverschärfungen „aus dem sonstigen Inhalt des Schuldverhältnisses, insbesondere aus der Übernahme einer Garantie oder eines Beschaffungsrisikos" an.

Garantie ist dabei die **durch Auslegung zu ermittelnde vertragliche Verpflichtung, verschuldensunabhängig einstehen zu wollen**.

Zu unterscheiden sind **selbständige Garantie** (eigene AGL) und **unselbständige Garantie** (modifizierte Haftung nach §§ 437 Nr. 3, 280 ff. BGB).

Beim Beschaffungsrisiko (Gattungsschuld) beschränkt sich der Umfang der Risikoübernahme in der Regel auf das Gelingen und die Rechtzeitigkeit der Beschaffung.

Was sind die Unterschiede der Schadensersatzansprüche nach § 280 I BGB und §§ 437 Nr. 3, 280 I BGB?

–Teil I –

Mängelrechte: Schadensersatz

Schadensersatz nach § 280 I BGB bei

Nebenpflichtverletzung (§ 241 II BGB)		Schlechtleistung (§§ 434, 435 bzw. 475b BGB)
Schutzpflichtverletzung; kein Zusammenhang mit Leistungserbringung	Woran knüpft der Schadenersatz an?	Schaden knüpft an den Mangel an
§ 280 I BGB	AGL?	§§ 437 Nr. 3, 280 I BGB
§§ 195, 199 BGB, 3 Jahre	Verjährung?	§ 438 BGB, i.d.R. 2 Jahre

Was sind die Unterschiede zwischen den Schadensersatzansprüchen nach § 280 I BGB und §§ 437 Nr. 3, 280 I BGB?

–Teil II –

Schadensersatz nach § 280 I BGB bei

Nebenpflichtverletzung (§ 241 II BGB)		Schlechtleistung (§§ 434, 435 bzw. 475b BGB)
Führt nur zu Mitverschulden, § 254 BGB	Kenntnis des Anspruchsinhabers	Führt zu Ausschluss, § 442 I S. 1 BGB
Es gibt keine Rügeobliegenheit	Rüge nach § 377 HGB?	Nichtrüge führt zu Anspruchsausschluss

Welches sind die Tatbestandsvoraussetzungen des Schadensersatzes nach §§ 437 Nr. 1, 439 I, 280 I, II, 286 BGB?

Mängelrechte: Schadensersatz

Tatbestandsvoraussetzungen des Schadensersatzes wegen Verzögerung der Nacherfüllung gemäß §§ 439 I, 280 I, II, 286 BGB:

- Nacherfüllungsanspruch, §§ 437 Nr. 1, 439 (siehe KK 50)
- Nicht erfolgte Nacherfüllung
- Fälligkeit des Nacherfüllungsanspruchs
- Einredefreiheit des Nacherfüllungsanspruchs
- Mahnung (grds. durch Geltendmachung des Nacherfüllungsanspruchs) **ODER** Entbehrlichkeit nach § 286 II BGB **ODER** Ablauf von 30 Tagen nach § 286 III BGB
- Vertretenmüssen, §§ 280 I S. 2, 286 IV BGB
- Vorliegen eines Schadens
- Keine Verjährung nach § 438 BGB

⇨ **RECHTSFOLGE**: Ersatz des Verzögerungsschadens

Welches sind die Besonderheiten, die i.R.d. Ersatzes des Verzögerungsschadens nach §§ 437 Nr. 1, 439 I, 280 I, II, 286 BGB zu beachten sind?

Mängelrechte: Schadensersatz

Der Nacherfüllungsanspruch wird erst mit seiner Geltendmachung und nicht vor dem ursprünglichen Erfüllungsanspruch fällig.

Obwohl in der Geltendmachung des Nacherfüllungsanspruchs grds. die Mahnung zu sehen ist, muss bei der Frage, wie viel Zeit der Verkäufer zur Verzugsabwendung hat, berücksichtigt werden, dass erst mit der Mahnung die Fälligkeit ausgelöst wird.

Bezugspunkt des Vertretenmüssens nach §§ 280 I S. 2, 286 IV BGB ist die Verzögerung der Nacherfüllung.

Bezüglich der Nichtnacherfüllung ist auf die Vornahme der Nacherfüllungshandlung des Verkäufers abzustellen. Darauf, ob der Nacherfüllungserfolg rechtzeitig oder überhaupt eintritt, kommt es nicht an.

„Besondere Gründe" für die Entbehrlichkeit der Mahnung nach § 286 II Nr. 4 BGB sind: Selbstmahnung (Leistung angekündigt, gleichwohl aber nicht geleistet), Kenntnis des Schuldners von fehlerhafter Leistung bereits bei Leistungserbringung, besondere Dringlichkeit (z.B. Wasserrohrbruch), Mahnungszugang verhindert.

Nach welchen Vorschriften wird der Betriebsausfallschaden/Nutzungsausfallschaden ersetzt?

Anspruchsgrundlage für Betriebsausfallschaden

1. Ansicht: §§ 437 Nr. 3, 280 I, III, 281 BGB.

Dafür: Besondere Umstände i.S.d. § 281 II Alt. 2 BGB.

Dagegen: Der Schaden wäre durch hypothetische Nacherfüllung nicht entfallen, besondere Umstände sind nach der Gesetzessystematik (vgl. § 323 II Nr. 3 BGB) andere.

2. Ansicht: §§ 437 Nr. 3, 280 I, II, 286 BGB.

Dafür: Schlechtleistung ist nichts anderes als Verzögerung einer mangelfreien Leistung; keine Umgehung der spezifischen Voraussetzungen des § 286 BGB.

Dagegen: § 437 BGB nennt § 286 BGB nicht.

3. Ansicht (Rechtsprechung/h.L.): §§ 437 Nr. 3, 280 I BGB.

Dafür: Schlechtleistung kann für Sachleistungsgläubiger gefährlicher sein als Nichtleistung; Schwerpunkt der Vorwerfbarkeit ist nicht die unterbliebene rechtzeitige Leistung, sondern die tatsächlich erbrachte Schlechtleistung.

Welches sind die Tatbestandsvoraussetzungen des Schadensersatzes wegen anfänglicher Unmöglichkeit nach §§ 437 Nr. 3, 311a II BGB?

Tatbestandsvoraussetzungen des Schadensersatzes statt der Leistung wegen anfänglicher Unmöglichkeit gem. §§ 437 Nr. 3, 311a II BGB:

- Wirksamer Kaufvertrag, beachten Sie § 311a I BGB
- Vorliegen eines Sach- oder Rechtsmangels zur Zeit des Gefahrübergangs
- Anfängliche Unmöglichkeit der Nacherfüllung § 275 I bis III BGB
- Kenntnis bzw. zu vertretende Unkenntnis des Verkäufers, § 311a II S. 2 BGB
- Vorliegen eines Schadens
- Haftungsausfüllende Kausalität
- Keine Verjährung nach § 438 BGB

⇨ **RECHTSFOLGE**: Ersatz des Schadens statt der Leistung

Welches sind die Besonderheiten, die i.R.d. Ersatzes des Schadens wegen anfänglicher Unmöglichkeit nach §§ 437 Nr. 3, 311a II BGB zu beachten sind?

Mängelrechte: Schadensersatz

Der Anspruch aus §§ 437 Nr. 3, 311a II BGB ist nur einschlägig, wenn die Pflicht des Verkäufers zur **Nacherfüllung unmöglich** ist. Hinsichtlich der Abgrenzung anfänglich/nachträglich ist, auch bei § 275 II und III BGB, der Zeitpunkt des Eintritts des Leistungshindernisses maßgeblich (vor oder nach Vertragsschluss).

Ist dagegen der ursprüngliche Erfüllungsanspruch von Anfang an unmöglich, so ist § 311a II BGB alleinige Anspruchsgrundlage ohne die Verweisung des § 437 BGB.

Bezugspunkt für die Kenntnis und zu vertretende Unkenntnis des Verkäufers ist nicht der Mangel der Sache, sondern vielmehr die Unmöglichkeit der Nacherfüllung (str., aber h.M. („Leistungshindernis“)).

Es gilt für den Schadensersatz statt der **ganzen** Leistung die Erheblichkeitsschwelle des § 281 I S. 3 BGB über die Verweisung des § 311a II S. 3 BGB.

Nennen Sie die Tatbestandsvoraussetzungen des Schadensersatzes statt der Leistung wegen nachträglicher Unmöglichkeit nach §§ 437 Nr. 3, 280 I, III, 283 BGB!

Mängelrechte: Schadensersatz

Tatbestandsvoraussetzungen des Schadensersatzes statt der Leistung wegen nachträglicher Unmöglichkeit gemäß §§ 437 Nr. 3, 280 I, III, 283 BGB:

- Wirksamer Kaufvertrag
- Vorliegen eines Sach- oder Rechtsmangels zur Zeit des Gefahrübergangs
- Nachträgliche Unmöglichkeit der Nacherfüllung § 275 I bis III BGB
- Vertretenmüssen des Verkäufers, § 280 I S. 2 BGB
- Vorliegen eines Schadens
- Haftungsausfüllende Kausalität
- Keine Verjährung nach § 438 BGB

⇨ **RECHTSFOLGE**: Ersatz des Schadens statt der Leistung

Welches sind die Besonderheiten, die i.R.d. Ersatzes des Schadens wegen nachträglicher Unmöglichkeit nach §§ 437 Nr. 3, 280 I, III, 283 BGB zu beachten sind?

Nur wenn die **Nacherfüllung nachträglich**, d.h. nach Vertragsschluss dem Verkäufer **unmöglich** i.S.d. § 275 I bis III BGB geworden ist, kann ein Anspruch gemäß **§§ 437 Nr. 3, 280 I, III, 283 BGB** bestehen.

Ist dagegen der Nacherfüllungsanspruch anfänglich unmöglich, sind die §§ 437 Nr. 3, 311a II BGB richtige AGL.
Wenn der ursprüngliche Erfüllungsanspruch nachträglich unmöglich ist, sind allein die §§ 280 I, III, 283 BGB ohne die Verweisung des § 437 Nr. 3 BGB richtige AGL.

Bezugspunkt des Vertretenmüssens nach §§ 437 Nr. 3, 280 I, III, 283 BGB ist das Leistungshindernis selbst. **Entscheidend ist also, ob der Verkäufer die Unmöglichkeit der Nacherfüllung zu vertreten hat** (str., aber h.M.).
Hinsichtlich des Umfangs des Schadensersatzanspruchs kann der Käufer wie bei § 311a II BGB zwischen dem kleinen und dem großen Schadensersatz wählen, da § 283 S. 2 BGB auf § 281 I S. 3, V BGB verweist.

Welches sind die Tatbestandsvoraussetzungen des Schadensersatzes statt der Leistung nach §§ 437 Nr. 3, 280 I, III, 281 BGB?

Tatbestandsvoraussetzungen des Schadensersatzes statt der Leistung gemäß §§ 437 Nr. 3, 280 I, III, 281 BGB:

- Wirksamer Kaufvertrag
- Vorliegen eines Sach- oder Rechtsmangels zur Zeit des Gefahrübergangs
- Erfolgloser Fristablauf hinsichtlich der Nacherfüllung, § 281 I S. 1 BGB, **ODER** Entbehrlichkeit der Fristsetzung nach §§ 281 II, 440 BGB (bei VGK § 475d II, I BGB beachten)
- Vertretenmüssen des Verkäufers, § 280 I S. 2 BGB
- Eigene Vertragstreue des Käufers („tu quoque")
- Vorliegen eines Schadens
- Haftungsausfüllende Kausalität
- Keine Verjährung nach § 438 BGB

⇨ **RECHTSFOLGE**: Ersatz des Schadens statt der Leistung

Welches sind die Besonderheiten, die i.R.d. Schadensersatzes statt der Leistung nach §§ 437 Nr. 3, 280 I, III, 281 BGB zu beachten sind?

In Abgrenzung zu den §§ 437 Nr. 3, 280 I, III, 283 BGB bzw. §§ 437 Nr. 3, 311a II BGB ist für den Anspruch aus §§ 437 Nr. 3, 280 I, III, 281 BGB Voraussetzung, dass die Nacherfüllung möglich ist.

Wird bis zum Schadensersatzverlangen des Käufers gemäß § 281 IV BGB die Nacherfüllung unmöglich i.S.d. § 275 I bis III BGB, kommen Schadensersatzansprüche des Käufers allein nach §§ 437 Nr. 3, 280 I, III, 283 BGB in Betracht.

Leistet der Verkäufer hinsichtlich des ursprünglichen Erfüllungsanspruchs nicht (obwohl ihm dies möglich wäre) oder schlecht, so sind allein §§ 280 I, III, 281 BGB die richtige AGL.

Ist neben einem Anspruch gemäß §§ 437 Nr. 3, 280 I, III, 281 BGB auch ein Anspruch gem. §§ 437 Nr. 3, 280 I, III, 283 BGB denkbar?

Grundsätzlich muss i.R.d. Anspruchs gemäß §§ 437 Nr. 3, 280 I, III, 283 BGB die Nacherfüllung unmöglich sein, während sie bei §§ 437 Nr. 3, 280 I, III, 281 BGB noch möglich sein muss.

Zwischen den Ansprüchen aus §§ 437 Nr. 3, 280 I, III, 281 bzw. 283 BGB kann aber auch Anspruchskonkurrenz bestehen.

Dies ist dann der Fall, wenn alle Tatbestandsvoraussetzungen des Anspruchs gemäß § 281 BGB vorliegen, aber noch nicht Schadensersatz verlangt wurde. Da § 281 IV BGB erst ab dem Schadensersatzverlangen greift, kann noch Unmöglichkeit eintreten. Ein Ausscheiden des § 281 BGB würde zu dem Ergebnis führen, dass Schadensposten, die zwischen Fristablauf und Unmöglichkeit eintreten, mangels Kausalität nicht vom Schadensersatz nach § 281 BGB erfasst werden. Ferner ist § 283 S. 1 BGB dogmatisch ein Unterfall des § 281 II Alt. 2 BGB, da in diesem Fall aufgrund der Unmöglichkeit eine Fristsetzung sinnlos ist.

Der Anspruch aus § 281 I S. 1 BGB wird folglich nicht verdrängt, da das Hinzutreten einer weiteren AGL einen bereits entstandenen Anspruch nicht entfallen lässt.

Welches ist die für das Vertretenmüssen maßgebliche Pflichtverletzung beim Schadensersatz nach §§ 437 Nr. 3, 280 I, III, 281 BGB?

– Teil I –

Maßgebliche Pflichtverletzung beim Schadenersatzanspruch nach §§ 437 Nr. 3, 280 I, III, 281 BGB – Teil I

1. Ansicht: Nur die Nacherfüllungspflicht nach §§ 437 Nr. 1, 439 I BGB.

Dafür: Fällige Leistung i.S.d. § 281 I S. 1 BGB ist der Nacherfüllungsanspruch als modifizierter Erfüllungsanspruch.

Dagegen: Das Recht zur zweiten Andienung soll nicht zu einer Besserstellung des Verkäufers hinsichtlich der Verletzung der „Gutleistungspflicht“ nach § 433 I S. 2 BGB führen. Es ist kein Grund für die Nichtberücksichtigung dieser Pflichtverletzung ersichtlich.

Welches ist die für das Vertretenmüssen maßgebliche Pflichtverletzung beim Schadensersatz nach §§ 437 Nr. 3, 280 I, III, 281 BGB?

– Teil II –

Maßgebliche Pflichtverletzung beim Schadenersatzanspruch nach §§ 437 Nr. 3, 280 I, III, 281 BGB – Teil II

2. Ansicht: Alternativ „Gutleistungspflicht" oder Nacherfüllungspflicht (BGH).

Dafür: Nacherfüllung ist nur zweite Chance, die Folgen der ersten Pflichtverletzung zu beseitigen. Auch bei §§ 437 Nr. 3, 280 I BGB ist unumstritten, dass nicht nur die Verletzung der „Gutleistungspflicht", sondern auch eine Verletzung der Nacherfüllungspflicht tauglicher Anknüpfungspunkt für einen Begleitschaden sein kann.

Gibt es Unterschiede hinsichtlich der Fristsetzung bzw. deren Entbehrlichkeit i.R.d. §§ 437 Nr. 2, 323 BGB und §§ 437 Nr. 3, 280 I, III, 281 BGB?

Sowohl § 281 I S. 1 BGB als auch § 323 I BGB verlangen **grundsätzlich** den **erfolglosen Ablauf einer angemessenen Frist**.
Die Ausnahmen sind in § 281 II BGB bzw. § 323 II BGB geregelt. Parallel sind dabei zwei Fälle:

- § 281 II Alt. 1 BGB und § 323 II Nr. 1 BGB
- § 281 II Alt. 2 BGB und § 323 II Nr. 3 BGB

⇨ siehe KK 61

Allerdings gibt es in § 281 II BGB keine vergleichbare Regelung zu § 323 II Nr. 2 BGB. Der Gesetzgeber hat i.R.d. § 281 BGB bewusst darauf verzichtet, in den Fällen eines relativen Fixgeschäfts die Fristsetzung entbehrlich zu machen. Anderenfalls hätte nämlich § 376 HGB, als eine das BGB ergänzende handelsrechtliche Besonderheit, Art. 2 I EGHGB, keine eigenständige Bedeutung mehr.

Die Fristsetzung ist als kaufrechtliche Besonderheit ebenfalls in den Fällen des § 440 BGB entbehrlich. Hierzu gilt das auf KK 62 Gesagte entsprechend. Beim VGK verdrängt § 475d BGB die §§ 323 II, 440 BGB!

Gibt es eine Pflicht des Käufers zur Annahme der Leistung vor Gestaltung nach §§ 437 Nr. 3, 281 IV BGB, aber nach erfolglosem Ablauf einer gesetzten angemessenen Nachfrist?

– Teil I –

Pflicht zur Annahme der Leistung nach Nachfristsetzung, aber vor Gestaltung nach § 281 IV BGB – Teil I

1. Ansicht: Die Verzugsbeendigung durch das Angebot der Leistung beseitigt die Gestaltungsrechte.

Dafür: Der Schuldner tut nur das, wozu er verpflichtet ist. Der Gläubiger kann nach seinem Willen gestalten. Tut er dies nicht rechtzeitig, so begibt er sich seines Gestaltungsrechts.

Dagegen: Der Schuldner leistet nicht innerhalb der Frist. Daher ist das Leistungsangebot grundsätzlich nicht erfüllungstauglich. Außerdem darf der Schuldner das Wahlrecht des Gläubigers nicht einschränken. Schließlich ergäbe sich nach dieser Ansicht quasi ein Recht zur dritten Andienung.

Gibt es eine Pflicht des Käufers zur Annahme der Leistung vor Gestaltung nach §§ 437 Nr. 3, 281 IV BGB, aber nach erfolglosem Ablauf einer gesetzten angemessenen Nachfrist?

– Teil II –

Pflicht zur Annahme der Leistung nach Nachfristsetzung, aber vor Gestaltung nach § 281 IV BGB – Teil II

2. Ansicht: Es tritt Verzugsbeendigung ein, aber die Gestaltungsrechte bestehen fort.

Dafür: Der Schuldner darf das Wahlrecht des Gläubigers nicht einschränken. Die Leistung nach Ablauf der Nachfrist ist grundsätzlich nicht erfüllungstauglich.

Dagegen: Die Gestaltungsrechte bestehen nicht endlos fort, sondern nur bis zur Grenze der Verwirkung, § 242 BGB.

Welches sind die Rechtsfolgen der §§ 437 Nr. 3, 280 I, III, 281 BGB?

Ist die gesetzte Nachfrist erfolglos abgelaufen oder entbehrlich, steht dem Käufer gegen den Verkäufer ein **Anspruch auf Schadensersatz statt der Leistung** zu.

Wählt der Käufer den sog. **kleinen Schadensersatz**, so tritt dieser an die Stelle des Nacherfüllungsanspruchs. Der Nacherfüllungsanspruch erlischt nach § 281 IV BGB. Der Käufer behält jedoch die mangelhafte Sache.

Bei Wahl des **großen Schadensersatzes** nach § 281 I S. 3 BGB tritt – vorbehaltlich der Unerheblichkeit der Pflichtverletzung - der Schadensersatzanspruch an die Stelle der gesamten Verkäuferpflicht aus § 433 I BGB. Bei Wahl des großen Schadensersatzes durch den Käufer ist der Verkäufer gemäß §§ 281 V, 346 ff. BGB berechtigt, die Kaufsache zurückzufordern.

Welches sind die Tatbestandsvoraussetzungen des Aufwendungsersatzanspruchs nach §§ 437 Nr. 3, 284 BGB?

Tatbestandsvoraussetzungen des Aufwendungsersatzanspruchs gemäß §§ 437 Nr. 3, 284 BGB:

- Wirksamer Kaufvertrag
- Vorliegen eines Sach- oder Rechtsmangels zur Zeit des Gefahrübergangs
- Vorliegen der Voraussetzungen des Schadensersatzes statt der Leistung („Anstelle des Schadensersatzes statt der Leistung")
  ⇨ d.h. Voraussetzungen der §§ 437 Nr. 3, 280 I, III, 281 bzw. 283 BGB oder §§ 437 Nr. 3, 311a II BGB müssen vorliegen
  Vorliegen von vergeblichen Aufwendungen, die der Käufer im Vertrauen auf den Erhalt der Leistung gemacht hat und billigerweise machen durfte

⇨ **RECHTSFOLGE**: Ersatz der Aufwendungen

Was sind Aufwendungen i.S.d. § 284 BGB?
Welche Aufwendungen sind dabei ersatzfähig?

Aufwendungen i.S.d. § 284 BGB sind **alle Vermögensopfer, die der Käufer im Hinblick auf den Erhalt der vereinbarungsgemäßen Kaufsache erbracht hat**. Sie können auch in der Eingehung von Verbindlichkeiten bestehen.

Da die Aufwendungen im Vertrauen auf den Erhalt der Leistung gemacht worden sein müssen, sind nur Aufwendungen aus der Zeit nach wirksamem Kaufvertragsschluss ersatzfähig.

„Billigerweise" nimmt auf § 254 BGB Bezug und bedeutet, dass, wenn der Käufer Aufwendungen gemacht hat, obwohl er mit dem Nichterhalt der Leistung rechnen musste, der Anspruch des Käufers nach den Grundsätzen des § 254 BGB zu beschränken oder auszuschließen ist. Die Ersatzpflicht entfällt auch dann, wenn die Aufwendungen in einem offensichtlichen Missverhältnis zur Bedeutung der nicht erbrachten Leistungen stehen.

Gilt die Rentabilitätsvermutung
im Rahmen eines Schadensersatzanspruches
neben §§ 437 Nr. 3, 284 BGB?

Nach der sog. **Rentabilitätsvermutung** wird vermutet, dass sich bei ordnungsgemäßer Erfüllung der getätigte Aufwand später „rentiert" hätte, dass also durch den Erlös aus der Verwendung der Kaufsache der Aufwand gedeckt worden wäre. Konsequenterweise wird daher der Ersatz verneint, wenn der Käufer durch den Aufwand keinen materiellen Erlös erzielen konnte, insbesondere, weil er immaterielle Zwecke verfolgte (sog. nicht-erwerbswirtschaftliche Verträge).

Anwendbarkeit der Rentabilitätsvermutung neben § 284 BGB

1. Ansicht: Die Rentabilitätsvermutung geht § 284 BGB vor.
Dafür: Auf kommerzielle Verträge ist § 284 BGB nach seinem Sinn und Zweck nicht anwendbar.

2. Ansicht: Wahlrecht zwischen § 284 BGB und der Rentabilitätsvermutung.
Dafür: Der Wortlaut lässt keine derartige Auslegung und insbesondere keine Subsidiarität erkennen.

Nach welchen Vorschriften richtet sich die Verjährung kaufrechtlicher Ansprüche?

Mängelrechte: Verjährung

Bei der Verjährung kaufrechtlicher Ansprüche ist zu unterscheiden:

- Der **ursprüngliche Erfüllungsanspruch** des Käufers gegen den Verkäufer, ebenso wie der **Kaufpreisanspruch** des Verkäufers gegen den Käufer, verjährt nach der allgemeinen Verjährungsfrist **in 3 Jahren, §§ 195, 199 BGB**
- Für die **Mängelansprüche**, die in § 437 Nr. 1 **und** Nr. 3 BGB genannt sind und bei denen bereits Gefahrübergang vorliegt (siehe § 434 I S. 1 BGB), gilt die **Sondervorschrift des § 438 BGB**

Beachten Sie: § 475e BGB normiert im Rahmen des VGK Besonderheiten (beim Kauf von Ware mit digitalen Elementen Absätze 1 und 2, Absätze 3 und 4 generell). Die Norm verdrängt nicht § 438 BGB, sondern regelt Fälle der Ablaufhemmung!

Nach **§ 438 I Nr. 3 BGB** beträgt die Verjährungsfrist der Mängelansprüche nach § 437 Nr. 1 und 3 BGB **2 Jahre**.

Welche Sondertatbestände gibt es für die Verjährung der Mängelrechte, welche die Grundregel des § 438 I Nr. 3 BGB verdrängen?
– Teil I –

Mängelrechte: Verjährung

Leges speciales zu § 438 I Nr. 3 BGB sind:

1. **Verjährung in 30 Jahren nach**
   ⇨ **§ 438 I Nr. 1 lit. a BGB**
   Die dort genannten Fälle heißen auch Eviktionsfälle.
   ⇨ **§ 438 I Nr. 1 lit. b BGB**
   Hierunter fallen insbesondere Grundpfandrechte.
2. **Verjährung in 5 Jahren nach**
   ⇨ **§ 438 I Nr. 2 lit. a BGB**
   Das Bauwerk selbst muss hier die Kaufsache sein.
   ⇨ **§ 438 I Nr. 2 lit. b BGB (vgl. BGH, Life&LAW 02/2014, 81 ff. sowie 09/2017, 599 ff.)**
   Voraussetzung ist, dass die Kaufsache üblicherweise für den Bau eines Gebäudes eingesetzt wird **und** auch tatsächlich eingesetzt worden ist. Der Mangel der verwendeten Sache muss die Ursache einer Mangelhaftigkeit des Bauwerks sein.

Welche Sondertatbestände gibt es für die Verjährung der Mängelrechte, welche die Grundregel des § 438 I Nr. 3 BGB verdrängen?
– Teil II –

Mängelrechte: Verjährung

Weitere lex specialis zu § 438 I Nr. 3 BGB ist:

3. Regelverjährung in 3 Jahren nach § 438 III S. 1 BGB

Hat der Verkäufer den Mangel arglistig verschwiegen, bleibt es gemäß § 438 III S. 1 BGB bei der regelmäßigen Verjährungsfrist von 3 Jahren nach §§ 195, 199 BGB.

Arglist gemäß § 438 III S. 1 BGB setzt voraus, dass der Verkäufer einen Sach- oder Rechtsmangel zumindest bedingt vorsätzlich verschweigt, wobei Angaben ins Blaue hinein genügen. Der Vorsatz muss den Mangel, die Unkenntnis des Käufers und die Tatsache, dass der Käufer bei Kenntnis des Mangels den Kaufvertrag nicht oder nicht so abgeschlossen hätte (Kausalität), umfassen.

Ist allerdings die mängelrechtliche Verjährungsfrist im konkreten Fall länger als die allgemeine, so bleibt es bei der mängelrechtlichen, siehe § 438 III S. 2 BGB.

Wann beginnt die Verjährung der Mängelrechte nach § 437 Nr. 1 und 3 BGB?

Bei dem **Verjährungsbeginn** ist zu unterscheiden zwischen Grundstücken und beweglichen Sachen.

Bei Grundstücken beginnt die Verjährung nach § 438 II Alt. 1 BGB **mit** der **Übergabe**, d.h. mit der einverständlichen Übertragung des unmittelbaren Besitzes (§ 854 I BGB) vom Verkäufer an den Käufer. Dies gilt auch für das Bauwerk nach § 438 I Nr. 2 lit. a BGB.

Bei beweglichen Sachen beginnt die Verjährung nach § 438 II Alt. 2 BGB **mit** der **Ablieferung**. Diese ist ein einseitiger Realakt und kann sich mit der Übergabe nach § 433 I S. 1 BGB decken. Mit der Übergabe ist jedenfalls auch abgeliefert, wenn die Sache dem Käufer so überlassen ist, dass er sie untersuchen kann. Wann dies der Fall ist, hängt davon ab, ob es sich um eine Hol-, Schick- oder Bringschuld handelt. Nicht ausreichend für die Ablieferung ist dagegen der Annahmeverzug, da der Käufer hier die Sache nicht untersuchen kann.

Beim Kauf einer Mehrheit von Sachen kommt es auf die Ablieferung der letzten Sache an.

Was ist i.R.d. Konkurrenzen zu den kaufrechtlichen Mängelansprüchen generell zu beachten?

Mängelrechte: Konkurrenzen

Bei den Konkurrenzen sind stets als entscheidende gesetzliche Wertungen, welche grds. nicht umgangen werden dürfen, zu problematisieren:

⇨ Das **Fristsetzungserfordernis**, d.h. das Recht des Verkäufers zur zweiten Andienung (siehe §§ 437 Nr. 2, 323 I, 437 Nr. 3, 281 I S. 1, 440 S. 1 BGB)

⇨ Die besondere **Verjährung** der Mängelansprüche, i.d.R. 2 Jahre nach § 438 I Nr. 3 BGB **UND**

⇨ Die Bewertung der grob fahrlässigen Unkenntnis des Käufers hinsichtlich des Mangels, siehe **§ 442 I S. 1 BGB**.

Wie ist das Verhältnis der §§ 434 ff. BGB zu § 123 BGB?

! Mängelrechte: Konkurrenzen

Das Anfechtungsrecht der Kaufvertragsparteien nach § 123 BGB besteht uneingeschränkt auch dann, wenn die Mängelrechte nach §§ 434 ff. BGB Anwendung finden. **Im Fall einer arglistigen Täuschung i.S.d. 123 BGB werden die auf KK 120 genannten Wertungen aus folgenden Gründen nicht umgangen**:

- ⇨ Die **Fristsetzung** ist **entbehrlich** nach §§ 437 Nr. 2, 323 II Nr. 3 BGB bzw. §§ 437 Nr. 3, 281 II Alt. 2 BGB
- ⇨ Die **Verjährung** der Mängelansprüche richtet sich bei Arglist **gemäß § 438 III S. 1 BGB nach den allgemeinen Vorschriften** der §§ 195, 199 BGB **UND**
- ⇨ Bei Arglist des Verkäufers kann der Käufer die Mängelrechte auch bei eigener grober Fahrlässigkeit hinsichtlich der Unkenntnis des Mangels geltend machen, **§ 442 I S. 2 Alt. 1 BGB**.

Wird allerdings die Anfechtung erklärt, ist der Kaufvertrag nach der Fiktion des § 142 I BGB von Anfang an unwirksam.
Daher scheiden mangels wirksamen Kaufvertrags Mängelrechte aus.

Wie ist das Verhältnis der §§ 434 ff. BGB zu § 119 BGB?

Zu **§ 119 I BGB** besteht kein Konkurrenzverhältnis, da der Irrtum über den Erklärungsakt oder die Erklärungsbedeutung nichts mit der Mangelhaftigkeit der Sache zu tun hat und daher von den §§ 434 ff. BGB nicht geregelt wird. Daher können die §§ 434 ff. BGB bereits denklogisch keine Ausschlusswirkung erzeugen.

Die Anfechtung nach **§ 119 II BGB** ist für den **Käufer** ausgeschlossen, wenn die Eigenschaft, deren Fehlen die Sache mangelhaft macht, eine verkehrswesentliche Eigenschaft i.S.d. § 119 II BGB darstellt. Denn durch die Anfechtung könnte der Käufer sowohl das Fristsetzungserfordernis als auch die besonderen Verjährungsregeln des § 438 BGB umgehen. Auch hinsichtlich der grob fahrlässigen Unkenntnis bestünde die Gefahr der Umgehung, da die Anfechtungsvorschriften einen dem § 442 I S. 1 BGB entsprechenden Ausschlusstatbestand nicht kennen. Strittig ist, ob der Ausschluss schon ab Vertragsschluss oder erst ab Gefahrübergang gilt.

Zum Anfechtungsrecht des **Verkäufer**s nach § 119 I BGB besteht grds. kein Konkurrenzverhältnis, weil Mängelrechte allenfalls dem Käufer zustehen. Ausgeschlossen ist sein Anfechtungsrecht nur, wenn er sich durch die Anfechtung den Mängelrechten entziehen will.

Vgl. auch Tyroller, Die Konkurrenzen im Zivilrecht, Life&LAW 06/2010, 413 ff.

Wie ist das Verhältnis der §§ 434 ff. BGB zur c.i.c.?

Ein Schadensersatzanspruch aus §§ 280 I, 311 II BGB ist ausgeschlossen, wenn der Kaufvertrag zustande gekommen ist und der Gefahrübergang stattgefunden hat, wenn sich die vorvertragliche Pflichtverletzung auf einen Mangel der Sache bezieht. Denn anderenfalls würden die kaufrechtlichen Wertungen umgangen, da die c.i.c. ein Fristsetzungserfordernis nicht kennt, gemäß §§ 195, 199 BGB innerhalb von 3 Jahren verjährt und grob fahrlässige Unkenntnis des Käufers nicht zum Anspruchsausschluss, sondern nur zu einer Anspruchskürzung gemäß § 254 BGB führt. Außerdem kennt das kaufrechtliche Mängelrecht in § 284 BGB einen Aufwendungsersatzanspruch, so dass keine Sonderregelung durch die c.i.c. benötigt wird. Allerdings ist die c.i.c. im Fall der Arglist des Verkäufers neben den Mängelrechten anwendbar, da in diesem Fall die besonderen kaufrechtlichen Wertungen ebenso wie bei der Anfechtung nach § 123 BGB nicht umgangen werden können (§§ 438 III S. 1, 323 II Nr. 3, 281 II Alt. 2, 442 I S. 2 Alt. 1 BGB).

Vgl. Tyroller, Die Konkurrenzen im Zivilrecht, Life&LAW 06/2010, 413, 417 ff.

Wie ist das Konkurrenzverhältnis zu sonstigen Ansprüchen?

Ansprüche nach §§ 823, 826 BGB werden durch die §§ 434 ff. BGB nicht ausgeschlossen, da die §§ 823 ff. BGB das Integritätsinteresse schützen, während die §§ 434 ff. BGB dem Schutz des Verhältnisses von Leistung und Gegenleistung, d.h. dem Äquivalenzinteresse, dienen.

Ansprüche aus den §§ 812 ff. BGB wegen Mängeln der Sache sind im Anwendungsbereich der §§ 434 ff. BGB ebenfalls ausgeschlossen und kommen nur in Betracht, wenn der Kaufvertrag wirksam angefochten wurde (str. beim wertvolleren aliud, vgl. KK 37 und 38).

Ansprüche aus den §§ 677 ff. BGB sind ausgeschlossen, soweit die §§ 434 ff. BGB anwendbar sind. Hier fehlt es an dem Tatbestandsmerkmal „ohne Auftrag oder sonstige Berechtigung“. Insbesondere greift für die Aufwendungen der Vorrang der Nacherfüllung ein, der durch die GoA unterlaufen würde.

Worauf bezieht sich ein Rechtskauf und welche Vorschriften sind hierauf anwendbar?

Kaufgegenstand muss ein Recht oder eine Mehrheit von Rechten oder ein sonstiger Gegenstand sein, auch eine Gesamtheit von Sachen und Rechten (z.B. ein Unternehmen).

Nach der Verweisung des § 453 I S. 1 BGB finden auf den Kauf von Rechten und sonstigen Gegenständen die Vorschriften über den Kauf von Sachen, d.h. §§ 433 ff. BGB, entsprechende Anwendung.

Aus dieser Verweisung des § 453 I BGB ergibt sich:

- Die Verschaffungspflicht des Verkäufers nach § 433 I S. 1 BGB besteht auch beim Rechtskauf und wird dadurch erfüllt, dass der Verkäufer das Recht unmittelbar für den Käufer begründet oder es ihm überträgt.
- Die Verweisung umfasst auch Sach- und Rechtsmängel nach §§ 434, 435 BGB, wobei jedoch beim Rechtskauf die Abgrenzung kaum möglich ist.

Welche Besonderheiten gelten beim Kauf digitaler Inhalte?

Besonderheiten beim Rechtskauf digitaler Inhalte

Gem. § 453 I S. 2 BGB **gelten nicht:**

- Die Regelungen zur Verschaffungspflicht und Fälligkeit (Nr. 1)
- Die Regelungen über die Mängelrechte (Nr. 2)

Gem. § 453 I S. 3 BGB gilt ein Vorrang der §§ 327 ff. BGB mit Spezialregelungen zur Verschaffungspflicht („Bereitstellungspflicht“, §§ 327b, c BGB) sowie zur Haftung bei Schlechtleistung.

Haftet der Verkäufer nur für die Verität, d.h. den Bestand der Forderung, oder auch für die Bonität, d.h. die Zahlungsfähigkeit des Forderungsschuldners?

Bonitätshaftung beim Rechtskauf

Der Rechtsverkäufer haftet nur für die Verität, **mangels besonderer Vereinbarung** aber nicht für die Bonität der Forderung.

Der Wille des Gesetzgebers spricht für diese Auffassung, vgl. oben. Für den Rechtskauf ist die Unsicherheit über die Werthaltigkeit so prägend, dass die Verweisung des § 453 I S. 1 BGB den § 434 I Var. 2, III BGB nicht erfassen kann, mithin also die Bonität nicht zur üblichen Beschaffenheit i.S.d. objektiven Mangelbegriffs gehören kann.

Das Bonitätsrisiko wird typischerweise beim Kaufpreis bereits berücksichtigt. Eine Mängelhaftung zu statuieren, befreite den Käufer von seinem Investitionsrisiko.

Welche Besonderheiten gilt es beim Unternehmenskauf zu beachten?

Der **Unternehmenskauf** hat ein Unternehmen, also eine Gesamtheit von Sachen und Rechten, zum Gegenstand und ist folglich als Rechtskauf einzuordnen.

Wird das gesamte Unternehmen verkauft, sog. **asset deal**, sind die Vorschriften über den Sachkauf anzuwenden. Mängel des Unternehmens sind als Sachmängel i.S.d. § 434 BGB zu beurteilen.

Ein Unternehmenskauf liegt aber nicht nur bei einem asset deal, sondern auch dann vor, wenn Gegenstand des Kaufvertrags lediglich die Gesellschaftsanteile sind, sog. **share deal**. Bei diesem erhält der Käufer eine wesentliche Beteiligung an der das Unternehmen betreibenden Gesellschaft.

Bei diesem share deal werden die Vorschriften über den Sachkauf angewendet, wenn bei wirtschaftlicher Betrachtungsweise ein asset deal vorliegt. Dies ist jedenfalls dann der Fall, wenn alle Gesellschaftsanteile übertragen werden sollen. Ausreichend ist jedoch auch die Übertragung eines beherrschenden Anteils von mehr als 75 % (satzungsändernde Mehrheit).

Gibt es beim Rechtskauf eine Garantiehaftung?

Zwar ist die Haftung des Verkäufers für anfängliche Unmöglichkeit nach § 311a II BGB von der Kenntnis bzw. grob fahrlässigen Unkenntnis des Verkäufers abhängig.

Jedoch könnte bei einem Rechtskauf generell von einer rechtsgeschäftlichen Garantieübernahme i.S.d. § 276 I S. 1 BGB durch den Verkäufer auszugehen sein, weil der Käufer besonders schützenswert ist. Denn er kann die tatsächliche Existenz der Forderung nicht überprüfen und muss sich auf die Angaben des Verkäufers verlassen.

Allerdings kann dem Gesetz eine generelle Garantieübernahme des Verkäufers nicht entnommen werden. Vielmehr ist durch Auslegung, §§ 133, 157 BGB, zu ermitteln, ob der Verkäufer eine solche Garantie übernehmen wollte.

Daher bleibt es bei der gesetzlichen Regelung des § 311a II BGB, wonach das Vertretenmüssen des Verkäufers nur vermutet wird.

Welches sind die Besonderheiten des § 453 III BGB?

Rechtskauf

Wird ein **Recht** bzw. ein sonstiger Gegenstand verkauft, der **zum Besitz einer Sache berechtigt**, so **muss** der **Verkäufer dem Käufer diese Sache übergeben, § 453 III BGB**.

Übergabe ist hierbei wie in § 433 I S. 1 BGB als Verschaffung des unmittelbaren Besitzes zu verstehen. Die Übergabe wird zusätzlich zur Übertragung des Rechts aber nur geschuldet und ist dann zur Erfüllung notwendig, wenn das verkaufte Recht zum Besitz berechtigt.
Daher ist z.B. bei Übertragung eines Erbbaurechts nicht nur dieses zu übertragen, sondern auch das Grundstück zu übergeben, an dem es besteht.
Beispiele für solche Rechte, die zum Besitz berechtigen, sind:

- Erbbaurecht (§ 1 ErbbauRG)
- Nießbrauch (§§ 1036, 1059 BGB)
- Wohnrecht (§ 1093 BGB)

Wann sind die Vorschriften des Verbrauchsgüterkaufs anwendbar und wie ist das Verhältnis der §§ 474 ff. zu den §§ 433 ff. BGB?

Der Verbrauchsgüterkauf ist in §§ 474 ff. BGB geregelt, wobei sich in § 474 I S. 1 BGB eine Legaldefinition findet. Nach dieser liegt ein Verbrauchsgüterkauf vor, wenn ein Verbraucher i.S.d. § 13 BGB als Käufer von einem Unternehmer i.S.d. § 14 BGB als Verkäufer eine **Ware** kauft. Nach § 474 I S. 2 BGB gilt dies auch dann, wenn neben dem Verkauf eine Dienstleistung zu erbringen ist.

Beachten Sie, dass **für den Verbrauchsgüterkauf grds. alle Vorschriften des allgemeinen Kaufrechts** gelten. Die **§§ 474 ff. BGB** sind nur dann heranzuziehen, wenn es auf die Modifikation der allgemeinen Vorschriften ankommt. Auch im Klausuraufbau ist folglich der Verbrauchsgüterkauf nur dann anzusprechen, wenn die in §§ 474 ff. BGB genannten **Modifikationen** von Bedeutung sind.

§ 476 I S. 1 BGB legt fest, dass der Unternehmerverkäufer nicht zu Lasten des Verbraucherkäufers von den dort genannten Vorschriften abweichen kann. Diese sind also auch individualvertraglich unabdingbar.

Gelten die Modifikationen des Verbrauchsgüterkaufs auch für gebrauchte Sachen? Inwiefern wird die Regelung des Gefahrübergangs durch die §§ 474 ff. BGB modifiziert?

Aus **§ 474 II S. 2 BGB** ergibt sich im Umkehrschluss, dass die Modifikationen des Verbrauchsgüterkaufs grds. auch für den Kauf gebrauchter beweglicher Sachen gelten. Nur bei gebrauchten Sachen, die in einer öffentlichen Versteigerung verkauft werden, an der der Verbraucherkäufer teilnehmen kann, gelten die Regelungen der §§ 474 ff. BGB nicht.
Nach § 475 II BGB ist § 447 I BGB ausnahmsweise auch beim Verbrauchsgüterkauf anwendbar, wenn der Käufer den Spediteur, den Frachtführer oder die sonst zur Ausführung der Versendung bestimmte Person oder Anstalt mit der Ausführung beauftragt hat und der Unternehmer dem Käufer diese Person oder Anstalt nicht zuvor benannt hat. Ansonsten ist § 447 BGB nicht anzuwenden. Es bleibt damit bei der Gefahrtragungsregel des § 446 BGB. Das bedeutet, dass die Preisgefahr nur bei Übergabe und Annahmeverzug des Verbraucherkäufers auf diesen übergeht.

Dass die Vorschriften der §§ 474 ff. BGB auch für gebrauchte Sachen gelten, ergibt sich im Übrigen aus § 476 II S. 1 BGB, der eine Verkürzung der Verjährung auf 1 Jahr zulässt, sofern es um gebrauchte Sachen geht.

Wann kann auch bei einem Verbrauchsgüterkauf von den in § 476 I S. 1 BGB genannten Regelungen zu Lasten des Verbraucherkäufers abgewichen werden?

§ 476 I S. 1 BGB bestimmt lediglich, dass **vor** Mitteilung eines Mangels von den §§ 433 bis 435, 437, 439 bis 441 und 443 BGB nicht zu Lasten des Verbrauchers abgewichen werden kann.
Im Umkehrschluss folgt hieraus, dass **nach** Mitteilung eines Mangels die Vertragsparteien eine Regelung zu Lasten des Verbraucherkäufers treffen können. Hierdurch sollen insbes. Vergleiche zwischen den Parteien ermöglicht werden.
Jederzeit möglich ist ein Ausschluss oder eine Beschränkung der Schadensersatzansprüche, § 476 III BGB. Bei Verwendung von AGB sind allerdings die §§ 307 bis 309 BGB zu beachten.
Nicht in § 476 I BGB genannt ist § 438 BGB. Daher sind zu Lasten des Verbraucherkäufers abweichende Vereinbarungen über die Verjährung grds. möglich. Zu beachten sind allerdings die Grenzen nach § 476 II BGB, wonach **vor** Mitteilung des Mangels bei einem Kauf einer neuen Sache eine Verjährungsfrist von 2 Jahren nicht unterschritten werden darf und bei einer gebrauchten Sache die Verjährungsfrist mindestens ein Jahr beträgt (Satz 2 beachten!). **Nach** Mitteilung ist auch die Vereinbarung einer kürzeren Frist zulässig.
Negative Beschaffenheitsvereinbarungen sind nur unter Beachtung der Vorgaben des § 476 I S. 2 BGB möglich.

Welche Funktion hat § 477 BGB?
Wie weit reicht die Vermutung des § 477 BGB?
– Teil I –

§ 477 BGB normiert eine **Beweislastumkehr zugunsten des Verbrauchers (Besonderheiten bei Ware mit digitalen Elementen, vgl. § 477 II BGB)**. Entgegen dem allgemeinen Grundsatz des § 363 BGB muss der Unternehmerverkäufer beweisen, dass der Sachmangel bei Gefahrübergang nicht vorlag, wenn sich der Mangel innerhalb eines Jahres seit Gefahrübergang gezeigt hat, es sei denn, dass die Vermutung mit der Art der Sache oder des Mangels unvereinbar ist.

Reichweite der Vermutung des § 477 BGB – Teil I

1. BGH früher: § 477 BGB stellt nur eine Vermutung in zeitlicher Hinsicht auf. Demnach gilt der vom Verkäufer bewiesene Mangel als bei Gefahrübergang vorhanden. § 477 BGB ändert nichts an der Beweislastverteilung für das Vorliegen des Mangels.

Dafür: Art. 5 III der Verbrauchsgüterkaufrichtlinie ist auch so zu verstehen.

Dagegen: Richtlinien enthalten nur Mindestvorgaben. Hier hat der deutsche Gesetzgeber dem Käufer mehr Rechte eingeräumt als von der Richtlinie gefordert.

Wie weit reicht die Vermutung des § 477 BGB?
– Teil II –

Reichweite der Vermutung des § 477 BGB – Teil II

2. <u>Lehre</u>: Zeigt sich innerhalb eines Jahres ein Mangel, so wird vermutet, dass bei Gefahrübergang irgendein Mangel vorlag.

Dafür: Der Wortlaut des § 477 BGB „ein Sachmangel…mangelhaft war" spricht dafür, dass das Vorliegen irgendeines Sachmangels genügt, der Käufer also nicht beweisen muss, dass der aufgetretene Mangel bereits bei Gefahrübergang vorlag. In dieser Formulierung ist der deutsche Gesetzgeber über die bloßen Mindestvorgaben der Verbrauchsgüterkaufrichtlinie hinausgegangen. Folgt man der 1. Ansicht, lief die intendierte Privilegierung des Verbrauchsgüterkaufs gegenüber dem allgemeinen Kaufrecht (§ 477 BGB gegenüber § 363 BGB) leer.

<u>BGH heute:</u> Nachdem der EuGH die Lesart der Literatur bestätigt hatte, Life&LAW 08/2015, 551 ff., hat auch der BGH seine nicht überzeugende Ansicht revidiert und folgt nun diesem Ansatz, Life&LAW 01/2017, 1 ff.

Ist § 477 BGB auch anzuwenden, wenn ein Dritter den Kaufgegenstand einbaut?

Die Anwendung der Beweislastumkehr gemäß § 477 BGB wird nicht schon deshalb ausgeschlossen, weil der Verbraucher die gekaufte Sache durch einen Dritten einbauen lässt.
Weder aus dem Wortlaut noch aus der ratio des § 477 BGB folgt ein Argument gegen die Anwendbarkeit in derartigen Konstellationen. Denn die **ratio des § 477 BGB** ist, den Verbraucher vor einem Rechtsverlust infolge der schlechteren Beweislage zu schützen. Denn der Unternehmerverkäufer kann im Zeitpunkt des Gefahrübergangs besser beurteilen, ob ein Mangel vorliegt, da er die größere Sachkenntnis besitzt und in diesem Zeitpunkt die tatsächliche Gewalt über die Sache hat und damit in der Lage ist, die Sache auf ihre Mangelfreiheit zu überprüfen.
An dieser Situation ändert die Einschaltung eines Dritten beim Einbau der Sache nichts, da es dem Unternehmerverkäufer auch hier unbenommen bleibt, die Sache vor Übergabe auf ihre Mangelfreiheit zu überprüfen und somit die Vermutung des § 477 BGB zu widerlegen.

Wann ist die Vermutung des § 477 BGB unvereinbar mit der Art der Sache / des Mangels?

Unvereinbarkeit der Vermutung des § 477 BGB mit

Art der Sache	**Art des Mangels**
Die Unvereinbarkeit der Vermutung mit der Art der Sache muss der Unternehmer beweisen („es sei denn“). Dies betrifft v.a. schnell verderbliche Waren, wenn diese vor Ablauf der 6 Monate „schlecht werden“	Die Unvereinbarkeit der Vermutung mit der Art des Mangels muss der Unternehmer beweisen („es sei denn“). Dies betrifft v.a. bestimmte Tierkrankheiten oder Verschleiß bei gebrauchten Sachen

Gelten die Vorschriften der §§ 474 ff. BGB auch für den scheinunternehmerischen Käufer?

Der **scheinunternehmerische Käufer ist** ein **Verbraucher** i.S.d. § 13 BGB, **der dem Unternehmerverkäufer** einen **gewerblichen Verwendungszweck der Kaufsache vortäuscht**.

Diesem scheinunternehmerischen Käufer ist zum Schutz des Vertrauens des Verkäufers die Berufung auf die §§ 474 ff. BGB verwehrt.

Denn der Verbraucherbegriff ist zwar objektiv zu bestimmen, so dass auch der scheinunternehmerische Käufer Verbraucher i.S.d. §§ 474 I S. 1, 13 BGB ist und somit objektiv ein Verbrauchsgüterkauf i.S.d. § 474 I S. 1 BGB vorliegt.

Jedoch ist dem scheinunternehmerischen Käufer ein Berufen auf die verbraucherschützenden Vorschriften der §§ 474 ff. BGB aufgrund des Grundsatzes des venire contra factum proprium, § 242 BGB, verwehrt.

Ist beim sog. Agenturmodell eine Umgehung der §§ 474 ff. BGB i.S.d. § 476 IV BGB anzunehmen?

– Teil I –

Bei dem Agenturmodell veräußert der Händler den gebrauchten Pkw nicht im eigenen Namen, sondern tritt als Stellvertreter des Alteigentümers auf, der mit dem Letztkäufer einen Ausschluss der Mängelrechte vereinbart.

Eine **Umgehung** der Regelungen zum Verbrauchsgüterkauf i.S.d. § 476 IV BGB liegt **nicht generell** vor. Vielmehr können wirtschaftliche Bedürfnisse und anerkennenswerte Gründe für diese Vertragsgestaltung bestehen. Das Agenturmodell unterfällt **nur dann** § 476 IV BGB, **wenn** es sich **bei wirtschaftlicher Betrachtungsweise als Kaufvertrag zwischen Händler und Verbraucherkäufer darstellt**, weil der Händler im Verhältnis zum ursprünglichen Privatkäufer das wirtschaftliche Risiko des Gebrauchtwagenkaufs tragen soll. Wie kann die Haftung des Händlers dann begründet werden?

Agenturmodell und § 476 IV BGB – Teil I

1. Ansicht: Es liegen drei Kaufverträge vor, 1. zwischen Letztkäufer und Gebrauchtwagenhändler, 2. zwischen Gebrauchtwagenhändler und Voreigentümer und 3. zwischen Letztkäufer und Voreigentümer, wobei letzterer nach §§ 134, 476 IV BGB nichtig ist.

Dafür: Nur so kommt man zu einer Haftung des Händlers bzgl. der Mängelrechte.

Dagegen: Das Vorliegen der beiden anderen Verträge ist eine bloße Fiktion.

Ist beim sog. Agenturmodell eine Umgehung der §§ 474 ff. BGB i.S.d. § 476 IV BGB anzunehmen?

– Teil II –

Agenturmodell und § 476 IV BGB – Teil II

2. Ansicht: Kein Vorliegen von 3 Verträgen, sondern eine Mängelhaftung des Händlers losgelöst vom Kaufvertrag.

Dafür: Die Rechtsfolge des Vorliegens von 3 Kaufverträgen ist eine bloße Fiktion. Dies entspricht der ratio des § 476 IV BGB, der zwingende Rechte des Verbrauchers festlegt. Der Händler nimmt durch die Vertragsgestaltung dem Verbraucherkäufer die Mängelrechte. Daher muss er dem Verbraucherkäufer auch für die Mängel einstehen.

3. Ansicht: Der Händler haftet über eine Eigenhaftung des Vertreters nach §§ 311 III, 280 I BGB.

Dafür: Der Händler nimmt aufgrund seiner Sachkunde eine besondere Vertrauensstellung im Sinne des § 311 III S. 2 BGB ein. Macht er unrichtige Angaben über den Zustand des Fahrzeugs oder offenbart er Mängel nicht, die ihm entweder bekannt waren oder bekannt sein mussten, so haftet er dem Erwerber auf Schadensersatz, der auch eine Freistellung von dem Kaufvertrag mit dem veräußernden Verbraucher umfassen kann.

Sind negative Beschaffenheitsvereinbarungen beim Verbrauchsgüterkauf zulässig?

Zulässigkeit negativer Beschaffenheitsvereinbarungen

Mit Wirkung zum 01.01.2022 wurde die Möglichkeit, negative Beschaffenheitsvereinbarungen zu treffen, neu geregelt. Konsequenz ist die Nichtgeltung des § 442 BGB beim VGK (§ 475 III S. 2 BGB), da die bloße Information des Käufers über die Mangelhaftigkeit nicht genügt, um ihm die Mängelrechte nach den Vorgaben der Warenkaufrichtlinie zu nehmen. § 476 I S. 2 BGB regelt daher:

1. Der Verbraucher muss vor Abgabe seiner Willenserklärung eigens darüber in Kenntnis gesetzt werden, dass Abweichung von den objektiven Anforderungen i.S.v. § 434 III bzw. § 475b IV BGB vorliegt *und*

2. die Abweichung muss im Vertrag ausdrücklich und gesondert geregelt werden.

Wie erfolgt die Abgrenzung der §§ 474 ff. BGB von den §§ 327 ff. BGB, wenn Gegenstand des Verbrauchsgüterkaufs Ware mit digitalen Produkten ist?

Verhältnis der §§ 327 ff. BGB zu §§ 474 ff. BGB

Es bestehen zwei Verbraucherschutzsysteme. Wann ist welches einschlägig?

Beim Kauf von Ware mit digitalen Elementen gilt das Verbrauchsgüterkaufrecht, vgl. § 475b I S. 1 BGB. § 327a III S. 1 BGB definiert den Begriff. Die Ware kann ihre Funktion nicht ohne die digitalen Produkte entfalten (Computer mit Betriebssystem).

Enthält demgegenüber die Ware digitale Produkte, die für die Funktion der Ware nicht notwendig ist (Kühlschrank mit elektronischer Software für die Nachbestellung von Ware), gelten gem. § 475a II BGB die §§ 327 ff. BGB, aber nur für die digitalen Produkte selbst!

Was sind die Unterschiede zwischen selbständigem und unselbständigem Unternehmerregress?

Unternehmerregress

Der Regress ist mit Wirkung zum 01.01.2018 neu geregelt, mit Wirkung zum 01.01.2022 an die Vorgaben der Warenkaufrichtlinie angepasst worden. Er ist in §§ 445a f. BGB geregelt und wird durch § 478 BGB modifiziert.

Der selbständige Unternehmerregress gemäß **§ 445a I BGB** ist eine selbständige, verschuldensunabhängige Anspruchsgrundlage. Von § 445a I BGB erfasst ist nach dem Wortlaut jede Form der Nacherfüllung, d.h. sowohl die Nachbesserung als auch die Nachlieferung.

Der unselbständige Unternehmerregress nach **§ 445a II BGB** dagegen stellt lediglich eine Modifizierung der Mängelrechte nach §§ 437 ff. BGB dar. Der Unternehmer wird lediglich von dem Erfordernis der Fristsetzung befreit. Dagegen bleiben die übrigen Voraussetzungen der in § 437 BGB genannten Rechte unberührt. Die Normen gelten nur bei neu hergestellten Sachen.

§ 478 BGB modifiziert die Regelungen im Hinblick auf § 477 (Abs. 1).

Welche Mängelrechte sind vom unselbständigen Unternehmerregress nach § 445a II BGB erfasst?

§ 445a II BGB greift ein, wenn der von dem Verbraucher ausgeübte Rechtsbehelf auf der Mangelhaftigkeit der Sache beruht. Nicht erfasst ist daher die Rücknahme der Kaufsache aus reiner Kulanz.
Von § 445a II BGB **ausdrücklich erfasst** sind die **Minderung** sowie der **Rücktritt und der große Schadenersatz** („...zurücknehmen musste...“). Da Minderung und kleiner Schadenersatz weitgehend wesensgleich sind, unterfällt **auch der kleine Schadenersatz** dem § 445a II BGB.
Fraglich ist, ob die **Nachlieferung** gemäß § 439 I Alt. 2 BGB von § 445a II BGB erfasst ist. Dafür spricht der Wortlaut („zurücknehmen musste“). Dagegen spricht die ratio, nach der der Unternehmer nur dann bei seinem Lieferanten Regress nehmen soll, wenn der Unternehmer letztlich auf der mangelhaften Sache „sitzen bleiben“ würde. Bei § 439 I Alt. 2 BGB aber kann der Unternehmer von seinem Lieferanten ebenfalls Nachlieferung verlangen. Erfüllt der Lieferant nach, kann der Unternehmer die mangelhafte Sache an den Lieferanten zurückgeben, § 439 V BGB, und mit der nachgelieferten Sache an den Letztkäufer seinerseits nachliefern. Vom unselbständigen Unternehmerregress **nicht erfasst** ist die **Nachbesserung**.

Welche Besonderheiten gelten beim Unternehmerregress im Verbrauchsgüterkauf?

Zugunsten des Unternehmers enthält **§ 478 I BGB** eine **Beweislastumkehr**. Diese gilt sowohl für § 445a I BGB als auch für § 445a II BGB. § 478 I BGB erklärt § 477 BGB zugunsten des regresssuchenden Unternehmers für anwendbar.

Die **Abdingbarkeit** der Vorschriften des Unternehmerregresses ist **nach § 478 II BGB eingeschränkt**.

Was gilt hinsichtlich der Verjährung beim Unternehmerregress?

§ 445b I BGB hält für den **selbständigen Unternehmerregress eigene Verjährungsvorschriften** bereit. Hiernach verjähren die Ansprüche gemäß § 445a I BGB in 2 Jahren nach Ablieferung der Sache.

Ferner sieht **§ 445b II BGB** eine **Ablaufhemmung** vor, nach der die Verjährung **aller Rückgriffsansprüche** des Unternehmers gegenüber dem Lieferanten frühestens 2 Monate nach Erfüllung der Ansprüche des Verbrauchers eintritt.

Was ist hinsichtlich der Schadensersatzhöhe beim Unternehmerregress zu beachten?

Diskutiert wird eine **teleologische Reduktion** der durch die §§ 445a f. BGB modifizierten Mängelrechte auf das Regressinteresse, **wenn der Unternehmer gegenüber seinem Lieferanten ein weitergehendes Mängelrecht geltend macht als der Letztkäufer gegenüber dem Unternehmer**. In diesen Fällen scheint der Unternehmer gegenüber dem Lieferanten über die ratio der Normen hinaus privilegiert.

Dafür: Der Gesetzgeber wollte lediglich eine Regressfalle für den Unternehmer vermeiden.

Dagegen: Vor einer teleologischen Reduktion ist stets zu prüfen, ob überhaupt eine Privilegierung, d.h. ein Grund für die Reduktion, vorliegt. In dem typischen Fall, in dem der Verbraucher lediglich mindert, der Unternehmer aber gegenüber seinem Lieferanten zurücktritt, ist der Unternehmer nicht übervorteilt, da er die Sache nicht an seinen Lieferanten herausgeben kann und diesem daher Wertersatz nach § 346 II S. 1 Nr. 2 BGB schuldet.

Ordnen Sie den Handelskauf in die schuldrechtliche Systematik ein!

Gemäß **Art. 2 I EGHGB** modifiziert das HGB die allgemeinen Vorschriften des BGB, ist also **Sonderrecht der Kaufleute**. Das heißt, dass die Vorschriften des BGB anzuwenden sind, soweit es keine handelsrechtlichen Sonderregeln gibt.

Allgemeine Vorschriften für **Handelsgeschäfte** finden sich in **§§ 343 ff. HGB**. Nach **§ 345 HGB** sind die Vorschriften über Handelsgeschäfte für beide Teile grds. auch dann anzuwenden, wenn das Geschäft **nur für eine Partei** ein Handelsgeschäft ist. Ausnahmen davon – wie in § 377 I HGB – bedürfen der ausdrücklichen Anordnung.

Besondere Vorschriften über den **Handelskauf** finden sich in **§§ 373 ff. HGB**. § 373 HGB ist eine Sondervorschrift zu §§ 372 ff. BGB, § 376 HGB eine Sondervorschrift über das relative Fixgeschäft. Bedeutsam ist die **Genehmigungsfiktion des § 377 II HGB**. Zu dieser vergleichen Sie bereits KK 49.

Prüfen Sie immer genau die Anwendbarkeit der HGB-Vorschriften, also insbesondere Kaufmannseigenschaft und Vorliegen eines Handelsgeschäfts.

Was sind die Besonderheiten des Vorkaufs?
– Teil I –

Der **schuldrechtliche Vorkauf** ist in **§§ 463 ff. BGB** geregelt.
Der Vorkauf ist ein **doppelt bedingter Kaufvertrag** nach §§ 433 ff. BGB. Die beiden **Bedingungen** nach § 158 I BGB sind:

- Eintritt des Vorkaufsfalls, d.h. wirksamer Abschluss eines Kaufvertrages zwischen dem Vorkaufsverpflichteten und einem Dritten über den Vorkaufsgegenstand, vgl. § 463 BGB
- Ordnungsgemäße Ausübung des Vorkaufsrechts, d.h. empfangsbedürftige Willenserklärung durch den Vorkaufsberechtigten gegenüber dem Vorkaufsverpflichteten, §§ 464, 469 II BGB

Unterscheiden Sie sorgfältig zwischen dem schuldrechtlichen Vorkaufsrecht nach §§ 463 ff. BGB und dem dinglichen Vorkaufsrecht nach §§ 1094 ff. BGB. Das dingliche Vorkaufsrecht ist eine eintragungspflichtige Belastung des Grundstücks und wirkt absolut, d.h. gegenüber jedermann. Das schuldrechtliche Vorkaufsrecht nach §§ 463 ff. BGB dagegen ist ein **Schuldverhältnis**. Daher wirkt es **nur relativ zwischen den Vorkaufsparteien**.

Was sind die Besonderheiten des Vorkaufs?
– Teil II –

Die **Erklärung der Ausübung** des Vorkaufsrechts **bedarf nach § 464 I S. 2 BGB nicht der** für den Kaufvertrag bestimmten **Form**.

Bedürfen aber die Kaufverträge einer bestimmten Form – wie z.B. der in § 311b I S. 1 BGB vorgeschriebenen –, gilt dieses Formerfordernis sowohl für den Kaufvertrag zwischen Drittem und Vorkaufsverpflichtetem als auch für den Vorkaufvertrag, d.h. den Vertrag zwischen Vorkaufsberechtigtem und Vorkaufsverpflichtetem.

Beachten Sie, dass gem. § 465 BGB eine nachträgliche Aufhebung des Drittkaufvertrags den Vorkaufsfall nicht beseitigt. Strittig ist das Vorliegen eines Vorkaufsfalls, wenn der Drittkaufvertrag wirksam angefochten wird, § 142 I BGB. Jedenfalls dann, wenn die Anfechtung erst nach Ausübung des Vorkaufsrechts erfolgt, liegt trotz § 142 I BGB weiterhin ein Vorkaufsfall vor.

Was sind die Rechtsfolgen des Vorkaufsrechts?

Mit der ordnungsgemäßen Ausübung des Vorkaufsrechts kommt zwischen Vorkaufsverpflichtetem und -berechtigtem ein Kaufvertrag mit dem Inhalt zustande, den der Kaufvertrag mit dem Dritten hat, § 464 II BGB.

Zu beachten ist, dass es sich hierbei um einen **eigenen selbständigen Kaufvertrag** handelt. Daher bleibt der Drittkaufvertrag auch nach Ausübung des Vorkaufsrechts unverändert bestehen. Somit läuft der Vorkaufsverpflichtete Gefahr, bei der Erfüllung an einen der Käufer sich gegenüber dem anderen nach den §§ 280 I, III, 283 BGB schadensersatzpflichtig zu machen. Dies kann der Vorkaufsverpflichtete dadurch verhindern, dass er den Drittkaufvertrag unter die auflösende Bedingung nach § 158 II BGB der Nichtausübung des Vorkaufsrechts stellt. Eine weitere Möglichkeit für den Vorkaufsverpflichteten besteht darin, für den Fall der Ausübung des Vorkaufsrechts ein Rücktrittsrecht für sich zu vereinbaren. Jedoch bleibt dann gegenüber dem Vorkaufsberechtigten – aber nur diesem gegenüber – der Vorkaufsfall wegen **§ 465 BGB** bestehen.

Was sind die Besonderheiten bei Internetauktionen?

Bei Internetauktionen wie z.B. eBay werden Verträge mit dem Meistbietenden geschlossen, der sein Angebot innerhalb einer bestimmten Zeit eingestellt hat. Insbesondere beim Widerrufsrecht nach §§ 312c, 312g BGB ist wegen des Ausschlusses nach § 312g II S. 1 Nr. 10 BGB bedeutsam, ob der Vertrag durch einen Zuschlag nach § 156 S. 1 BGB oder durch Angebot und Annahme, §§ 145 ff. BGB, zustande kommt.
Der Zuschlag i.S.d. § 156 S. 1 BGB ist eine Willenserklärung, d.h. die auf Herbeiführung eines rechtsgeschäftlichen Erfolgs gerichtete Äußerung einer Person. Der bloße Zeitablauf, mit dem die Internetauktion endet, ist **keine** Willenserklärung und kann eine solche auch nicht ersetzen. Mit dem Zeitablauf endet nur die Annahmefrist nach § 147 II BGB. Damit kommt auch ein **Internetkaufvertrag durch Angebot und Annahme nach §§ 145 ff. BGB** zustande.

Damit kann der Verbraucher gegenüber dem Unternehmer bei diesen Fernabsatzverträgen nach § 312g I BGB widerrufen, weil § 312g II S. 1 Nr. 10 BGB mangels Zuschlags i.S.d. § 156 S. 1 BGB nicht eingreift.

Kann der Verkäufer Nutzungsersatz verlangen, wenn er im Zuge der Nachlieferung die mangelhafte Sache zurückerhält?

§ 439 VI S. 1 BGB gewährt dem Verkäufer nicht nur einen Rückgabeanspruch, sondern bestimmt durch die Verweisung auf die §§ 346 bis 348 BGB, dass auch Nutzungsersatz für die mangelhafte Sache geschuldet ist.

Beachten Sie allerdings, dass die Regelung im Rahmen eines Verbrauchsgüterkaufs keine Anwendung findet, § 475 III S. 1 BGB.

Gibt es im Kaufrecht ein Recht zur Selbstvornahme des Käufers?
– Teil I –

Selbstvornahme ohne Fristsetzung im Kaufrecht – Teil I

Nach Fristsetzung können die Kosten als Schadensersatz nach §§ 437 Nr. 3, 280 I, III, 281 BGB ersetzt werden. Die Einordnung als Schaden ist dabei unproblematisch, da der Käufer sich zur Selbstvornahme herausgefordert fühlen darf.

Problematisch ist daher allein die Selbstvornahme ohne Fristsetzung.

1. Ansicht (Lit.): § 326 II S. 2 BGB ist anzuwenden, so dass die Selbstvornahme im Kaufrecht auch ohne Fristsetzung ersatzfähig ist.
Dafür: Generell für eine Anwendung des § 326 II S. 2 BGB spricht die Stellung der Norm im Allgemeinen Schuldrecht. Zudem erscheint es billig, dass sich der Verkäufer die ersparten Aufwendungen anrechnen lassen muss, vgl. i.Ü. auch § 439 II BGB, wonach der Verkäufer grundsätzlich die Kosten der Nacherfüllung tragen muss.
Dagegen: Vgl. 2. Ansicht „Dafür".
a. Direkte Anwendung, §§ 326 IV i.V.m. 326 II S. 2, 346 ff. BGB.
Dafür: § 326 II S. 2 BGB bezieht sich auf § 326 II S. 1 BGB. Ein Fall der Gläubigerverantwortlichkeit i.S.d. § 326 II S. 1 BGB liegt hier aufgrund der Unmöglichkeit durch die Selbstvornahme vor.

Gibt es im Kaufrecht ein Recht zur Selbstvornahme des Käufers?
– Teil II –

Selbstvornahme ohne Fristsetzung im Kaufrecht – Teil II

b. Analoge Anwendung, §§ 326 IV i.V.m. 326 II S. 2 analog, 346 ff. BGB.
Dafür: § 326 I S. 2 BGB ist hier einschlägig, weil die Nacherfüllung durch die Selbstvornahme unmöglich wurde. § 326 I BGB kennt aber keine Anrechnungsvorschrift, so dass § 326 II S. 2 BGB analog herangezogen werden muss.

2. Ansicht (BGH): § 326 II S. 2 BGB ist **nicht** anzuwenden.
Dafür: Die gesamte Systematik der Mängelrechte und insbesondere der Vorrang der Nacherfüllung, vgl. das Fristsetzungserfordernis bei §§ 281, 323 BGB, sprechen gegen eine Anwendung des § 326 II S. 2 BGB. Außerdem ist die Selbstvornahme im Werkvertragsrecht in § 637 BGB ausdrücklich normiert, im Kaufrecht aber trotz des sonstigen Gleichlaufs nicht, wobei auch die Selbstvornahme nach § 637 BGB eine erfolglose Fristsetzung voraussetzt. § 326 II S. 2 BGB würde zudem zu einer faktischen Minderung entgegen § 441 BGB führen.

Dagegen: Vgl. 1. Ansicht „Dafür“.

Welche Anspruchsgrundlagen sind bei dem möglichen Recht auf Selbstvornahme des Käufers auch anzusprechen?

Zu prüfen sind als Anspruchsgrundlagen bei der Selbstvornahme immer auch **§§ 437 Nr. 3, 280 I, III, 281, 283 BGB**, welche bei fehlender Fristsetzung am Fristsetzungserfordernis (§ 281 BGB) bzw. am fehlenden Vertretenmüssen (§ 283 BGB) scheitern.

Außerdem sind **§ 637 BGB analog, GoA und § 812 I S. 1 Alt. 2 BGB** zu prüfen, aber aus den o.g. Gründen („Dafür" bei der 2. Ansicht) abzulehnen, da die gesamte Systematik der Mängelrechte und insbesondere der Vorrang der Nacherfüllung gegen die Erstattung der Kosten der Selbstvornahme sprechen.

Die Analogie zu § 637 BGB ist mangels Planwidrigkeit der Regelungslücke abzulehnen. Denn Kauf- und Werkvertragsrecht wurden durch die Schuldrechtsreform weitgehend vereinheitlicht. Das Kaufrecht kennt aber gerade nicht die werkvertragliche Besonderheit des Selbstvornahmerechts. Zudem setzt § 637 I BGB auch den erfolglosen Ablauf einer angemessenen Frist voraus.

Was gilt bei der Inzahlunggabe eines Gebrauchtwagens?

– Teil I –

Für die rechtliche Einordnung der Inzahlunggabe eines Gebrauchtwagens bestehen mehrere Möglichkeiten:

- Doppelkauf mit Anrechnungsabrede. Die Parteien schließen über jeden Pkw einen eigenständigen Kaufvertrag, die gegenseitigen Kaufpreiszahlungsansprüche werden jedoch verrechnet, so dass nur der Neuwagenverkäufer einen Restanspruch auf Kaufpreiszahlung hat.
- Gemischter Vertrag. Die Parteien schließen einen einheitlichen Vertrag, der Elemente von Kauf und Tausch enthält.
- **Ersetzungsbefugnis nach § 364 I BGB analog**. Es besteht nur ein Kaufvertrag über den Neuwagen. In der Vereinbarung der Inzahlunggabe ist die Abrede zu sehen, dass dem Käufer ein Wahlrecht zusteht, entweder den eigentlich geschuldeten Geldbetrag zu zahlen oder einen Teil des Kaufpreises durch Inzahlunggabe des Altwagens zu erfüllen.

Die letzte Ansicht wird den Vorstellungen der Parteien am ehesten gerecht und daher auch von BGH und herrschender Lehre angewandt.

Was gilt bei der Inzahlunggabe eines Gebrauchtwagens?
– Teil II –

Unter Zugrundelegung der Ersetzungsbefugnis ergeben sich folgende Konstellationen:

Ist der Neuwagen mangelhaft, so beziehen sich die Rechte des Käufers auf den gesamten Vertrag, d.h. im Falle einer Rückabwicklung wegen Rücktritts des Käufers hat dieser den Neuwagen zurückzuübereignen, er erhält aber auch den geleisteten Altwagen zurück, § 346 I BGB.
Hat der Verkäufer den Altwagen bereits weiterveräußert, muss er dem Käufer Wertersatz leisten, § 346 II S. 1 Nr. 2 BGB.
Ist dagegen der Altwagen mangelhaft, so findet § 365 BGB Anwendung. Dem Verkäufer stehen in Bezug auf den Altwagen die Mängelrechte eines Käufers zu. Er kann unter den Voraussetzungen der §§ 365 BGB i.V.m. 437 BGB zurücktreten, mindern, Nacherfüllung oder Schadensersatz verlangen. Ein Rücktritt führt zum Wiederaufleben des Kaufpreisanspruchs in Höhe des Restpreises. Der Kaufvertrag über den Neuwagen bleibt also bestehen. Es wird lediglich die Leistung des Altwagens an Erfüllungs statt rückgängig gemacht. Dies wird als unbillig empfunden, weshalb die Rechtsprechung zu einer großzügigen Annahme konkludenten Gewährleistungsausschlusses neigt.

Erstellen Sie sich eine Übersicht zu den Darlehensverträgen!

↳ SchuldR BT II, Rn. 123 ff.

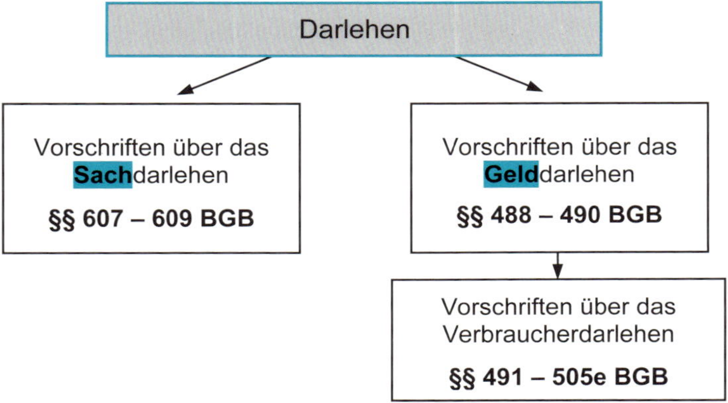

Grenzen Sie das Sachdarlehen von anderen Vertragstypen ab!

Überblick

↳ SchuldR BT II, Rn. 123 ff.

- Der **Sachdarlehensvertrag** verpflichtet den Darlehensgeber, dem Darlehensnehmer eine **vertretbare Sache** zu überlassen.
- Der Darlehensgeber muss dem Darlehensnehmer Besitz und Eigentum an der Sache verschaffen und während der Darlehenszeit belassen.
- Das Sachdarlehen unterscheidet sich von der Miete bzw. Leihe dadurch, dass der **Darlehensnehmer** Eigentümer wird und nur eine vertretbare, **nicht dieselbe Sache zurückgewähren muss**.
- **I.d.R.** ist das Sachdarlehen **entgeltlich**, vgl. § 609 BGB.
- Haben die Parteien die Unentgeltlichkeit nicht vereinbart und die Höhe des Entgeltes nicht bestimmt, ist § 316 BGB anzuwenden.
- Im **Gegenseitigkeitsverhältnis** stehen nur **Überlassung** der Sache und **Entgeltleistung**, nicht dagegen die Rückgabe der Sache.
- Fälligkeit der Rückgabepflicht mit Ende der bestimmten Laufzeit oder Kündigung, § 608 BGB.

Was ist ein Gelddarlehensvertrag?

↬ SchuldR BT II, Rn. 123 ff.

Der **Gelddarlehensvertrag** ist ein Vertrag, durch den sich der Darlehensgeber verpflichtet, dem Darlehensnehmer einen Geldbetrag in vereinbarter Höhe zur Verfügung zu stellen, § 488 I S. 1 BGB; der Darlehensnehmer verpflichtet sich, den geschuldeten Zins zu zahlen und das Darlehen bei Fälligkeit zurückzuerstatten, § 488 I S. 2 BGB.

Im Gegenseitigkeitsverhältnis stehen einerseits das Verschaffen und Belassen des Geldes, andererseits die Zinszahlung und die Bestellung der vereinbarten Sicherheit.
Nicht im Gegenseitigkeitsverhältnis steht die Pflicht des Darlehensnehmers zur Rückerstattung, § 488 I S. 2 BGB.

Welche Konsequenzen ergeben sich daraus, dass Auszahlung und Rückzahlung nicht im Gegenseitigkeitsverhältnis stehen?

– Teil I –

Gelddarlehen

↳ SchuldR BT II, Rn. 123 ff.

Typischer Fall: Darlehensvertrag wird geschlossen, Darlehensvaluta aber nicht ausgezahlt, weil der Darlehensnehmer (DN) nicht zum vereinbarten Termin erscheint. Der Darlehensgeber (DG) verlangt nun Rückzahlung des Darlehens und Zinsen. Anspruchsgrundlagen?

1. **Darlehensvaluta**

- § 488 I S. 2 Alt. 2 BGB (-)
  da Rückzahlungspflicht nicht vor Auszahlung der Valuta entsteht, vgl. Wortlaut § 488 I S. 2 BGB „zur Verfügung gestellte“.
- § 326 II S. 1 Alt. 2 BGB (-)
  da zwar Annahmeverzug vorliegt, die Rückzahlung des Darlehens aber nicht, wie von § 326 BGB gefordert, im Gegenseitigkeitsverhältnis steht.

2. **Zinsen**

- § 488 II BGB (-)
  da Darlehen nicht fällig und Darlehensvaluta noch nicht zur Verfügung gestellt sind i.S.d. § 488 II, I S. 2 BGB.

Welche Konsequenzen ergeben sich daraus, dass Auszahlung und Rückzahlung nicht im Gegenseitigkeitsverhältnis stehen?

– Teil II –

Gelddarlehen

↬ SchuldR BT II, Rn. 123 ff.

- § 326 II S. 1 Alt. 1 BGB (-)
  zwar stehen die Zinspflicht und die Auszahlung des Darlehens im Synallagma, so dass die §§ 320 ff. BGB anwendbar sind. Aber da es bei Geldschulden grds. keine Unmöglichkeit gibt und § 243 II BGB auf Geldschulden nicht anwendbar ist, weil es kein Geld mittlerer Art und Güte gibt, scheidet ein Anspruch aus § 326 II S. 1 Alt. 1 BGB aus.
- § 326 II S. 1 Alt. 2 BGB (+)
  DN war im Annahmeverzug, §§ 293, 296 BGB. Somit behält DG den Gegenleistungsanspruch auf Zinszahlung.
- §§ 280 I, 2, 286 BGB (-)
  da die Abholung des Geldes eine bloße Obliegenheit und keine einklagbare Pflicht des DN darstellt, vgl. Wortlaut des § 488 I BGB einerseits, § 433 II BGB andererseits.

Wann ist ein Darlehensvertrag nichtig gemäß § 138 BGB?

– Teil I –

↳ SchuldR BT II, Rn. 123 ff.

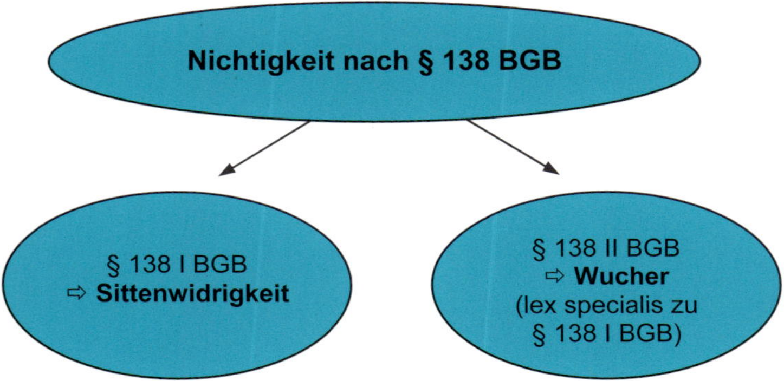

Wann ist ein Darlehensvertrag nichtig gemäß § 138 BGB?
– Teil II –

↳ SchuldR BT II, Rn. 123 ff.

1. § 138 II BGB

- **objektiver Tatbestand**
  - auffälliges Missverhältnis zwischen Leistung und Gegenleistung
  - Zwangslage, Unerfahrenheit, mangelndes Urteilsvermögen oder eine erhebliche Willensschwäche auf Seiten des Darlehensnehmers
- **subjektiver Tatbestand**
  - Der Darlehensgeber muss diese Zwangslage vorsätzlich ausnutzen

In den meisten Fällen fehlt es an einer Zwangslage, da trotz wirtschaftlicher Bedrängnis kein zwingendes Bedürfnis des Darlehensnehmers besteht. Jedenfalls wird sich die bewusste Ausnutzung i.d.R. nicht beweisen lassen. Daher ist meistens ein wucherähnliches Geschäft gem. § 138 I BGB zu prüfen. Bei diesem liegt dann der Schwerpunkt der Prüfung.

Wann ist ein Darlehensvertrag nichtig gemäß § 138 BGB?
– Teil III –

↳ SchuldR BT II, Rn. 123 ff.

2. § 138 I BGB

- **objektiver Tatbestand**
  - auffälliges Missverhältnis zwischen Leistung und Gegenleistung ⇨ Rspr. unterscheidet zwischen **auffälligem** und **besonders grobem Missverhältnis**

Ein auffälliges Missverhältnis liegt vor, wenn der Vertragszins den marktüblichen Effektivzins relativ um 100% oder absolut um 12 Prozentpunkte überschreitet.
Dagegen liegt ein besonders grobes Missverhältnis vor, wenn der marktübliche Zins um 200% überschritten wird.

- **subjektiver Tatbestand**
  - Der Darlehensgeber muss die schwächere Lage des Darlehensnehmers bewusst zu seinem Vorteil ausnutzen.

  Wenn objektiv ein **auffälliges Missverhältnis** vorliegt, wird der subjektive Tatbestand **widerleglich**, wenn ein **besonders grobes Missverhältnis** vorliegt, **unwiderleglich** fingiert.

Wann ist das Gelddarlehen fällig?

Gelddarlehen

↳ SchuldR BT II, Rn. 123 ff.

Fälligkeit des Gelddarlehens

Zum **Rückerstattungs-zeitpunkt**, wenn dieser fest bestimmt ist

§ 488 III S. 1 BGB e contrario

Zum **Zeitpunkt der Wirksamkeit der Kündigung**, wenn der Rückerstattungszeitpunkt nicht bestimmt ist

§ 488 III S. 1 BGB

Welche Kündigungsvorschriften gelten für den Gelddarlehensvertrag?

Gelddarlehen

↳ SchuldR BT II, Rn. 123 ff.

- Das Recht **des Darlehensnehmers** zur ordentlichen Kündigung des Gelddarlehens ist in § 489 BGB, das Recht zu außerordentlichen Kündigung in § 490 II BGB geregelt.
- Das Recht zur ordentlichen Kündigung bei gebundenem Zinssatz regelt § 489 BGB.
- Beachte § 489 III BGB. Danach wird die ordentliche Kündigung unter den dortigen Voraussetzungen **als nicht erfolgt fingiert**.
- Die außerordentliche Kündigung, § 490 II BGB, setzt voraus:

  1. Einen Festzinskredit, der durch Grundpfandrecht gesichert ist, § 490 II S. 1 BGB,

  2. Ein besonderes Interesse des DN an der Kündigung, § 490 II S. 2 BGB,

  3. Eine sog. Vorfälligkeitsentschädigung an den DG, § 490 II S. 3 BGB.
- Das Recht **des Darlehensgebers** zur ordentlichen Kündigung ist in § 488 III S. 1 BGB, das Recht zur außerordentlichen Kündigung in § 490 I BGB geregelt.

Wann liegt ein Verbraucherdarlehen vor?

↳ SchuldR BT II, Rn. 130 ff.; VerbraucherschutzR, Rn. 373 ff.

§ 491 I BGB gibt eine Legaldefinition des Verbraucherdarlehensvertrages. Danach gilt:

- **Persönlicher Anwendungsbereich**:
  Der Kreditgeber muss ein Unternehmer i.S.d. § 14 BGB sein. Der Kreditnehmer muss ein Verbraucher i.S.d. § 13 BGB sein. § 513 BGB erweitert den Anwendungsbereich auch auf Existenzgründer, soweit der Nettodarlehensbetrag 75.000 € nicht übersteigt.
- **Sachlicher Anwendungsbereich**:
  Es muss sich um einen entgeltlichen (beachte aber § 514 BGB) Gelddarlehensvertrag i.S.d. § 488 BGB handeln, wobei keiner der Ausschlussgründe des § 491 II BGB eingreifen darf.
- **Form**: Nach § 492 I S. 1 BGB bedürfen Verbraucherdarlehensverträge zur ihrer Wirksamkeit zumindest der Schriftform.
- **Inhalt**:§ 492 II BGB, Art. 247 §§ 6 bis 13 EGBGB normieren die Mindestangaben, die der Vertrag enthalten muss.

Was sind die Rechtsfolgen von Formmängeln bzw. fehlenden Angaben?

Verbraucherdarlehen

↳ SchuldR BT II, Rn. 130 ff.; VerbraucherschutzR, Rn. 373 ff.

§ 494 I BGB ordnet als Rechtsfolge von Formmängeln und fehlenden Angaben beim Verbraucherdarlehensvertrag die Nichtigkeit des Vertrages an. Bei Auszahlung der Darlehensvaluta greift aber die Heilungsvorschrift des § 494 II S. 1 BGB ein.

§ 494 I BGB ist hinsichtlich der Form lex specialis zu § 125 S. 1 BGB.

Nach § 492 IV BGB bedarf auch die Vollmacht zum Abschluss eines Verbraucherdarlehens der Schriftform – entgegen des Grundsatzes des § 167 II BGB. Bei Verstoß gegen dieses Schriftformerfordernis ist die erteilte Vollmacht § 494 I BGB nichtig. Trotz eines solchen Verstoßes ist aber auch hier die **Heilung nach § 494 II S. 1 BGB** zu beachten. Danach wird durch Empfang bzw. Inanspruchnahme des Darlehens der **Verbraucherdarlehensvertrag** gültig.

Welches Widerrufsrecht gibt es im Verbraucherdarlehensrecht? Was sind die Rechtsfolgen?

Verbraucherdarlehen

↳ SchuldR BT II, Rn. 130 ff.; VerbraucherschutzR, Rn. 373 ff.

- Das **Widerrufsrecht** des Verbraucherdarlehensvertrags ist in **§ 495 BGB** geregelt.

Für die Finanzierungshilfe und die Ratenlieferungsverträge sind vergleichbare Widerrufsrechte in §§ 506 I, 495 I bzw. § 510 II BGB geregelt.

- Die **Rechtsfolgen** des Widerrufs ergeben sich aus **§ 355 I, III i.V.m. § 357a BGB**
- Die Rechtsfolgen sind danach, dass der Darlehensnehmer dem Darlehensgeber bereits gezahlte Darlehensraten zurückgewähren muss (einschl. Zinsen). Der Darlehensgeber kann das ausgezahlte Darlehen und den vereinbarten Sollzins verlangen, **§ 357a I S. 1 BGB**
- Die Rückgewähr hat unverzüglich (§ 355 III BGB), spätestens jedoch nach 30 Tagen (§ 357a I BGB) zu erfolgen.

Ist das Darlehen durch ein Grundpfandrecht abgesichert, so sind die in **§ 357a III S. 2 u. 3. BGB** geregelten Besonderheiten zu beachten.

Welches sind die Voraussetzungen der wirksamen Ausübung des Widerrufsrechts?

– Teil I –

↳ SchuldR BT II, Rn. 130 ff., VerbraucherschutzR, Rn. 373 ff.

Das Widerrufsrecht ist ein sog. Willkürrecht. Das bedeutet, dass es – anders als z.B. der Rücktritt – keines Widerrufsgrundes bedarf.

Verbraucherschutzvorschriften sind grds. **nicht zu Lasten des Verbrauchers abdingbar**, vgl. §§ 361 II, 512 BGB.

Aus der Verweisung der §§ 495 I, 355 BGB ergibt sich:

- Der Widerruf wird durch einseitige, empfangsbedürftige Willenserklärung ausgeübt, § 355 I S. 2 BGB.
  Das Wort „Widerruf“ muss dabei nicht explizit gebraucht werden, aber den Willen zum Widerruf erkennen lassen, § 355 I S. 3 BGB
- Gemäß § 355 I S. 2 BGB ist der Widerruf formlos möglich
- Eine Begründung ist nicht nötig, § 355 I S. 4 BGB.

Welches sind die Voraussetzungen der wirksamen Ausübung des Widerrufsrechts?

– Teil II –

↳ SchuldR BT II, Rn. 130 ff., VerbraucherschutzR, Rn. 373 ff.

Aus der Verweisung der §§ 495 I, 355 BGB ergibt sich:

- Bei ordnungsgemäßer Belehrung (§§ 356b I, II, 492 II BGB i.V.m. Art. 247 § 6 II EGBGB) hat der Verbraucher gemäß § 355 II S. 1 BGB für den Widerruf eine Frist von 14 Tagen.
- Wird die Belehrung nachgeholt, so verlängert sich die Frist auf einen Monat, § 356b II S. 2 BGB.
- Ohne Belehrung beginnt die Frist nicht zu laufen. Das Widerrufsrecht erlischt nicht.

Wählt der Verbraucher für den formlos möglichen Widerruf aus Beweisgründen die Schriftform (z.B. Einschreiben), so genügt zur Fristwahrung die rechtzeitige Absendung des Widerrufs durch den Verbraucher, § 355 I S. 5 BGB. Damit trägt der Unternehmer das Verspätungs- der Verbraucher das Verlustrisiko.

Sind die §§ 491 ff. BGB auch auf den Schuldbeitritt anwendbar?

↳ SchuldR BT II, Rn. 130 ff., VerbraucherschutzR, Rn. 373 ff.

Schuldbeitritt und Darlehensvertrag sind wesensverschieden. Während der Schuldbeitritt ein Personalkreditsicherungsmittel ist, ist das Darlehen der zu sichernde Kredit selbst.

Obwohl §§ 491 ff. BGB nur auf „entgeltliche" Verträge anwendbar sind, § 491 I BGB, und beim Schuldbeitritt der Sicherungsnehmer gegenüber dem Sicherungsgeber keinerlei Gegenleistung erbringt, sind die **§§ 491 ff. BGB** dennoch auf den Schuldbeitritt **anzuwenden**, wenn der **Schuldbeitretende** Verbraucher ist.

Denn der Schuldbeitretende weist mindestens die gleiche Schutzwürdigkeit auf wie der eigentliche Schuldner, da er zwar die volle Haftung übernimmt, aber dafür anders als der eigentliche Kreditnehmer nicht einmal eine Gegenleistung in Gestalt eines Kredits erhält.

Für den Beginn der Widerrufsfrist, §§ 495 I, 355 BGB kommt es allein auf den Zeitpunkt des Schuldbeitritts an.
Wenn das Darlehen an den Kreditnehmer ausgezahlt wird, erfolgt keine Heilung des Schuldbeitritts nach § 494 II S. 1 BGB!

Sind die §§ 491 ff. BGB auch auf die Bürgschaft anwendbar?

↳ SchuldR BT II, Rn. 130 ff., VerbraucherschutzR, Rn. 373 ff.

Bürgschaft und Darlehensvertrag sind wesensverschieden. Ebenso wie der Schuldbeitritt ist die Bürgschaft ein Personalkreditsicherungsmittel, das Darlehen hingegen der Kredit selbst.

Dennoch sind die **§§ 491 ff. BGB weder direkt noch analog** auf die Bürgschaft anwendbar.

Denn anders als beim Schuldbeitritt wird der Bürge zum einen durch das Schriftformerfordernis bzgl. der Bürgschaftserklärung nach § 766 S. 1 BGB geschützt. Zum anderen ist die Bürgschaft streng akzessorisch zur Hauptforderung, d.h. der Bürge kann sich grds. auf die Einwendungen des Hauptschuldners berufen, während sich die Forderungen aus dem Schuldbeitritt und dem gesicherten Schuldverhältnis nach dem Beitritt unterschiedlich entwickeln können, § 425 BGB.

Gerade Kauf- und Darlehensvertrag sind häufig miteinander verbunden.
Welches sind die Voraussetzungen eines verbundenen Vertrages?

↳ SchuldR BT II, Rn. 130 ff., VerbraucherschutzR, Rn. 373 ff.

Verbundener Vertrag, § 358 III S. 1 BGB

Verknüpfung des Verbraucher-darlehensvertrags mit dem Finanzierungsgeschäft	**Wirtschaftliche Einheit** der Verträge, d.h. Unternehmer und Kreditgeber müssen dem Verbraucher aus dessen Sicht gemeinsam wie eine Partei gegenüberstehen

Beachte: Nach **§ 358 III S. 3 BGB** kann bei einem finanzierten Erwerb eines **Grundstück**s eine **wirtschaftliche Einheit** **nur** angenommen werden, wenn der Darlehensgeber selbst das Grundstück verschafft oder wenn er in sonstiger Weise mit dem verkaufenden Unternehmer zusammenwirkt.

Was ist Sinn und Zweck der §§ 358 f. BGB?
Welches sind die Unterschiede zwischen
§ 358 I und II BGB?

↬ SchuldR BT II, Rn. 130 ff., VerbraucherschutzR, Rn. 373 ff.

Sinn und Zweck der §§ 358 f. BGB ist, den **Verbraucher** vor Risiken **zu schützen**, die ihm durch die Aufspaltung eines wirtschaftlich einheitlichen Vertrages in ein Bargeschäft und einen damit verbundenen Kreditgeschäft drohen.

§ 358 I BGB erstreckt das für den Liefervertrag geltende **Widerrufs**folgenrecht **auch** auf den **Kreditvertrag**, **§ 358 II BGB** umgekehrt das für das Darlehen geltende **Widerrufsfolgen**recht auf den **Liefervertrag**.
Der in **§ 359 I BGB** geregelte **Einwendungsdurchgriff** gestattet dem Verbraucher, solche Einwendungen, die sich aus dem Liefer- oder dem Finanzierungsvertrag ergeben, auch dem Anspruch aus dem verbundenen Vertrag entgegenzuhalten.

Bei den Fällen der §§ 358, 359 BGB handelt es sich typischerweise um Drei-Personen-Verhältnisse. Die Vorschriften sind aber **auch anwendbar, wenn** der Leistungserbringer und der Kreditgeber **identisch** sind.

Stellen Sie die Rechtsfolgen des § 358 BGB dar!

Verbraucherdarlehen

↳ SchuldR BT II, Rn. 130 ff., VerbraucherschutzR, Rn. 373 ff.

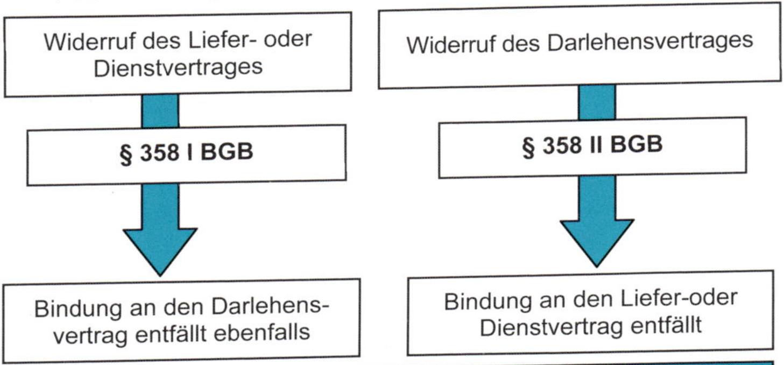

Bei verbundenen Geschäften lässt der Widerruf des einen Vertrages auch den anderen Vertrag unwirksam werden.

Wie ist die Rückabwicklung bei verbundenen Verträgen vorzunehmen?

↬ SchuldR BT II, Rn. 130 ff., VerbraucherschutzR, Rn. 373 ff.

Der verbundene Vertrag ist wie der widerrufene Vertrag entsprechend § 357 BGB rückabzuwickeln, § 358 IV S. 1 BGB.
Beim Widerruf des Liefervertrages nach § 358 I BGB dürfen dem Verbraucher nach § 358 IV S. 4 BGB Ansprüche auf Zahlung von Zinsen und Kosten aus der Rückabwicklung des Verbraucherdarlehensvertrags nicht auferlegt werden.
Hat der Unternehmer den Darlehensbetrag aus dem verbundenen Kreditgeschäft bei Wirksamwerden des Widerrufs bereits erlangt, so tritt der Kreditgeber gem. § 358 IV S. 5 BGB an die Stelle des Leistungserbringers in das Abwicklungsverhältnis ein. Der Kreditgeber schuldet daher alle Leistungen, die sich aus § 355 III BGB ergeben.

Der Regress des Darlehensgebers gegen den Leistungserbringer richtet sich, soweit eine vertragliche Abrede fehlt, nach den §§ 812 ff. BGB.

Was ist der Inhalt des Schenkungsvertrags und wie lässt er sich von anderen unentgeltlichen Verträgen abgrenzen?

Überblick

↳ SchuldR BT II, Rn. 194 ff.

Der Schenkungsvertrag ist ein **einseitig verpflichtender Vertrag**. **Eine vertragliche Leistungspflicht trifft nur den Schenker**.

Tatbestandsvoraussetzungen sind:

1. Objektiv:
- Bereicherung des Empfängers
- Durch Zuwendung aus dem Vermögen eines anderen

2. Subjektiv: Einigung über die Unentgeltlichkeit der Zuwendung (d.h. die Leistung erfolgt objektiv ohne Gegenleistung und die Parteien wollen dies subjektiv so). An der Unentgeltlichkeit fehlt es insbes. bei sog. unbenannten Zuwendungen unter Ehegatten.

Abgrenzungen:

- Im Gegensatz zur **Leihe** verbleibt bei der Schenkung die Sache nicht im Vermögen des Schenkers, d.h. bei der Schenkung überträgt der Schenker ein Recht bzw. übereignet eine Sache.
- Das Schenkungsversprechen ist im Gegensatz zur **Auslobung** ein Vertragsangebot, das der Annahme bedarf, nicht öffentlich abgegeben wird und i.d.R. nicht zu einer bestimmten Tätigkeit veranlassen will.

Ist der Schenkungsvertrag formbedürftig?

Überblick

SchuldR BT II, Rn. 194 ff.

§ 518 BGB regelt **Form** und **Heilung** im Schenkungsrecht.
Achten Sie hier jedoch genau darauf, welche Willenserklärung der **notariellen Beurkundung** nach **§§ 518 I S. 1, 128 BGB** bedarf. Nicht Schenkungsangebot und –annahme, sondern nur das **Schenkungsversprechen** bedarf dieser Form.

Ungenau und in einigen Fällen falsch ist es auch zu sagen, dass das Schenkungs*angebot* der notariellen Form bedarf. Denn es kann auch sein, dass das Schenkungsversprechen die Annahme des Schenkungsantrags des Beschenkten darstellt. Achtung: ist Gegenstand der Schenkung ein Grundstück, ist § 311b I vorrangig; er bezieht sich auf beide WE's!!!

Zweck des Formerfordernisses ist vor allem der Schutz des Schenkers vor übereilten, evtl. mit erheblichen vermögensrechtlichen Folgen verbundenen Schenkungen.
Grundsätzlich bewirkt ein Formmangel die Nichtigkeit der formbedürftigen Willenserklärung, § 125 S. 1 BGB.
Allerdings kann nach § 518 II BGB der Formmangel geheilt werden.

Unter welchen Voraussetzungen tritt Heilung des Formmangels nach § 518 II BGB ein?

↳ SchuldR BT II, Rn. 194 ff.

Ein Formmangel wird nach **§ 518 II BGB** geheilt, wenn die Schenkung vollzogen wird. **Vollzug** der Schenkung liegt vor, wenn der Schenker die versprochene Leistung freiwillig bewirkt, § 362 I BGB. **Ausreichend ist, dass der Schenker alles getan hat, was er für die Vollziehung der Schenkung tun muss**, so dass ein bedingter oder befristeter Vollzug genügt.

Kein Vollzug liegt insbesondere vor, wenn das Vollzugsgeschäft nicht wirksam geworden ist oder wenn der Vollzug nur vorbereitet oder gesichert werden soll.

Teilvollzug bewirkt eine Heilung nur zu diesem Teil (bei Teilbarkeit).

Ist **Schenkungsgegenstand** aber ein **Grundstück**, so gilt nicht nur bzgl. der **Form** des Schenkungsvertrages **§ 311b I S. 1 BGB (siehe ÜK2)**, sondern auch hinsichtlich der **Heilung § 311b I S. 2 BGB**.

Welche Arten von Schenkungen gilt es zu unterscheiden?

↳ SchuldR BT II, Rn. 194 ff.

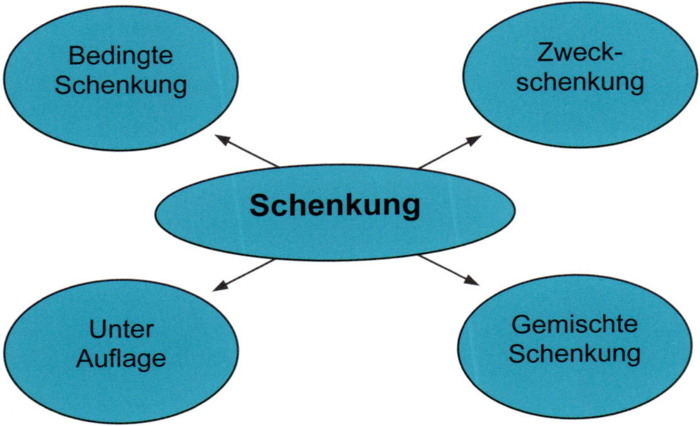

Welche Besonderheiten gibt es bei der gemischten Schenkung?

↳ SchuldR BT II, Rn. 194 ff.

- **Eine gemischte Schenkung ist ein einheitlicher Vertrag, bei dem sich der Wert der Leistung und der Wert der Gegenleistung nur zum Teil entsprechen, die Vertragsparteien dies wissen und übereinstimmend wollen, dass der überschießende Wert unentgeltlich gegeben wird.**
- Ist die **Leistung teilbar**, liegt **keine gemischte Schenkung** vor, sondern es bestehen zwei voneinander unabhängige Verträge (Kauf und Schenkung).
  ⇨ Die gemischte Schenkung ist daher ein **typengemischter Vertrag** zwischen Kauf bzw. Tausch und Schenkung.
- Bezüglich der **Form** ist zu fragen, ob der entgeltliche (keine Form) oder der unentgeltliche Teil (dann § 518 BGB) überwiegt (h.M.).
- Bezüglich der **Mängelhaftung** gelten für den unentgeltlichen Teil die §§ 523, 524, 526 BGB, für den entgeltlichen Teil das jeweilige Recht, d.h. z.B. Kauf- oder Tauschrecht.

Welche Besonderheiten gibt es bei der Schenkung unter Auflage?

↳ SchuldR BT II, Rn. 194 ff.

- Die **Schenkung unter Auflage** ist in **§§ 525 ff. BGB** geregelt.
- **Eine Schenkung unter Auflage liegt bei einer Schenkung vor, der eine Bestimmung hinzugefügt ist, dass der Empfänger zu einer Leistung verpflichtet sein soll, die aus dem Schenkungsgegenstand zu entnehmen ist.**
- § 518 BGB gilt auch für die Auflage. Die Nichtbeachtung der Form macht die Schenkung in vollem Umfang nichtig.
- Das Schenkungsrecht ist in vollem Umfang anwendbar; Besonderheiten sind in §§ 525-527 BGB geregelt.
- Gemäß § 525 I BGB ist der Schenker vorleistungspflichtig.
- Bei Unterbleiben der Vollziehung der Auflage darf der Schenker nach § 527 I BGB unter den Voraussetzungen für das Rücktrittsrecht (insoweit Rechtsgrundverweisung) Herausgabe nach den Vorschriften über die ungerechtfertigte Bereicherung (Rechtsfolgenverweisung) Herausgabe des Geschenks verlangen.
  ⇨ d.h. Fristablauf nötig außer bei §§ 323 II, 326 V BGB.

Welche Besonderheiten gibt es bei bedingter Schenkung und Zweckschenkung?

↬ SchuldR BT II, Rn. 194 ff.

- **Eine bedingte Schenkung liegt vor, wenn die Schenkung von der Erbringung einer Gegenleistung oder von einem Unterlassen der anderen Partei abhängig sein soll.**

⇨ Hier wird man einen gegenseitigen Vertrag annehmen müssen, wenn der „Schenker" nach Vorstellung der Parteien ein Forderungsrecht hinsichtlich der Gegenleistung erhalten soll. Soll der Schenker die Gegenleistung nicht fordern können, liegt eine Schenkung i.S.d. § 516 I BGB vor. Er kann aber das Geschenk gemäß § 812 I S. 2 Alt. 1 BGB (condictio ob causam finitam) zurückfordern, wenn die „Gegenleistung" **nicht erfolgt.**

- **Eine Zweckschenkung liegt vor, wenn nach dem Inhalt des Rechtsgeschäfts oder dessen Geschäftsgrundlage ein über die Zuwendung an den Beschenkten hinausgehender Zweck verfolgt wird, aber kein Anspruch auf Vollziehung besteht.**

⇨ Dies wird insbesondere dann gewählt, wenn die Parteien den Eintritt des Erfolges nicht bezweifelt haben. Eine Rückforderung kommt hier gemäß § 812 I S. 2 Alt. 2 BGB (condictio ob rem) in Betracht.

Welche besonderen Herausgabemöglichkeiten hinsichtlich des Schenkungsgegenstandes gibt es im Schenkungsrecht?

! Überblick

↳ SchuldR BT II, Rn. 194 ff.

Das Schenkungsrecht kennt in

- **§ 528 I S. 1 BGB**, **Rückforderung wegen Verarmung des Schenkers**
- **§ 530 I BGB**, **Widerruf der Schenkung**

zwei besondere Möglichkeiten, den Schenkungsgegenstand vom Beschenkten herauszuverlangen.

Wenn die Voraussetzungen des **§ 528 I BGB** vorliegen, erfolgt die Herausgabe nach den §§ 818 ff. BGB, d.h. § 528 I BGB ist eine **Rechtsfolgenverweisung**, da der Rechtsgrund Schenkung in diesen Fällen bestehen bleibt. Bei § 528 I BGB sind die besondere Einreden des Beschenkten aus § 529 BGB (I Alt. 1, 2, II) zu beachten.

Der Widerruf, geregelt in §§ 530 ff. BGB, ist eine Sonderregelung gegenüber der Störung der Geschäftsgrundlage. Bei wirksamem Widerruf erfolgt die Herausgabe nach §§ 812 ff. BGB gemäß **§ 531 II BGB** (**Rechtsgrundverweisung**). Besondere Ausschlussgründe für den Widerruf regeln §§ 532, 533 BGB. Bei Pflicht- und Anstandsschenkungen finden §§ 528 f. 530 ff. BGB gemäß § 534 BGB keine Anwendung.

Systematisieren Sie die besonderen Herausgabemöglichkeiten und Einreden des Schenkungsrechts!

↳ SchuldR BT II, Rn. 194 ff.

Besondere Herausgabemöglichkeiten und Einreden

§ 519 I BGB	§ 528 I BGB	§ 530 I BGB
Vor Vollzug der Schenkung	Nach Vollzug der Schenkung	Zeitpunkt irrelevant (vor und nach Vollzug)
Einrede	**Einrede**	**Gestaltungsrecht**

Die Herausgabepflicht nach § 528 I BGB kann durch Übernahme des Unterhaltes für den Schenker nach § 528 I S. 2 BGB abgewendet werden. Diese so begründete Unterhaltspflicht besteht grds. bis zum Tod des Schenkers. Zu § 529 BGB siehe KK 8.
Eine schwere Verfehlung i.S.d. § 530 I Alt. 1 BGB liegt vor, wenn die Verfehlung sich objektiv gegen den Schenker oder dessen Angehörige richtet, subjektiv eine tadelnswerte Gesinnung offenbart.

Wie ist die Rechts- und Sachmängelhaftung im Schenkungsrecht ausgestaltet?
– Teil I –

↳ SchuldR BT II, Rn. 194 ff.

- Die Haftung für Rechtmängel ist in § 523, die für Sachmängel in § 524 BGB geregelt.
- Diese Vorschriften verdrängen in ihrem Anwendungsbereich die allgemeine Haftungsprivilegierung des § 521 BGB
- Wenn dem Schenker die Sache bei Abschluss des Schenkungsvertrages schon gehörte, haftet er nur bei arglistigem Verschweigen des Sach- oder Rechtsmangels, §§ 524 I, 523 I BGB

⇨ Rechtsfolge: Nur Ersatz des Vertrauensschadens einschließlich etwaiger Folgeschäden

Weil der uneigennützige Schenker nicht in gleichem Maße haften soll wie jeder andere Schuldner, sieht **§ 521 BGB** eine allgemeine **Haftungsprivilegierung** i.S.d. § 276 I S. 1 Alt. 1 BGB vor („wenn eine…mildere Haftung [nicht] bestimmt…ist"). Der Schenker haftet danach **nur für Vorsatz und grobe Fahrlässigkeit**.
§521 BGB greift **nur** dann, **wenn** die Schutzpflichtverletzung **im Zusammenhang mit** dem **Gegenstand der Schenkung** steht.

Wie ist die Rechts- und Sachmängelhaftung im Schenkungsrecht ausgestaltet?
– Teil II –

↳ SchuldR BT II, Rn. 194 ff.

- Wenn Schenker Sache nach Vertragsschluss noch vereinbarungsgemäß erwerben muss, haftet er gemäß §§ 523 II, 524 II, wenn er z.Zt. des Eigentumserwerbes den Mangel, der bei Vollzug der Schenkung noch vorliegt, kannte oder hätte kennen müssen.

⇨ Rechtsfolge:

  - Bei Rechtsmängeln nach **§ 523 II BGB** kann der Beschenkte **Schadensersatz statt der Leistung** verlangen
  - Bei Sachmängeln nach **§ 524 II BGB** kann er bei „Gattungsschenkungen" Lieferung einer neuen Sache und **nur bei Arglist des Schenkers Schadensersatz s. d. Leistung**

Auf diese Ansprüche findet das kaufrechtliche Mängelrecht entsprechende Anwendung, §§ 523 II S. 2, 524 II S. 3 BGB.

Achtung: Bei Schenkung digitaler Produkte bzw. Datenträgern i.S.d. § 327 V bzw. Sachen mit digitalen Produkten, werden §§ 523, 524 von §§ 327 ff. BGB verdrängt, wenn personenbezogene Daten überlassen werden, § 516a I, II BGB.

Was verstand der BGH früher unter der Gesamtbetrachtungslehre?
Wie löst der BGH inzwischen diese Problemfälle?

↳ SchuldR BT II, Rn. 194 ff.

Bei der Schenkung an einen in der Geschäftsfähigkeit Beschränkten bedarf dieser zum Abschluss des Schenkungsvertrages grds. keines gesetzlichen Vertreters, da die Schenkung stets lediglich rechtlich vorteilhaft i.S.d. § 107 BGB ist. Wird nun mittels eines Insichgeschäfts erfüllt, führt der Wortlaut des § 181 BGB („Erfüllung einer Verbindlichkeit") dazu, dass das Erfüllungsgeschäft wirksam ist, auch wenn dem in der Geschäftsfähigkeit Beschränkten gerade hierdurch rechtliche Nachteile erwachsen. Der gesetzlich bezweckte Schutz des in der Geschäftsfähigkeit Beschränkten würde daher unterlaufen.

1. Zu diesem Schutz wurde vom **BGH früher** daher die **rechtliche Vorteilhaftigkeit des Verpflichtungsgeschäfts** Schenkung i.S.d. § 107 BGB im Wege einer **Gesamtbetrachtung von Verpflichtungs- und Erfüllungsgeschäft** beurteilt, sog. Gesamtbetrachtungslehre. Rechtlich nachteilig sind danach nur persönliche Belastungen (z.B. Vermieterpflichten, die über § 566 I BGB übergehen), nicht aber nur dingliche Belastungen der Sache (z.B. Hypothek).

2. Mittlerweile wendet der BGH die Gesamtbetrachtungslehre nicht mehr an und arbeitet mit einer teleologischen Reduktion des § 181 a.E. In Erfüllung einer Verbindlichkeit ist ein Insichgeschäft nur noch zulässig, wenn dieses im Ergebnis nicht zu einem Nachteil führt (vgl. zuletzt **BGH, Life&Law 02/2011, 135 ff.**).

Wie ist das Verhältnis der §§ 516 ff. BGB zu § 2301 BGB?

Überblick

↳ SchuldR BT II, Rn. 194 ff.

- § 2301 I S. 1 BGB normiert besondere Voraussetzungen für ein Schenkungsversprechen, was unter der Bedingung erteilt wird, dass der Beschenkte den Schenker überlebt, sog. Schenkung von Todes wegen.
- Diese Schenkung (**Angebot und Annahme**) bedarf insgesamt der **Form des § 2276 I S. 1 BGB bzw. § 2247 BGB**.
- § 2301 II BGB normiert eine besondere Heilungsvorschrift für dieses Schenkungsversprechen.
- **§ 2301 BGB geht in seinem Anwendungsbereich dem § 518 BGB vor.**
- **Zweck** dieser Vorschrift ist es, die Umgehung der zwingenden erbrechtlichen Vorschriften durch formlosere Rechtsgeschäfte zu verhindern.
- Die Überlebensbedingung ist nach dem individuellen Willen des Schenkers zu ermitteln, der im Einzelfall durch Auslegung zu bestimmen ist.

Was ist unter Vollzug i.S.d. § 2301 II BGB in Abgrenzung zum Vollzug i.S.d. § 518 II BGB zu verstehen?

Überblick

↳ SchuldR BT II, Rn. 194 ff.

	Vollzug, § 518 II	Vollzug, § 2301 II
Zeitpunkt der Heilung	Zeitpunkt irrelevant	Heilung muss zu Lebzeiten des Schenkers erfolgen, vgl. § 2301 II BGB *„Vollzieht der Schenker…“*
Was wird für die Heilung, d.h. den Vollzug verlangt?	„Bewirkung“ i.S.d. § 518 II BGB, d.h. Erfüllung i.S.d. § 362 I BGB	„Leistung“ i.S.d. § 2301 II BGB, d.h. der Schenker muss von seiner Seite alles zur Vermögensverschiebung Erforderliche tun, so dass diese ohne sein weiteres Zutun eintreten kann. Der Beschenkte muss etwas Greifbares erhalten, mindestens also eine Anwartschaft (BGH; sehr umstritten)

Wie wird die Abgrenzung des Mietvertrags zu anderen Vertragstypen vorgenommen?

Grundbegriffe/Abgrenzung

↳ SchuldR BT II, Rn. 107, 109 ff.

- Der Mietvertrag ist ein Vertrag über die **entgeltliche Gebrauchsüberlassung** von **Sachen**.
- Durch die Entgeltlichkeit unterscheidet er sich von der Leihe, §§ 598 ff. BGB.
- Der Hauptunterschied zum Pachtvertrag, §§ 581 ff. BGB, ist, dass der Verpächter – anders als der Vermieter – neben der Gebrauchsüberlassung auch zur Überlassung der Fruchtziehung verpflichtet ist.
- Der Hauptunterschied zum Verwahrungs- (§§ 688 ff. BGB) oder Lagervertrag (§§ 467 ff. HGB) liegt darin, dass dort nicht die Gebrauchsüberlassung der Sache, sondern deren Aufbewahrung geschuldet ist und insbesondere Obhut übernommen wird.

Bei Miet- und Werkvertrag sind **Mischverträge** häufig, z.B. liegt ein Werkvertrag mit mietrechtlichem Einschlag bei Kino- und Konzertbesuchen oder Sportveranstaltungen (als Zuschauer) vor.

Erstellen Sie eine Übersicht der Systematik des Mietrechts!

Grundbegriffe/Übersicht

↳ SchuldR BT II, Rn. 1a.

Mietvertrag

- Allgemeine Vorschriften für Mietverhältnisse: **§§ 535 – 548 BGB**
- Vorschriften über Wohnraummiete: **§§ 549 – 577a BGB**
- Vorschriften über die Miete anderer Sachen: **§§ 578 – 580a BGB**

Diese Systematik erschließt sich zwanglos aus dem Gesetz. Beachten Sie diese aber stets bei Ihren Fallbearbeitungen, *lex specialis derogat legi generali*, d.h. gehen Sie von der Spezialregelung (z.B. Wohnraum) zur allgemeinen Regelung. Beachten sie bei der Miete digitaler Produkte § 578b BGB

Welche Rechtsfolge hat ein Verstoß gegen § 550 S. 1 BGB?

↳ SchuldR BT II, Rn. 8 ff.

Grundsätzlich ist der Mietvertrag **formfrei**.
§ 550 S. 1 BGB stellt für Mietverträge über Wohnraum, die für eine längere Zeit als ein Jahr geschlossen wurden (vgl. Wortlaut) eine Formvorschrift dar. Grundsätzlich folgt aus einem Verstoß gegen eine Formvorschrift die Nichtigkeit der Befristung gemäß § 125 S. 1 BGB.
In Ausnahme zu § 139 BGB bestimmt **§ 550 S. 1 BGB**, dass der Mietvertrag im Übrigen wirksam ist und als für unbestimmte Zeit geschlossen gilt.

Wie an der Terminologie „gilt" ersichtlich, stellt die Rechtsfolge des § 550 S. 1 BGB eine Fiktion dar.
Beachten Sie, dass § 550 S. 1 BGB nicht nur für Mietverträge über Wohnraum gilt, sondern über die Verweisungen des § 578 I auch für Mietverträge über Grundstücke, über §§ 578 II S. 1, I auch für Mietverträge über andere Räume als Wohnräume und über § 581 II BGB auch für Pachtverträge.
Aber Achtung: Für die Landpacht ist § 585a BGB lex specialis!

Welches sind die Hauptpflichten des Mietvertrages?

↳ SchuldR BT II, Rn. 8 ff.

Mietverhältnisse sind **Dauerschuldverhältnisse** und unterstehen daher in verstärktem Maße Treu und Glauben.

Der **Vermieter** hat den **Gebrauch** an der Mietsache zu **gewähren, § 535 I S. 1 BGB**, muss die **Mietsache** in einem vertragsgemäßen Zustand überlassen und **erhalten, § 535 I S. 2 BGB** (auch bzgl. der gewöhnlichen Abnutzung, § 538 BGB) und muss die Lasten der Mietsache tragen, § 535 I S. 3 BGB.

Der **Mieter** muss die **Miete entrichten, § 535 II BGB**. Fälligkeit bei **Wohnraum § 556b I BGB, sonst § 579 I, II BGB**.

Beachte: Die **Rückgabepflicht** des Mieters nach Beendigung des Mietverhältnisses nach § 546 I BGB steht **nicht im Synallagma**. Das bedeutet, dass nur Mietzahlung und Gebrauchsüberlassung bzw. Erhaltung der Sache im Gegenseitigkeitsverhältnis stehen.

Beachte: Auch in AGBs kann – trotz § 307 II Nr. 2 BGB – die Erhaltungspflicht des Vermieters auf den Mieter übertragen werden, sog. Schönheitsreparaturen, vgl. nächste Karteikarte.

Inwieweit sind Schönheitsreparaturklauseln zulässig?

↳ SchuldR BT II, Rn. 8 ff.

Begriffsbestimmung: Unter Schönheitsreparaturen versteht man Maßnahmen zur Beseitigung von Mängeln, die durch den vertragsgemäßen Gebrauch der Mietsache entstanden sind.

Die Vornahme der Schönheitsreparaturen muss grds. durch den Vermieter erfolgen. Sie gehört zur Instandhaltungspflicht nach § 535 I S. 2 BGB, vgl. KK 4.

Die **grundsätzliche Zulässigkeit** der Abwälzung dieser Pflicht auf den Mieter – auch durch AGBs – ergibt sich aus folgendem Gedanken: Müsste stets der Vermieter die Kosten der Instandhaltung tragen, würden diese Kosten nahezu immer auf den Miete aufgeschlagen. Folglich hat der Mieter ein wirtschaftliches Interesse daran, die Schönheitsreparaturen selbst vorzunehmen.

Welche Regelungen sind für die Vornahme von Schönheitsreparaturen zulässig?

↳ SchuldR BT II, Rn. 8 ff.

Problematisch ist bei diesen Schönheitsreparaturklauseln nicht die generelle Zulässigkeit, sondern die Art und Weise der Überwälzung, insbesondere eine **Fristenregelung**.

Generell **unzulässig** ist hierbei eine Klausel, die den Mieter bei **Einzug** zur Vornahme der Renovierung verpflichtet. Ebenso unzulässig ist eine Klausel, die den Mieter unabhängig von vorherigen Reparaturen bei **Auszug** zu einer (erneuten) Schönheitsreparatur verpflichtet.

Ebenfalls generell unzulässig wegen Verstoßes gegen § 307 I S. 1 BGB ist ein **starrer Fristenplan**. Renovierungspflichten dürfen nicht bestehen, wenn die Mietsache nicht renovierungsbedürftig ist.

Finden sich in einem Vertag **kumulativ** eine Schönheitsreparaturverpflichtung und eine Endrenovierungsverpflichtung, die für sich genommen jeweils zulässig wären, in verschiedenen Klauseln, so sind auf Grund des sog. **Summierungseffekts** beide (!) Klauseln unwirksam. Dies gilt auch für gewerbliche Miete, da es hierbei nicht um den sozialen Schutz, sondern um die Ausgewogenheit von Leistung und Gegenleistung geht.

Zulässig ist dagegen eine Überwälzung nach Renovierungsbedarf.

Wie ist das Verhältnis von §§ 536 ff. BGB zum allgemeinen Leistungsstörungsrecht?

↳ SchuldR BT II, Rn. 19 ff.

- § 536 BGB gilt gemäß § 536 I S. 1 BGB erst ab Überlassung der Mietsache an den Mieter.
- Gleiches gilt für § 536a BGB, was durch die Verweisung in § 536a I BGB deutlich wird.

Das bedeutet, dass das Mietgewährleistungsrecht **ab Überlassung** grds. **abschließende Spezialregelungen** bereithält. Nach Überlassung der Mietsache ist somit ein Rückgriff auf die allgemeinen Vorschriften grds. ausgeschlossen.

Ausnahme: Ist die Sache völlig zerstört, so kann nicht mehr von einem bloßen Mangel gesprochen werden. Es liegt vielmehr Unmöglichkeit vor, die §§ 326 bzw. 280 I, III, 283 bzw. 311a BGB gelten. Dies gilt ebenfalls, wenn die Beseitigung des Mangels dem Vermieter nicht zumutbar ist, weil der Aufwand unverhältnismäßig ist.

Vor Gebrauchsüberlassung gilt folglich das allgemeine Leistungsstörungsrecht!

Welche Vorschriften gelten bei fehlender Gebrauchstauglichkeit der Mietsache?

! Konkurrenzen

↳ SchuldR BT II, Rn. 19 ff.

Bei **fehlender Gebrauchstauglichkeit** ist zu **unterscheiden**, ob Schadensersatz oder Rücktritt gewählt wurde:

- Für einen Anspruch auf **Schadens- bzw. Aufwendungsersatz** gilt nach Übergabe § 536a I Var. 3 BGB und vor Übergabe § 311a II BGB (jeweils i.V.m. § 284 BGB)

- Ist **Rücktritt bzw. Kündigung** gewollt, bestehen die Rechte aus § 323 BGB und § 543 BGB (für Wohnraum i.V.m. § 569 BGB) vor Übergabe nebeneinander. Nach der Übergabe gilt nur noch § 543 BGB. Außerdem kann der Mieter auch bei Rücktritt Schadensersatz verlangen, § 325 BGB.

Wie ist das Verhältnis von §§ 536 ff. BGB zur Anfechtung?

Konkurrenzen

↳ SchuldR BT II, Rn. 19 ff.

Im Verhältnis zur **Anfechtung** gilt:

- §§ 119 I und 123 BGB sind stets neben den §§ 536 ff. BGB anwendbar. Insoweit besteht kein Konkurrenzverhältnis.
- § 119 II BGB ist dagegen nicht anwendbar, wenn die verkehrswesentliche Eigenschaft zugleich einen Mangel der Sache darstellt. Dies folgt insbesondere aus den Kündigungsvorschriften der §§ 543, 569 BGB, die abschließend festlegen, unter welchen Voraussetzungen man sich vom Vertrag lösen kann und wie die Rückabwicklung zu erfolgen hat. Daneben besteht kein Raum für die Anfechtungsregeln. Insoweit sind die §§ 536 ff. BGB also leges speciales zu § 119 II BGB und gehen folglich vor.

Wie ist das Verhältnis von §§ 536 ff. BGB zu §§ 280 I, 311 II (c.i.c.)?

Konkurrenzen

↳ SchuldR BT II, Rn. 19 ff.

Im Verhältnis zur **c.i.c.** gilt:

- **Vor Übergabe** ist die c.i.c., §§ 280 I i.V.m. 311 II, III BGB, als Teil des allgemeinen Schuldrechts immer anwendbar.

- Die c.i.c. bleibt auch **nach Übergabe** anwendbar, wenn sich das vorvertragliche Verschulden nicht auf einen Sachmangel bezieht.

- Bezieht sich dagegen das vorvertragliche Verschulden auf einen Mangel der Mietsache, sind die §§ 280 I i.V.m. 311 II BGB nach Übergabe der Mietsache grds. nicht mehr anwendbar. Nur im Fall des arglistigen Verschweigens des Mangels durch den Vermieter bleibt die c.i.c. auch in den oben genannten Fällen anwendbar.

Wie ist das Verhältnis der §§ 535 ff. BGB zu den Regelungen des EBV?

Konkurrenzen

↳ SchuldR BT II, Rn. 19 ff.

Im Verhältnis zum EBV gilt:

Bei **Bestehen eines wirksamen Mietvertrages** liegt **kein EBV** und damit keine Vindikationslage vor, da der Mietvertrag ein Recht zum Besitz i.S.d. § 986 I S. 1 BGB darstellt. (a.A.: „der nicht so berechtigte Besitzer")
Ist der **Mietvertrag unwirksam**, kann es im Vergleich des berechtigten zum nichtberechtigten Mieter zu Wertungswidersprüchen kommen. Der berechtigte Mieter haftet nach § 280 I BGB und nach § 823 I BGB, während der nichtberechtigte Mieter mangels Vorliegen eines Schuldverhältnisses nicht nach § 280 I BGB und aufgrund der Sperrwirkung des § 993 I Hs. 2 BGB eigentlich nicht nach § 823 I BGB haftet. Aus Wertungsgründen haftet daher der im **Fremdbesitzerexzess** befindliche nichtberechtigte Besitzer entgegen § 993 I Hs. 2 BGB ausnahmsweise nach § 823 I BGB. Dies entspricht dem Rechtsgedanken des § 991 II BGB, der eine Variante des Fremdbesitzerexzesses normiert.
Beim nicht mehr berechtigten Besitzer (nach Beendigung des Mietvertrages) liegt i.d.R. auch **kein EBV** vor, da nachvertragliche Regelungen wie § 546a BGB vorgehen und es auch hier nicht zu einer Besserstellung des nichtberechtigten Besitzers gegenüber dem berechtigten kommen darf (str.).

Nach welchen Vorschriften bestimmt sich die Verjährung im Mietrecht?

Verjährung

↬ SchuldR BT II, Rn. 62 ff.

Grundsatz: Verjährung nach den allgemeinen Vorschriften der **§§ 195 ff.**
Ausnahme: § 548 I, II BGB formulieren besondere Verjährungsregeln, die in ihrem Anwendungsbereich den §§ 195 ff. BGB vorgehen.

Nach **§ 548 I BGB** verjähren alle **Schadensersatzansprüche** des **Vermieters** wegen vom Mieter zu vertretender Veränderungen oder Verschlechterungen der Mietsache in sechs Monaten nach Rückgabe der Mietsache, spätestens jedoch mit Verjährung des Rückgabeanspruchs, § 548 I S. 3 BGB. Dies gilt auch für die Ansprüche des Vermieters aus §§ 280 I, 311 II, 241 II BGB.

Nach Sinn und Zweck des § 548 I BGB muss diese Privilegierung auf alle Ansprüche angewandt werden, die aufgrund eines gleichen Sachverhalts mit einem vertraglichen Anspruch konkurrieren, mithin auch deliktische.

Ansprüche des **Mieters** auf Ersatz von Verwendungen und Gestattung der Wegnahme verjähren nach § 548 II BGB in sechs Monaten ab Beendigung des Mietverhältnisses. Bei Mängelansprüchen gelten §§ 195 ff. BGB.

Wie ist die Minderung im Mietrecht ausgestaltet?

! Mängelrechte des Mieters

↳ SchuldR BT II, Rn. 26 ff.

Nach § 536 I BGB wird der Mietzins **kraft Gesetzes** reduziert, wenn die Sache mit einem Mangel behaftet ist, der die Tauglichkeit der Mietsache zum vertragsgemäßen Gebrauch herabsetzt oder einschränkt.

> Anders als im Kaufrecht ist die Minderung im Mietrecht also **kein Gestaltungsrecht**. Hat der Mieter die volle Miete entrichtet, obwohl diese kraft Gesetzes gemindert war, steht ihm ein Anspruch gegen den Vermieter **aus § 812 I S. 1 Alt. 1 BGB** zu.

Voraussetzungen der Minderung:

- Vorliegen eines Mietvertrages
- Mangel oder Fehlen einer zugesicherten Eigenschaft
- Kein Anspruchsausschluss (nach den §§ 536 I S. 3, Ia, 536b, 536c, 536d BGB und nach dem Rechtsgedanken des § 326 II BGB)

> **Achtung**: Da der Vermieter auch die Instandhaltung schuldet, § 535 I S.2 BGB, haftet er nicht nur für Mängel, die bei Überlassung schon vorliegen. Achten Sie darauf, dass bei der Miete digitaler Produkte die mietrechtliche Mängelhaftung gem. § 578b BGB durch die §§ 327i ff. BGB verdrängt

Stellen Sie sich die wichtigsten Problemkreise zu den Ausschlusstatbeständen zusammen!
– Teil I –

Mängelrechte des Mieters

↳ SchuldR BT II, Rn. 26 ff.

- **Ausschluss nach § 536 I S. 3 BGB**
  ⇨ wenn der Mangel die Gebrauchstauglichkeit nur unerheblich einschränkt. Im Fall einer zugesicherten Eigenschaft nach § 536 II BGB führt allein die Zusicherung dazu, dass es keine unerhebliche Minderung gibt, wie die fehlende Verweisung des § 536 II BGB auf § 536 I S. 3 BGB zeigt.
- **Befristeter Ausschluss für zwei Monate nach § 536 Ia**
  ⇨ Mangel entsteht durch energetische Modernisierung nach § 555b Nr. 1 BGB
- **Ausschluss nach § 536b BGB**
  ⇨ wenn der Mieter den Mangel **bei Vertragsschluss** positiv kennt, § 536b S. 1 BGB (Mangel bedeutet hier Sach- oder Rechtsmangel oder zugesicherte Eigenschaft).
  ⇨ wenn der Mieter den Mangel in Folge grober Fahrlässigkeit nicht kennt, es sei denn der Vermieter hat den Mangel arglistig verschwiegen, § 536b S. 2 BGB.
  ⇨ wenn der Mieter in Kenntnis des Mangels eine mangelhafte Sache annimmt, ohne sich seine Rechte vorzubehalten, 536b S. 3 BGB.
- **Ausschluss nach § 536c II S. 2 Nr. 1 BGB**
  ⇨ wenn der Mieter die Obliegenheit der unverzüglichen Mängelrüge des § 536c I S. 1 BGB verletzt.

Stellen Sie sich die wichtigsten Problemkreise zu den Ausschlusstatbeständen zusammen!
– Teil II –

↳ SchuldR BT II, Rn. 26 ff.

- **Ausschluss nach der ratio des § 326 II S. 1 Alt. 1 BGB**
  ⇨ wenn der Mieter den Mangel verursacht oder den Mieter hinsichtlich des Mangels Verschulden trifft.
- **Ausschluss nach § 814 BGB nach erfolgter Mietzinszahlung**
  ⇨ wenn der Mieter trotz Kenntnis des Mangels bereits geleistet hat.

Eine Analogie zu § 536b S. 1 BGB ist für den Ausschluss **zukünftiger** Mietzahlungen abzulehnen, wenn der Mieter in der Vergangenheit den Mietzins trotz Kenntnis des Mangels geleistet hat, weil der Anspruch auf die Miete jeden Monat neu entsteht. Dies ist **kein Fall des § 814 BGB**, da hier der Mieter noch nicht geleistet hat. Auch die engen Grenzen der Verwirkung nach § 242 BGB sind hier noch nicht überschritten.
Ein **vertraglicher Ausschluss** ist grds. möglich (vgl. § 536d BGB). Bei der **Wohnraummiete** ist aber auch individualvertraglich ein Ausschluss der Minderung **nicht möglich**, § 536 IV BGB.
Beachte: Durch die Mängelanzeigeobliegenheit nach § 536c I S. 1 BGB erlangt der Vermieter Kenntnis von dem Mangel und haftet nach § 819 I BGB verschärft ohne die Möglichkeit der Entreicherung, § 818 III BGB.

Nennen Sie die Tatbestandsvoraussetzungen des Schadensersatzanspruchs nach § 536a I BGB!
– Teil I –

Mängelrechte des Mieters

↳ SchuldR BT II, Rn. 26 ff.

Zunächst muss zwischen 3 Varianten unterschieden werden, dabei muss stets die Überlassung bereits stattgefunden haben (Ausnahme: Rechtsmangel, § 536 III):

1. **§ 536a I Var. 1 BGB**
   - Vorliegen eines Mietvertrages
   - Mangel oder Fehlen einer zugesicherten Eigenschaft
   - Zum **Zeitpunkt** des **Vertragsschlusses**
   - Kein Anspruchsausschluss
2. **§ 536a I Var. 2 BGB**
   - Vorliegen eines Mietvertrages
   - Mangel oder Fehlen einer zugesicherten Eigenschaft
   - **Nach Vertragsschluss**
   - **Vertretenmüssen des Vermieters**
   - Kein Anspruchsausschluss
3. **§ 536a I Var. 3 BGB**
   - Vorliegen eines Mietvertrages
   - **Verzug** des Vermieters hinsichtlich der Beseitigung eines Mangels bzw. einer zugesicherten Eigenschaft
   - Kein Anspruchsausschluss

Nennen Sie die Tatbestandsvoraussetzungen des Schadensersatzanspruchs nach § 536a I BGB!

– Teil II –

Mängelrechte des Mieters

↳ SchuldR BT II, Rn. 26 ff.

Beachte: Die verschiedenen Varianten der Haftung des Vermieters auf Schadenersatz nach § 536a I BGB sind grundlegend unterschiedlich ausgestaltet:
Während Var. 1 eine Garantiehaftung darstellt, sind die Var. 2 und 3 jeweils Verschuldenshaftungen.

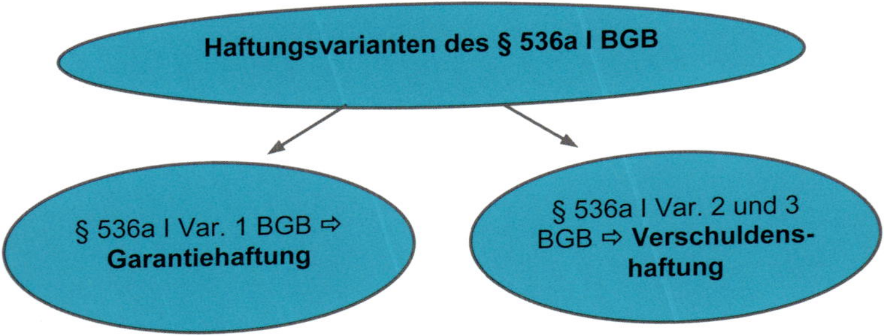

Ist ein Haftungsausschluss für Fahrlässigkeit in AGB hinsichtlich der Schadensersatzansprüche zulässig?

↳ SchuldR BT II, Rn. 26 ff.

Ein **individualvertraglicher Ausschluss der Haftung** ist **grundsätzlich zulässig**. § 536 IV BGB greift hier nicht, da dieser sich aus systematischen Gründen kraft seiner Stellung ausschließlich auf die Minderung bezieht.

Wohnraummiete	**Gewerbliche Miete**
Ein genereller Ausschluss der Haftung des Vermieters für leicht fahrlässig verursachte Schäden verstößt gegen § 307 I S. 1 BGB.	Der formularmäßige Ausschluss der Haftung ist zumindest für anfängliche Mängel zulässig.

Ist die Haftung nach § 311a II S. 1 Alt. 1 BGB wegen § 536a I Var. 1 BGB als Garantiehaftung auszugestalten?

Mängelrechte des Mieters

↪ SchuldR BT II, Rn. 26 ff.

Der Anspruch auf Schadensersatz wegen anfänglicher Unmöglichkeit nach § 311a II S. 1 Alt. 1 BGB ist – wie sich aus dem **Wortlaut des § 311a II S. 2 BGB** ergibt – vom **Vertretenmüssen** abhängig.

Fraglich ist, ob wegen § 536a I Var. 1 BGB im Mietrecht § 311a II S. 1 Alt. 1 BGB vertretensunabhängig auszugestalten ist, da jedenfalls **nach Gebrauchsüberlassung** eine Garantiehaftung eintritt, vgl. o.

Dieser Widerspruch vor und nach Gebrauchsüberlassung ist jedoch hinzunehmen, da von dem eindeutigen Wortlaut des § 311a II S. 2 BGB nicht abgewichen werden darf. Somit bedarf es für eine Haftung des Vermieters vor Gebrauchsüberlassung eines Vertretenmüssens, da auch ein Garantiewille (vgl. § 276 I S. 1 BGB) nicht ohne weiteres vorausgesetzt werden darf.

Im Übrigen wird es dem Vermieter auch selten gelingen, die Vermutung des § 311a II S. 2 BGB zu widerlegen.

Welche Arten von Aufwendungsersatz gibt es im Mietrecht?

↳ SchuldR BT II, Rn. 26 ff.

Aufwendungsersatz des Mieters

Aufwendung ist die freiwillige Aufopferung von Vermögenswerten im Interesse eines anderen.

§ 536a II BGB	§ 539 I BGB
• Hiervon werden **nur** die zur Mängelbeseitigung **erforderlichen Aufwendungen** erfasst. • Nach Nr. 2 muss die umgehende Mängelbeseitigung objektiv notwendig sein, um den Bestand der Mietsache zu erhalten oder wiederherzustellen.	• Hiervon werden **alle sonstigen Aufwendungen** während der Laufzeit des Mietvertrages erfasst. • Sonstige Aufwendungen sind alle, die der Erhaltung, Wiederherstellung oder Verbesserung der Mietsache dienen und nicht unter § 536a II Nr. 2 BGB fallen.

Welches sind die Tatbestandsvoraussetzungen des Aufwendungsersatzanspruches nach § 536a II BGB?

Mängelrechte des Mieters

↳ SchuldR BT II, Rn. 26 ff., 42

1. Aufwendungsersatzanspruch nach § 536a II Nr. 1 BGB:

- Wirksamer Mietvertrag
- Mangel oder Fehlen einer zugesicherten Eigenschaft
- Vermieter mit Beseitigung des Mangels bzw. hinsichtlich der zugesicherten Eigenschaft in Verzug
- Kein Anspruchsausschluss

2. Aufwendungsersatzanspruch nach § 536a II Nr. 2 BGB:

- Wirksamer Mietvertrag
- Mangel oder Fehlen einer zugesicherten Eigenschaft
- Umgehende Beseitigung des Mangels zur Erhaltung oder Wiederherstellung der Mietsache notwendig
- Kein Anspruchsausschluss

Welches sind die Tatbestandsvoraussetzungen des Aufwendungsersatzanspruchs nach § 539 I BGB?

Sonstige Rechte des Mieters

↳ SchuldR BT II, Rn. 53 ff.

Aufwendungsersatzanspruch nach § 539 I BGB:

- Wirksamer Mietvertrag
- Vorliegen einer sonstigen Aufwendung
  ⇨ Sonstige Aufwendungen sind alle Aufwendungen, die der Erhaltung, Wiederherstellung oder Verbesserung der Mietsache dienen und nicht unter § 536a II Nr. 2 BGB fallen.

Rechtsfolge: **Aufwendungsersatz nach GoA**

Nach dem Wortlaut des **§ 539 I BGB** ist die Verweisung auf die Vorschriften der GoA die Rechtsfolge dieser Vorschrift. Hier müssen Sie jedoch beachten, dass dies eine **Rechtsgrundverweisung** darstellt. Das bedeutet, dass die Tatbestandsvoraussetzungen der GoA auch alle gesondert geprüft werden müssen. Insbesondere muss also auch der Fremdgeschäftsführungswille vorliegen.

Nennen Sie Tatbestandsvoraussetzungen und Rechtsfolge der Wegnahme einer Einrichtung nach § 539 II BGB!

Sonstige Rechte des Mieters

↳ SchuldR BT II, Rn. 53 ff.

Einrichtung ist eine Sache, die mit der Mietsache verbunden und dazu bestimmt ist, dem Zweck der Mietsache zu dienen, vgl. auch § 258 S. 1 BGB.

Tatbestandsvoraussetzung des § 539 II BGB ist, dass der Einrichtungsgegenstand von dem Mieter eingebracht worden ist. Eine Anzeigepflicht besteht hierbei nicht.
Rechtsfolge ist ein Wegnahmerecht des Mieters nach § 258 S. 1 BGB. Dieses bloße Wegnahmerecht gibt dem Mieter **kein Recht auf Herausgabe** des Einrichtungsgegenstandes. Der Vermieter ist lediglich verpflichtet, die Wegnahme zu dulden. Dieses Wegnahmerecht ist, wie der Wortlaut bereits nahe legt, ein bloßes Recht, jedoch keine Pflicht des Mieters. Der Vermieter von Wohnraum kann gegen Zahlung einer angemessenen Entschädigung die Wegnahme abwenden, § 552 BGB.

Aufgrund der Verbindung mit der Mietsache geht nicht selten das Eigentum an der Sache auf den Vermieter über, §§ 93, 94, 946, 947 BGB. In diesen Fällen verleiht § 539 II BGB dem Mieter das Recht, das Eigentum des Vermieters oder eines Dritten wegzunehmen und gibt ihm ein dingliches Aneignungsrecht.

Stellt die Übernahme der Schönheitsreparaturen eine Hauptleistungspflicht dar?

Sonstige Vermieterrechte

↳ SchuldR BT II, Rn. 53 ff.

Wenn die Schönheitsreparaturen wirksam (vgl. KK MietR 6) auf den Mieter übertragen wurden, hat der Vermieter einen einklagbaren Anspruch auf die Durchführung der Schönheitsreparaturen. Nach Auffassung des BGH steht die **Übernahme der Schönheitsreparaturen** im Gegenseitigkeitsverhältnis, weil in ihr **quasi** eine **Abgeltung des Mietzinses** zu sehen ist. Würde der Mieter die Schönheitsreparaturen nicht übernehmen, müsste er einen höheren Mietzins zahlen. Die Übernahme der Schönheitsreparaturen ist also folglich eine **Hauptleistungspflicht**.

Wird diese (Haupt)Leistungsplicht verletzt, folgt daraus ein **Schadensersatzanspruch statt der Leistung**, d.h. ein Schadensersatzanspruch nach **§§ 280 I, III, 281 BGB**. Es handelt sich damit nicht um eine Pflicht aus § 241 II BGB, sondern aus § 241 I BGB.

Welche Ansprüche gegen den Mieter ergeben sich bei der Nichtdurchführung von Schönheitsreparaturen für Vermieter und Nachmieter?

Sonstige Vermieterrechte

↳ SchuldR BT II, Rn. 53 ff.

Typischer Fall: Der Mieter wurde wirksam zu Schönheitsreparaturen verpflichtet, führte diese aber nicht durch. Der Nachmieter nimmt diese Schönheitsreparaturen dann aber vor. Gefragt ist nun nach den Ansprüchen des Vermieters und des Nachmieters gegen den ursprünglichen Mieter.

Vermieter:
Schadensersatz statt der Leistung nach §§ 280 I, III, 283 BGB, da Unmöglichkeit aufgrund Zweckerreichung, Vertretenmüssen des Mieters wegen § 287 S. 2 BGB

Nachmieter:
Anspruch auf Abtretung der Ansprüche des Vermieters gegen den Mieter aus § 255 BGB analog. Aus abgetretenem Recht kann der Nachmieter nun gegen den Mieter gemäß §§ 280 I, III, 283 BGB vorgehen.

↓

Mieter, der Schönheitsreparaturen nicht durchgeführt hat

Welches sind die Tatbestandsvoraussetzungen des Vermieterpfandrechts nach § 562 I BGB?

Vermieterpfandrecht

↳ SchuldR BT II, Rn. 76 ff.

Tatbestandsvoraussetzungen des Vermieterpfandrechts nach § 562 I BGB:

- Wirksamer Mietvertrag über **Wohnraum**
- Forderung aus dem Mietverhältnis
- Eingebrachte Sache, die im Eigentum des Mieters steht
- Pfändbarkeit der eingebrachten Sache, § 562 I S. 2 BGB
- Nichterlöschen des Pfandrechts

Gemäß **§ 578 I BGB** findet § 562 I BGB auch auf Mietverträge über **Grundstücke** Anwendung; dasselbe gilt gemäß **§ 578 II S. 1, I BGB** auch für Mietverträge über **Räume, die nicht Wohnräume** sind.

§ 562 I BGB findet **analoge Anwendung** auf Sachen, die nicht im Eigentum des Mieters stehen, an denen der Mieter aber ein Anwartschaftsrecht hat, da das **Anwartschaftsrecht** ein wesensgleiches minus zum Eigentum ist.

Erläutern Sie die Problemkreise der Tatbestandsvoraussetzungen des § 562 I BGB!

Vermieterpfandrecht

↳ SchuldR BT II, Rn. 76 ff.

Forderungen aus dem Mietverhältnis i.S.d. § 562 I S. 1 BGB sind alle Forderungen, die sich aus dem Wesen der entgeltlichen Gebrauchsüberlassung ergeben.

Sachen i.S.d. § 562 I S. 1 BGB sind für das gesamte BGB in § 90 BGB als körperliche Gegenstände legaldefiniert. Daher haben auch bloße Legitimationspapiere Sachqualität, die hinter ihnen stehende Forderung jedoch nicht, sodass sich das Pfandrecht nicht auf diese Forderungen beziehen kann.

Eingebracht i.S.d. § 562 I S. 1 BGB sind Sachen, die mit dem Willen des Mieters in die Wohnung gebracht worden sind und dort nicht nur einem vorübergehenden Zweck dienen sollen.

Pfändbar i.S.d. § 562 I S. 2 BGB sind Sachen, wenn sie nicht dem Pfändungsschutz der §§ 811, 812 ZPO unterliegen.

Gibt es einen gutgläubigen Erwerb des Vermieterpfandrechts?

Vermieterpfandrecht **MietR 28**

↳ SchuldR BT II, Rn. 76 ff.

Voraussetzungen jedes gutgläubigen Erwerbs:

- Rechtsscheinsträger
- Gutgläubigkeit des Erwerbers

Da das Vermieterpfandrecht ein **besitzloses Pfandrecht** ist, existiert **kein Rechtsscheinsträger**. Ein **gutgläubiger Erwerb** ist **nur beim rechtsgeschäftlichen Erwerb** möglich, nicht aber beim gesetzlichen. **§ 1257 BGB** erklärt nur hinsichtlich **bereits entstandener** gesetzlicher Pfandrechte die Vorschriften über vertraglich bestellte Pfandrechte für anwendbar. Daher ist § 1207 BGB nicht anwendbar, da es dort um die Entstehung geht.
Daher ist ein gutgläubiger Erwerb des Vermieterpfandrechts nach §§ 1207, 1257 BGB nicht möglich!

Welche Rechte hat der Vermieter bei Bestehen des Vermieterpfandrechts?

↬ SchuldR BT II, Rn. 76 ff.

Rechte des Vermieters bei Bestehen des Vermieterpfandrechts:

1. **Selbsthilferecht und Recht auf Rückverschaffung, § 562b BGB**
   Das Selbsthilferecht gemäß § 562b I BGB erlaubt dem Vermieter, die Entfernung der Pfandsache zu verhindern. Bei Auszug des Mieters darf der Vermieter die Sache in Besitz nehmen. Dieses Selbsthilferecht besteht in den Grenzen, in denen der Vermieter der Entfernung berechtigt widersprechen darf, vgl. KK 30.

2. **Verwertungsrechte nach Pfandreife, §§ 1257, 1228 ff. BGB**
   Das Vermieterpfandrecht gibt dem Vermieter gemäß § 1257 BGB die gleichen Rechte wie einem Pfandgläubiger eines vertraglichen Pfandrechts. Somit kann der Vermieter die Sache nach Pfandreife gemäß §§ 1228 ff. BGB verwerten.

Beachte: Liegen die Voraussetzungen des § 562b I BGB vor, so hat der Vermieter ein Recht zur Inbesitznahme, sodass eine verbotene Eigenmacht nach § 858 BGB ausscheidet.

Welche Erlöschensgründe des Vermieterpfandrechts kennen Sie?
– Teil I –

↳ SchuldR BT II, Rn. 76 ff.

Erlöschensgründe d. Vermieterpfandrechts nach § 562 I BGB:

- **§ 562a BGB**

  Danach erlischt das Pfandrecht, wenn die Sache vom vermieteten Grundstück entfernt wird. Entfernen ist dabei das rein tatsächliche Wegschaffen vom vermieteten Grundstück. Nicht notwendig ist dabei die Endgültigkeit der Entfernung.

  Das Pfandrecht erlischt jedoch nicht, wenn der Vermieter von der Entfernung keine Kenntnis hatte, § 562a S. 1 Alt. 1 BGB, oder derselben berechtigterweise widersprochen hat, § 562a S. 1 Alt. 2 BGB.

  Der Widerspruch ist unberechtigt, wenn der Vermieter die Entfernung dulden muss. Eine solche Duldungspflicht besteht, wenn:

  - die Entfernung den gewöhnlichen Lebensverhältnissen entspricht
  - die zurückbleibenden Sachen zur Sicherung des Vermieters offensichtlich ausreichen **ODER**
  - die Entfernung im Rahmen des rglm. Geschäftsverkehrs erfolgte

Entgegen dem Wortlaut des § 562a S. 1 BGB ist auch bei einer Entfernung ohne Kenntnis des Vermieters entscheidend, ob dieser berechtigt gewesen wäre, gemäß § 562a S. 2 BGB der Entfernung zu widersprechen.

Welche Erlöschensgründe des Vermieterpfandrechts kennen Sie?

– Teil II –

↳ SchuldR BT II, Rn. 76 ff.

Erlöschensgründe des Vermieterpfandrechts nach § 562 I BGB:

- **§§ 1257, 1242 BGB**

Das Pfandrecht erlischt durch Verkauf der Pfandsache.

- **§§ 1257, 1252 BGB**

Wegen der Akzessorietät des Pfandrechts erlischt dieses, wenn die Forderung aus dem Mietverhältnis erlischt.

- **§§ 1257, 1255 BGB**

Das Pfandrecht erlischt, wenn es durch einseitige Erklärung des Pfandgläubigers, §§ 1257, 1255 I BGB, aufgehoben wird.

- **§§ 1257, 1256 BGB**

Das Pfandrecht erlischt, wenn der Vermieter Eigentümer der Pfandsache wird.

- **§ 936 I BGB**

Das Pfandrecht erlischt, wenn ein Dritter das Eigentum an der Sache gutgläubig und lastenfrei erwirbt. Dies ist der Fall, wenn der Erwerber bei Eigentumserwerb gutgläubig hinsichtlich des Nichtbestehens des Pfandrechts ist.

Mittels welchen Rechtsbehelfs kann das Vermieterpfandrecht in der Zwangsvollstreckung geltend gemacht werden?

Vermieterpfandrecht

↳ SchuldR BT II, Rn. 76 ff.

Für die Geltendmachung des Vermieterpfandrechts in Betracht kommende **Rechtsbehelfe**:

§ 771 ZPO

- Dritter
- Ein die Veräußerung hinderndes Recht des Dritten

§ 805 ZPO

- Dritter
- Nicht im Besitz der **Sache**
- Pfandrecht des Dritten

Begriffserklärungen: Dritter i.S.d. Zwangsvollstreckungsrechts ist jede Person, die nicht Vollstreckungsschuldner oder -gläubiger ist.
Ein die **Veräußerung hinderndes Recht** i.S.d. § 771 I ZPO liegt vor, wenn die Zwangsvollstreckung in den Rechtskreis des Dritten eingreifen würde.

§ 771 ZPO und § 805 ZPO stehen im **Exklusivitätsverhältnis** zueinander. Da das Vermieterpfandrecht ein **besitzloses Pfandrecht** ist, wird es in der Zwangsvollstreckung mittels **§ 805 ZPO** geltend gemacht. § 805 ZPO ist somit der **allein statthafte Rechtsbehelf**.

Erklären Sie die ratio des § 566 BGB!

„Kauf bricht nicht Miete“, § 566 I BGB

↳ SchuldR BT II, Rn. 69 f.

- § 566 I BGB ist eine Mieterschutzvorschrift. Sie regelt den Fall einer gesetzlichen Vertragsübernahme und bewirkt, dass der Erwerber (neuer Vermieter) anstelle des Veräußerers (alter Vermieter) in alle Rechte und Pflichten des Mietvertrages eintritt.
- § 566 I BGB **durchbricht** als Ausnahmeregel den allgemeinen Grundsatz der **Relativität der Schuldverhältnisse**.
- Die **amtliche Überschrift ist unzutreffend**. Richtigerweise bricht nicht das Schuldverhältnis „Kauf“, sondern die Veräußerung, d.h. das Verfügungsgeschäft, die Miete.
- Ergänzend bestimmt § 566 II S. 1 BGB zum Schutz des Mieters, dass der Veräußerer wie ein selbstschuldnerischer Bürge für die Verpflichtungen des Erwerbers aus dem Mietverhältnis haftet. Von dieser Haftung kann sich der Veräußerer gemäß § 566 II S. 2 BGB befreien, indem er dem Mieter von der Veräußerung Mitteilung macht.

Aufgrund der systematischen Stellung gilt § 566 BGB nur für Mietverträge über Wohnraum. Allerdings gilt **§ 566 BGB** aufgrund von § 578 I BGB für Grundstücke und aufgrund von § 578 II S. 1, I BGB für andere Räume als Wohnräume **entsprechend**.

Was sind die Tatbestandsvoraussetzungen und Problemkreise des § 566 I BGB?

„Kauf bricht nicht Miete“, § 566 I BGB

↬ SchuldR BT II, Rn. 69 f.

Tatbestandsvoraussetzungen des § 566 I BGB:

- Die Veräußerung des Raums oder Grundstücks muss durch den Vermieter oder dessen Rechtsnachfolger an einen Dritten erfolgen, **Vermieter und Veräußerer** müssen also **personenidentisch** sein.
  Eine analoge Anwendung des § 566 I BGB wird vertreten, wenn ein Dritter im Auftrag oder mit Zustimmung der Eigentümer vermietet hat (BGH, Life&LAW 2022, Heft 4).
- **Zur Zeit der Überlassung** muss ein **wirksamer Mietvertrag** bestanden haben. Gleichgültig ist jedoch, ob der Mietzeitraum erst nach dem Zeitpunkt des Erwerbs beginnt.
  Überlassung bedeutet i.d.R. rein tatsächliche Besitzverschaffung.
- Weiterhin muss die **Veräußerung nach Überlassung** des Raumes an den Mieter erfolgt sein.
  Bei Veräußerung vor Überlassung gilt § 567a BGB.

Beachte: § 566 BGB ist im Verhältnis Vermieter – Mieter abdingbar!

Welche Beendigungstatbestände eines Mietverhältnisses kennen Sie?

Beendigung des Mietverhältnisses

↳ SchuldR BT II, Rn. 91 ff.

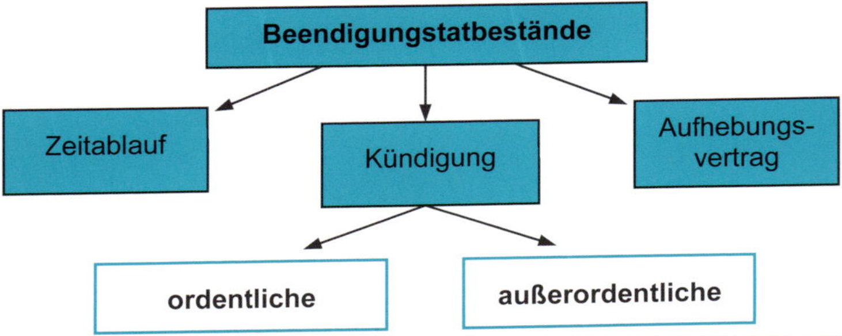

Die Anfechtung ist kein Beendigungstatbestand im engeren Sinne. Aber selbstverständlich kann auch der Mietvertrag mit ex-tunc-Wirkung nach § 142 I BGB angefochten werden.
Nach der Übergabe verdrängt die **Kündigung** das Rücktrittsrecht.

Erklären Sie den Beendigungstatbestand des Zeitablaufs!

Beendigung des Mietverhältnisses

↳ SchuldR BT II, Rn. 91 ff.

Wenn das Mietverhältnis auf eine bestimmte Zeit geschlossen wird, (bei Wohnraummiete § 575 BGB beachten!) endet es automatisch nach Zeitablauf.

Ein solches Mietverhältnis liegt vor bei

- Bestimmung der Zeit nach dem Kalender
- Bestimmung des Ablaufs nach einem bestimmten Ereignis (z.B. Tod des Mieters)

Ein **Mietverhältnis**, das **auf bestimmte Zeit** geschlossen wurde, kann grds. **nur außerordentlich** gekündigt werden, vgl. § 542 II

Beachte: Wenn der **Eintritt des Ereignisses** bei Vertragsschluss **ungewiss** ist (z.B. Miete bei Scheidung), liegt **kein befristeter Mietvertrag** vor. Es handelt sich dann um einen – unbefristeten, aber – auflösend bedingten Mietvertrag.

Welche Besonderheiten gelten bei der Wohnraummiete hinsichtlich Zeitmietverträgen?
– Teil I –

Beendigung des Mietverhältnisses

↳ SchuldR BT II, Rn. 91 ff.

Der Zeitmietvertrag ist für die Wohnraumiete einheitlich in § 575 BGB geregelt. **§ 575 BGB ist nach IV nicht abdingbar.**
Der Ablauf der vereinbarten Mietzeit führt auch hier tatsächlich zur Beendigung, ohne dass sich der Mieter auf den Kündigungsschutz berufen kann.
Da so aber der Kündigungsschutz vollkommen ausgehöhlt werden könnte, ist ein Zeitmietvertrag nur wirksam, wenn einer der in § 575 I S. 1 Nr. 1 bis 3 BGB **abschließend aufgezählten Befristungsgründen** vorliegt.

- Nr. 1: späterer Eigenbedarf des Vermieters
- Nr. 2: geplante wesentliche Instandsetzung ODER
- Nr. 3: beabsichtigte spätere Vermietung der Wohnung an einen zur Dienstleistung Verpflichteten

UND dieser Grund dem Mieter bei Vertragsschluss **schriftlich mitgeteilt** wird. Sonst Fiktion eines Vertrages auf unbestimmte Zeit, § 575 I S. 2 BGB.

Welche Besonderheiten gelten bei der Wohnraummiete hinsichtlich Zeitmietverträgen?
– Teil II –

SchuldR BT II, Rn. 91 ff.

Der Mieter hat bei Wegfall des Befristungsgrundes einen Anspruch auf Verlängerung des Mietvertrages auf unbestimmte Zeit, **§ 575 III S. 2 BGB**.

Achtung: Bei § 575 I S. 2 BGB, vgl. KK 37, handelt es sich um eine Fiktion des Mietvertragsschlusses auf unbestimmte Zeit. Bei **§ 575 III S. 2 BGB** geht es jedoch nur um einen **Anspruch des** Mieters (keine Fiktion)!

Auch wenn der Befristungsgrund erst später eintritt, hat der Mieter einen Anspruch auf Verlängerung des Mietvertrages um einen entsprechenden Zeitraum, **§ 575 III S. 1 BGB**.
„Entsprechender Zeitraum" bedeutet dabei, dass der Mieter einen Anspruch auf Verlängerung des Mietvertrages bis zu dem Eintritt des Befristungsgrundes hat.

Der Mieter hat vor Ablauf des Vertrages einen **Auskunftsanspruch**, ob der Befristungsgrund noch besteht – frühestens 4 Monate vor Ablauf der Befristung, **§ 575 II S. 1 BGB**.

Nennen Sie die generellen Unterschiede zwischen ordentlicher und außerordentlicher Kündigung!

Beendigung des Mietverhältnisses **MietR 39**

↳ SchuldR BT II, Rn. 91 ff.

Die **Kündigung** ist eine **einseitige empfangsbedürftige Willenserklärung**, die darauf gerichtet ist, das Mietverhältnis zu beenden. Sie ist **grundsätzlich formfrei** und bedarf keiner Begründung.

ordentliche

- Ohne Grund
- Mit Frist

außerordentliche

- Mit Grund
- i.d.R. fristlos

Unterscheide aber im Mietrecht:

- **Außerordentliche <u>befristete</u>** Kündigung, z.B. §§ 540 I S. 2, 544 S. 1 BGB,
- **Außerordentliche <u>fristlose</u>** Kündigung, z.B. §§ 543 II S. 1 Nr. 1 bis 3 BGB

Gibt es Ausnahmen zur Form- und Begründungsfreiheit der Kündigung?

Beendigung des Mietverhältnisses **MietR 40**

↳ SchuldR BT II, Rn. 91 ff.

Bei der Wohnraumiete bedarf die **Kündigung** einer **schriftlichen Begründung**, §§ 569 IV, 573 III BGB.

Kündigung

Grundsätzlich formfrei und ohne Begründung wirksam

§ 568 I

§§ 569 IV, 573 III

Bei der Wohnraummiete modifiziert § 568 I BGB die Formfreiheit. Dort bedarf **<u>jede</u> Kündigung** der **Schriftform**.

Kann jedes Mietverhältnis ordentlich gekündigt werden? Wonach bestimmen sich die Fristen der ordentlichen und der außerordentlichen befristeten Kündigung?

Beendigung des Mietverhältnisses

↳ SchuldR BT II, Rn. 91 ff.

- Die **ordentliche** Kündigung kommt **nur bei unbefristeten Mietverhältnissen** in Betracht, § 542 II Nr. 1 BGB e contrario.
- Die **Länge der Fristen** der ordentlichen Kündigung bestimmt sich in erster Linie nach der **Parteivereinbarung** (bei Wohnraummiete sind Abweichungen zum Nachteil des Mieters aber unzulässig, § 573c IV BGB). Ohne Parteivereinbarung gelten je nach Art der Mietsache unterschiedliche Fristen, die sich aus den jeweiligen Vorschriften ergeben, so §§ 573c, 573a I S. 2, 573b II, 580a, 550 S. 2 BGB.
- **Außerordentliche befristete Kündigung** bedeutet, dass die Kündigung **innerhalb der gesetzlichen Frist** erfolgen darf. Sinnvoll ist dies z.B., wenn eine ordentliche Kündigung nicht möglich ist (wie bei befristeten Mietverhältnissen, vgl. o.). Hier bestimmen sich die Fristen nach den gesetzlichen Fristen der jeweiligen Vorschriften, §§ 540 I S. 2, 544 S. 1, 573d BGB.

§ 193 BGB ist **auf** die sog. Karenzzeit des **§ 573c I S. 1 BGB nicht anwendbar**, wenn nicht der letzte Tag der Frist ein Samstag ist.

Was ist die gesetzliche Frist i.S.d. §§ 540 I S. 2, 544 S. 1, 561 I S. 1, 563 IV, 563a II, 564 S. 2, 580 BGB?

↳ SchuldR BT II, Rn. 91 ff.

Bei der außerordentlichen befristeten Kündigung spricht das Gesetz davon, dass das „Mietverhältnis außerordentlich mit der gesetzlichen Frist gekündigt werden" kann, §§ 540 I S. 2, 544 S. 1, 561 I S. 1, 563 IV, 563a II, 564 S. 2, 580 BGB.
In diesen Vorschriften wird jedoch diese gesetzliche Frist weder definiert noch auf eine Regelung verwiesen.
An versteckter Stelle finden sich aber **Legaldefinitionen der gesetzlichen Frist**, für **Wohnraum** in **§ 573d II S. 1 BGB**, für **Zeitmietverträge** in **575a III S. 1 BGB**. Aufgrund seiner Stellung ist § 575a BGB nur auf Wohnraummietverträge anwendbar. Folglich geht § 575a III S. 1 BGB als lex specialis zu § 573d II S. 1 BGB bei Zeitmietverträgen über Wohnraum dem § 573d BGB vor.
Diese Legaldefinitionen sind aufgrund ihrer systematischen Stellung nur für Wohnraummietverträge anzuwenden.
Für andere als Wohnraummietverträge gelten – ohne Legaldefinition – über die Verweisung des § 580a IV BGB die Fristen des § 580a I Nr. 3, II und III Nr. 2 BGB als gesetzliche Fristen.

Verschaffen Sie sich einen Überblick zu den Kündigungsrechten von Mieter und Vermieter!
– Teil I –

Beendigung des Mietverhältnisses

↳ SchuldR BT II, Rn. 91 ff.

	Mieter	Vermieter
Ordentliche Kündigung	Das ordentliche Kündigungsrecht wird von § 542 I BGB vorausgesetzt. Für den Mieter gibt es keine ausdrückliche Regelung.	§ 542 I BGB setzt dies voraus. Beachten Sie bei der **Wohnraummiete**: • **§ 573 BGB** • **§ 573a BGB**
Außerordentl. fristlose Kündigung	• § 543 I, II S. 1 **Nr. 1** BGB	• § 543 I, II S. 1 **Nr. 2** BGB • § 543 I, II S. 1 **Nr. 3** BGB

Beachte: § 543 BGB wird bei der Wohnraummiete für Mieter und Vermieter durch § 569 BGB modifiziert.

Verschaffen Sie sich einen Überblick zu den Kündigungsrechten von Mieter und Vermieter!
– Teil II –

Beendigung des Mietverhältnisses

↳ SchuldR BT II, Rn. 91 ff.

	Mieter	Vermieter
Außerordentl. befristete Kündigung	• § 540 I S. 2 BGB Bei Verweigerung der Untermietungserlaubnis • § 544 S. 1 BGB Bei Mietvertrag über 30 Jahre nach Ablauf dieser Zeit • § 555eBGB Bei erheblicher Einwirkung angekündigte durch Modernisierung • § 561 I S. 1 BGB Sonderkündigungsrecht nach Mieterhöhung	• § 544 S. 1 BGB Bei Mietvertrag über 30 Jahre nach Ablauf dieser Zeit

Verschaffen Sie sich einen Überblick zu den Kündigungsrechten von Mieter und Vermieter!
– Teil III –

Beendigung des Mietverhältnisses

↳ SchuldR BT II, Rn. 91 ff.

Außerordentl. befristete Kündigung

Mieter	Vermieter
• § 563a II BGB Sonderkündigungsrecht des überlebenden Mieters i.R.d. Mieteintrittsrechts • § 564 S. 2 BGB Sonderkündigungsrecht des Erben, der nach § 1922 BGB eintritt, weil die Eintritts- berechtigten nicht nach §§ 563 ff. BGB eintreten. • § 580 BGB Sonderkündigungsrecht d. Erben – hier gibt es keine anderen Eintrittsberechtigten nach §§ 563 ff. BGB	• § 563 IV BGB Sonderkündigungsrecht vor endgültigem Eintritt eines nach § 563 I, II BGB Berechtigten • § 564 S. 2 BGB Sonderkündigungsrecht für den Fall des § 564 S.1 BGB, d.h. bei Fortsetzung des Mietverhältnisses mit dem Erben • § 580 BGB Sonderkündigungsrecht bei Fortsetzung des Mietverhältnisses mit dem Erben

Unter welchen Voraussetzungen ist die ordentliche Kündigung von Wohnraum zulässig?

Beendigung des Mietverhältnisses

SchuldR BT II, Rn. 91 ff.

- Die ordentliche Kündigung auch bei Wohnraummietverhältnissen ist für den Mieter **ohne besonderen Grund** möglich.
- Der Vermieter kann jedoch gemäß **§ 573 I S. 1 BGB nur bei berechtigtem Interesse** ordentlich kündigen.
  Ausnahme: In den Fällen des § 573a BGB kann auch der Vermieter ohne berechtigtes Interesse ordentlich kündigen.
- Die Kündigungsfrist richtet sich nach **§ 573c BGB**.
- Stellt die Kündigung für den Mieter eine **soziale Härte** dar, kann er der Kündigung widersprechen, **§ 574 I S. 1 BGB**. **Rechtsfolge des Widerspruchs** ist ein **Anspruch auf Fortsetzung** des Mietverhältnisses, § 574 I S. 1 BGB.

Beachte: Das **Widerspruchsrecht des § 574 BGB** gilt für **ordentliche und außerordentlich befristete Kündigungen**, § 574 I S. 2 BGB, e contrario.

Ist ein Ausschluss des gesetzlichen Kündigungsrecht möglich?

Beendigung des Mietverhältnisses

↳ SchuldR BT II, Rn. 91 ff.

Ein Ausschluss des Rechts zur **außerordentlichen Kündigung** ist nicht möglich, da das Recht auf außerordentliche Kündigung generell unabdingbar ist. Ein Ausschluss des Rechts zur **ordentlichen Kündigung** ist hingegen möglich. Ein solcher Verzicht verstößt insbesondere

- nicht gegen § 573c IV BGB
- nicht gegen § 575 IV BGB

Denn auch das Gesetz unterscheidet zwischen Kündigungs**frist** (§ 573c BGB) und Kündigungs**recht** (§§ 557a III, 577a I BGB). Beim **Kündigungsverzicht** geht es um den **Verzicht auf** das **Kündigungsrecht**. Nach § 573c IV BGB ist zwar die Länge der Fristen unabdingbar, doch bleibt ein vertraglicher Verzicht auf das Kündigungsrecht möglich. Durch einen solchen Verzicht wird auch kein unzulässiger Zeitmietvertrag i.S.d. § 575 IV BGB geschlossen, da § 575 IV BGB den Mieter nur vor dem Verlust der Wohnung, nicht hingegen vor einer längeren Bindung an den Vertrag schützt. In Formularverträgen ist ein Ausschluss des ordentlichen Kündigungsrechts maximal für 4 Jahre möglich; ansonsten ist die Klausel unwirksam, § 307 BGB (vgl. **BGH, Life&LAW 03/2011, 158 ff.** = **jurisbyhemmer**).

Welches sind die Tatbestandsvoraussetzungen von § 543 I, II S. 1 Nr. 1 BGB?

Beendigung des Mietverhältnisses

↳ SchuldR BT II, Rn. 91 ff.

Tatbestandsvoraussetzungen der §§ 543 I, II S. 1 Nr. 1 BGB:

- Vorliegen eines wirksamen Mietvertrages
- Vorenthaltung des vertragsmäßigen Gebrauchs, § 543 II S. 1 Nr. 1 BGB
  Vertragsgemäßer Gebrauch wird dem Mieter vorenthalten i.S.d. § 543 II S. 1 Nr. 1 BGB, wenn die Sache ihm nicht überlassen oder wieder entzogen wird sowie dann, wenn ein Sach- oder Rechtsmangel den vertragsgemäßen Gebrauch beeinträchtigt.
- Fristsetzung bzw. Abmahnung, § 543 III S. 1 BGB, bzw. Entbehrlichkeit nach § 543 III S. 2 BGB
- Kein Anspruchsausschluss, § 543 IV S. 1 BGB i.V.m. §§ 536b, 536d BGB

Bei Wohnraummiete muss eine schriftliche Kündigung unter Angabe der Kündigungsgründe erfolgen, §§ 568 I, 569 IV BGB.

Welches sind die Tatbestandsvoraussetzungen von § 543 I, II S. 1 Nr. 3 lit. a BGB?

↳ SchuldR BT II, Rn. 91 ff.

Tatbestandsvoraussetzungen der §§ 543 I, II S. 1 Nr. 3 lit. a BGB:

- Vorliegen eines wirksamen Mietvertrages
- Verzug des Mieters zumindest hinsichtlich eines nicht unerheblichen Teils der Miete in zwei aufeinander folgenden Terminen
- Kein Anspruchsausschluss, § 543 II S. 2 BGB
- Keine nachträgliche Unwirksamkeit der Kündigung, § 543 II S. 3 BGB

Achtung: Der letztgenannte Punkt ist eine **große Besonderheit** im gesamten Zivilrecht. Nach § 543 II S. 3 BGB kann bei dem **Gestaltungsrecht** Kündigung **nachträglich Unwirksamkeit** eintreten, obwohl eigentlich bereits gestaltet wurde und es auf den Zugangszeitpunkt ankommt! Dogmatisch ist die Einordnung schwierig, wohl aber eine **rechtsvernichtende Einwendung in Bezug auf die Kündigung**. Diese Besonderheit gibt es auch bei Wohnraum: § 569 III Nr. 2 BGB.

Hat § 569 III Nr. 2 BGB Auswirkungen auf die ordentliche Kündigung?

Beendigung des Mietverhältnisses

↳ SchuldR BT II, Rn. 91 ff.

Wie auf KK 49 ausgeführt, führt die spätere Befriedigung des Vermieters bei der **außerordentlichen fristlosen Kündigung** zur Unwirksamkeit der Kündigung, **§ 569 III Nr. 2 BGB**. Die Befriedigung muss dabei vollständig erfolgen (**BGH, Life&LAW 02/2018**).

Für die **ordentliche Kündigung fehlt** eine entsprechende **Regelung**.

Die Nichtbegleichung der Miete stellt jedenfalls eine nicht unerhebliche Pflichtverletzung i.S.d. § 573 II Nr. 1 BGB und damit ein berechtigtes Interesse des Vermieters an der Beendigung des Mietverhältnisses dar.

Auf die ordentliche Kündigung ist § 569 III Nr. 2 BGB auch **nicht analog** anzuwenden (restriktiv anzuwendende Ausnahmenorm).

Bei der ordentlichen Kündigung ist der Mieter durch §§ 573 ff. BGB hinreichend geschützt, insbesondere durch die Kündigungsfristen des § 573c BGB wird eine Obdachlosigkeit des Mieters verhindert. Diese Verhinderung war aber ratio des § 569 III Nr. 2 BGB.

Bei der ordentlichen Kündigung ist der Mieter auch dadurch geschützt, dass § 573 II Nr. 1 BGB Verschulden des Mieters voraussetzt.

Wer ist Dritter i.S.d. §§ 540, 553 I BGB?

Der Dritte im Mietverhältnis

↳SchuldR BT II, Rn. 66 ff.

Nicht Dritter	**Dritter**
Nicht Dritte i.S.d. §§ 540, 553 I BGB sind Ehegatten, Familienmitglieder, Eltern und Lebenspartner, die nach § 11 I LPartG als Familienangehörige gelten. Jedoch besteht bei Aufnahme dieser Personen auf Dauer auch eine Anzeigepflicht gegenüber dem Vermieter. Die Aufnahme ist aber aufgrund Art. 6 GG nicht erlaubnispflichtig.	**Dritte** i.S.d. §§ 540, 553 I BGB sind die Personen, die weder Mietvertragspartei noch (als Ehegatte, Lebenspartner oder Kind) in den Mietvertrag einbezogen sind, insbesondere auch (str.) der/die nichteheliche Lebensgefährte/in – trotz der Regelung des Eintrittsrechts nach § 563 II S. 4 BGB.

Was geschieht bei Tod des Mieters?

Der Dritte im Mietverhältnis

↳SchuldR BT II, Rn. 66 ff.

Grundsätzlich endet das Mietverhältnis nicht mit dem Tod des Mieters, sondern geht gemäß § 1922 BGB im Wege der Gesamtrechtsnachfolge auf den Erben über.

In den §§ 563 ff. BGB wird von diesem Prinzip abgewichen und die Sonderrechtsnachfolge **zugunsten bestimmter Personen, die in einem gemeinsamen Haushalt mit dem verstorbenen Mieter lebten**, angeordnet.

Ein Eintrittsrecht haben hiernach:

- Ehegatten und Lebenspartner, § 563 I S. 1, S. 2 BGB
- Kinder, § 563 II S. 1 BGB
- Andere Familienangehörige (z.B. Verwandte, Verschwägerte nach BGB, auch Pflegekinder), § 563 II S. 3 BGB
- Personen, die nicht Familienangehörige sind, aber mit dem verstorbenen Mieter einen auf Dauer angelegten gemeinsamen Haushalt führten (Partner einer neLG), § 563 II S. 4 BGB

Bedarf die Aufnahme des Lebensgefährten der Erlaubnis des Vermieters? Hat der Mieter einen Anspruch auf diese Erlaubniserteilung?

↳SchuldR BT II, Rn. 66 ff.

Der nichteheliche Lebensgefährte ist Dritter i.S.d. §§ 540, 553 I BGB. Die Regelung des Eintrittsrechts des Lebensgefährten nach Tod des Mieters in § 563 II S. 4 BGB hat daran nichts geändert, vgl. KK 51. Daher besteht **grundsätzlich** eine **Erlaubnispflichtigkeit nach § 553 I S. 1 BGB**. Auf Erteilung dieser Erlaubnis durch den Vermieter besteht **bei berechtigtem Interesse des Mieters** ein **Anspruch**.
Für die Geltendmachung des berechtigten Interesses genügt die nachvollziehbare Darlegung vernünftiger Gründe für die Bildung einer Wohngemeinschaft oder einer ähnlichen Form des Zusammenlebens. Der Wunsch auf Bildung einer solchen Form des Zusammenlebens ist i.d.R. für die Darlegung des berechtigten Interesses genügend, insbesondere aufgrund gewandelter sozialer Anschauungen.

Ein wichtiger Grund für die Versagung der Erlaubnis nach § 553 I S. 2 BGB muss in der Person des Dritten liegen. Fallgruppen sind:

- Persönliche Feindschaft des Dritten mit Vermieter/anderen Mietern
- Nicht vertragsgemäßer Gebrauch der zu überlassenden Sache
- Wettbewerb des Dritten mit dem Vermieter/anderen Mietern

Welches sind die Tatbestandsvoraussetzungen des Mietvertrages mit Schutzwirkung zugunsten Dritter?

SchuldR BT II, Rn. 66 ff.

Tatbestandsvoraussetzungen

- **Leistungsnähe**
- **Gläubigernähe**
- **Erkennbarkeit**
- **Schutzbedürftigkeit**

Nicht in den Schutzbereich des Hauptmietvertrages einbezogen ist der Untermieter. Denn ihm stehen eigene vertragliche Ansprüche gegen den Hauptmieter zu. Daher ist er nicht schutzbedürftig.

– Teil I –

Kann der Vermieter vom Hauptmieter die Herausgabe der durch Untervermietung erlangten Untermiete verlangen?

↬SchuldR BT II, Rn. 66 ff.

Der Vermieter könnte von dem Mieter möglicherweise Herausgabe des durch die Untervermietung erlangten Miete verlangen nach:

- **§ 535 II BGB** (-)
  da Untermiete nicht die dem Vermieter geschuldete Miete ist. Dass der Vermieter grundsätzlich keinen Anspruch auf die Untermiete hat, ergibt sich aus § 553 II BGB.
- **§§ 280 I 535 BGB** (-)
  die Untervermietung stellt eine Pflichtverletzung i.S.d. § 280 I BGB dar. Tatbestandsmerkmal des § 280 I BGB ist zudem das Vorliegen eines kausalen Schadens. Anknüpfungspunkt für den Schaden ist die Untervermietung. Bei dieser folgt für den Vermieter aber nicht ipso iure eine Mietzinserhöhung, vgl. § 553 II BGB. D.h. denkt man sich die Untervermietung weg, steht der Vermieter nicht besser da. Somit fehlt es am kausalen Schaden i.R.d. § 280 I BGB.

– Teil II –

Kann der Vermieter vom Hauptmieter die Herausgabe der durch Untervermietung erlangten Untermiete verlangen?

↳SchuldR BT II, Rn. 66 ff.

- §§ 987, 990 BGB (-)
  da der Mieter ein Recht zum Besitz i.S.d. § 986 I S. 1 BGB hat und somit kein EBV vorliegt.

> **Achtung**: Eine Pflicht zur Erlösherausgabe der Untermiete besteht aber nach Rechtshängigkeit des Rückgabeanspruchs gem. §§ 546 I, 292 II, 987 I, 99 III BGB (vgl. BGH, Life&LAW 2010, 80 ff. = NJW-RR 2009, 1522 ff.)!

- § 823 I BGB (-)
  da schon keine Rechtsgutsverletzung vorliegt. Das Nutzungs- und Gebrauchsrecht des Eigentümers Vermieter wurde wirksam an den Mieter übertragen. Zudem liegt auch kein kausaler Schaden vor, siehe oben bei § 280 I BGB.

– Teil III –

Kann der Vermieter vom Hauptmieter die Herausgabe der durch Untervermietung erlangten Untermiete verlangen?

↳SchuldR BT II, Rn. 66 ff.

- §§ 687 II S. 1, 681 S. 2, 667 BGB (-)
  da die Untervermietung kein fremdes Geschäft für den Mieter ist (objektiv nicht, weil kein Eingriff in den Rechtskreis des Vermieters, subjektiv nicht, da der FGW des Mieters fehlt).
- § 816 I S. 1 BGB (-)
  da die Untervermietung mangels Änderung eines dinglichen Rechts keine Verfügung darstellt.
- § 816 I S. 1 BGB analog (-)
  da die Untervermietung nur schuldrechtlich wirkt und nicht vergleichbar ist zu dinglichen Änderung eines Rechts.
- § 812 I S. 1 Alt. 2 BGB (-)
  da der Mieter den Untermietzins nicht auf Kosten des Vermieters erlangt. Wie bereits ausgeführt, ist die Gebrauchsmöglichkeit auf den Mieter übertragen, so dass die Untervermietung nicht in den Zuweisungsgehalt des Eigentumsrechts des Vermieters eingreift.

Welche Ausnahmen von der Relativität der Schuldverhältnisse gibt es im Mietrecht?

! Der Dritte im Mietverhältnis

↳SchuldR BT II, Rn. 66 ff.

- **§ 566 BGB**: Eintritt des Erwerbers in die Rechte und Pflichten des Vermieters (= Veräußerer) vgl. KK 33, 34
- **Eintrittsrechte in den Mietvertrag** nach dem Tod des Mieters als Sondernachfolge entgegen § 1922 I BGB, vgl. KK 52, 53
- **§ 546 II BGB** gibt dem Vermieter bei Beendigung des Mietverhältnisses einen Rückgabeanspruch auch gegen Dritte (auch solche, die nicht Mieter geworden sind). Zweck dieser Vorschrift ist, dem Vermieter den Rückgabeanspruch auch für den Fall zu geben, dass er nicht Eigentümer ist, weil die Beendigung des Hauptmietverhältnisses nicht zugleich zur Beendigung des Untermietverhältnisses führt.

  Voraussetzungen:
  1. Wirksamer Hauptmietvertrag
  2. Gebrauchsüberlassung an Dritte durch den Mieter auch bei Einverständnis der Vermieters
  3. Rechtliche, nicht nur tatsächliche Beendigung des Hauptmietvertrages
  4. Aufforderung des Vermieters, die Mietsache zurückzugeben

Erstellen Sie eine Übersicht zu den synallagmatischen Hauptpflichten des Vermieters und des Mieters!

Hauptpflichten im Synallagma	Mieter	Vermieter
	• **Zahlung der Miete**, § 535 II BGB • Bei wirksamer Übertragung der Vermieterpflicht aus § 535 I S. 2 BGB: **Übernahme der Schönheitsreparaturen**	• **Gebrauchsüberlassung**, § 535 I S. 1 BGB • **Instandhaltung**, § 535 I S. 2 BGB (soweit nicht wirksam auf den Mieter übertragen)

Erstellen Sie eine Übersicht zu den Nebenpflichten des Vermieters und des Mieters!

Nebenpflichten	Mieter	Vermieter
	• **Obhuts- und Sorgfaltspflicht** bzgl. der Mietsache, § 241 II BGB • Pflicht zur **Einhaltung des vertragsgemäßen Gebrauchs**, §§ 538, 540 BGB • Rückgabepflicht, § 546 I BGB • **Duldungspflicht** bzgl. Erhaltungs- und Modernisierungsmaßnahmen, §§ 555a I, 555d I BGB	• Pflicht, die **Lasten** der Mietsache zu **tragen**, § 535 I S. 3 BGB • Pflicht, dem Mieter **Aufwendungen** zu **ersetzen**, §§ 536a II, 539 I BGB • Pflicht, die **Wegnahme von Einrichtungen** zu **dulden**, § 539 II BGB • Pflicht, für **Mängelrechte ein** zu **stehen**, §§ 536, 536a BGB

Welches sind die Charakteristika des Leasingvertrages?

↳ SchuldR BT II, Rn. 137 ff.

- Der Leasingvertrag ist **nicht** ausdrücklich **im BGB geregelt**. **§ 506 II Nr. 2, 3 BGB** beschreibt zwar die ***Finanzierungs***leasingverträge; der Begriff ist jedoch nicht legaldefiniert.
- Bei Leasingverträgen gilt es zu unterscheiden zwischen **Finanzierungsleasing**, **Operating Leasing** und **Herstellerleasing**.
- Die drei charakteristischen Merkmale
  - ⇨ Gebrauchsüberlassung,
  - ⇨ Gefahrtragung und
  - ⇨ Beteiligung eines Dritten

  sind bei den verschiedenen Leasingtypen unterschiedlich stark ausgeprägt.
- Der Leasingvertrag wird aber dennoch in die Vertragstypik des BGB als **atypischer Mietvertrag** eingeordnet. Denn auch beim Leasingvertrag liegt eine **entgeltliche Gebrauchsüberlassung** vor; nur die Instandhaltungspflicht des Leasinggebers wurde auf den Leasingnehmer übertragen.

Wie viele Verträge gibt es beim Leasing?
Wie sind diese typischerweise ausgestaltet?
– Teil I –

Überblick **Leasing 2**

↳ SchuldR BT II, Rn. 137 ff.

Beim Leasing sind **zwei Verträge** zu unterscheiden:

1. Der Leasingvertrag zwischen Leasingnehmer (LN) und Leasinggeber (LG)
2. Der Kaufvertrag zwischen Leasinggeber und Hersteller bzw. Lieferant.

Durch den Leasingvertrag überlässt den LG dem LN die Sache gegen Entgelt dauerhaft zum Gebrauch; die Instandhaltungspflicht wird auf den LN übertragen und die Sachmängelgewährleistung des Mietrechts wird regelmäßig ausgeschlossen. Im Gegenzug zum Ausschluss des Sachmängelgewährleistungsrechts bekommt der LN die kaufrechtlichen Mängel- **und Gestaltungs**rechte des LG gegen den Hersteller/Lieferanten abgetreten, nicht aber den Anspruch auf Rückzahlung des Kaufpreises. Abgetreten wird also als Gestaltungsrecht nur das Recht, den Rücktritt wirksam zu erklären.

Nur der Leasinggeber ist an beiden Verträgen beteiligt.
Die beiden Verträge sind in ihrer Wirksamkeit grds. getrennt voneinander zu beurteilen. Durch die Abtretung der Ansprüche (vgl. o. werden die Verträge jedoch miteinander in Verbindung gebracht.

Wie viele Verträge gibt es beim Leasing?
Wie sind diese typischerweise ausgestaltet?
– Teil II –

↳ SchuldR BT II, Rn. 137 ff.

- Der Leasingvertrag besteht daher aus folgenden Elementen:
  - ⇨ Entgeltliche Gebrauchsüberlassung als mietvertragliches Element
  - ⇨ Gefahrtragung nach Übergabe der Sache als kaufvertragliches Element
  - ⇨ Anschaffung über eine Dritten als Element eines Geschäftsbesorgungsvertrags

Trotzdem wird der Leasingvertrag als **atypischer Mietvertrag** eingeordnet, da die Gebrauchsüberlassung und damit das mietvertragliche Element deutlich im Vordergrund steht.

- Beim Finanzierungsleasing wird oft eine Kaufoption eingeräumt. Der LN erhält das Recht, das Leasingobjekt nach einer bestimmten Zeit unter Anrechnung des gezahlten Entgelts zu erwerben. Es handelt sich dabei um ein Mietverhältnis, das sich bei Ausübung der Kaufoption in einen Kaufvertrag umwandelt.

Skizzieren Sie die Vertragsbeziehungen bezüglich der am Leasingvertrag Beteiligten!

↳ SchuldR BT II, Rn. 137 ff.

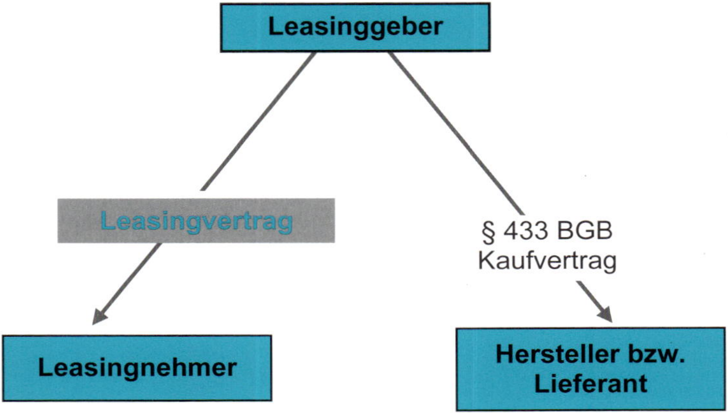

Kann der Ausschluss des mietrechtlichen Gewährleistungsrechts auch in AGB erfolgen?

Überblick

↳ SchuldR BT II, Rn. 137 ff.

- Der Ausschluss des mietrechtlichen Sachmängelrechts bei Verwendung von AGB verstößt **nicht gegen § 309 Nr. 8 b) aa) BGB**. Denn auf Leasingverträge findet § 309 Nr. 8 b) aa) BGB keine Anwendung, da der Wortlaut des § 309 Nr. 8 b) BGB von „Lieferung" spricht. Lieferung bedeutet **in diesem Kontext** Eigentumsübertragung nach § 929 S. 1 BGB, was beim Leasing nicht gegeben ist, da das Eigentum an der Sache beim LG verbleibt.
- Der Ausschluss verstößt auch **nicht gegen § 307 I S. 1 BGB**. Typischerweise ist es so, dass der LN sich den Verkäufer aussucht, und über diesen – weil das Geld nicht ausreicht – sich ein Leasingfahrzeug vermitteln lässt. Ohne Zwischenschaltung des LG hätte der LN also nur die kaufrechtlichen Mängelrechte gegen den Verkäufer. Sowohl diese Rechte als auch die Auseinandersetzung mit dem von ihm selbst ausgesuchten Verkäufer hat LN aber auch jetzt, da die kaufrechtlichen Mängelrechte als Korrelat zum Ausschluss der mietrechtlichen Gewährleistungsrechte vom LG an den LN abgetreten wurden.
  Damit kann der Gewährleistungsausschluss auch in AGB erfolgen.

Was sind die Unterschiede zwischen den verschiedenen Leasingtypen Finanzierungs-, Operating- und Herstellerleasing?

Überblick

↳ SchuldR BT II, Rn. 137 ff.

- Beim **Finanzierungsleasing** (§ 506 II BGB; dazu gehört nicht ein sog. Kilometer-LV, BGH, Life&LAW 2021, 509 ff.) überlässt der LG dem LN eine Sache gegen Entgelt zum Gebrauch, um im Laufe **einer** Leasingzeit eine (nahezu) volle Amortisation seines Anschaffungsaufwandes zu erreichen. Die Sachmängelhaftung wird hier regelmäßig ausgeschlossen. Der LN trägt dabei die Sach- und Preisgefahr. Dritte sind insoweit beteiligt, als der LG die Sache beim Hersteller oder Lieferanten kauft und die Ansprüche aus dem Kaufvertrag dem LN abtritt.
- Besonderheit des **Operating Leasing** ist die nur kurzfristige Gebrauchsüberlassung. Die Parteien vereinbaren entweder eine kurze Zeitspanne oder ein kurzfristiges Kündigungsrecht. Die Gefahrtragung ist deshalb meist nicht abweichend vom Mietvertrag geregelt. Dies ist also ein klassischer Mietvertrag, da auch keine Abtretung der Ansprüche des LG an den LN stattfindet.
- Beim **Herstellerleasing** gibt es keinen Dritten und somit keinen zweiten Vertrag. Es wird i.d.R. ein reiner Mietvertrag oder Teilzahlungskauf vorliegen.

Wirkt sich die Übertragung der Sach- und Preisgefahr auf den Leasingnehmer auch im Deliktsrecht aus?

↳ SchuldR BT II, Rn. 137 ff.

Dass der LN die Sach- und Preisgefahr trägt, wirkt sich auch im Deliktsrecht aus, wenn die Sache schuldhaft von einem Dritten zerstört oder beschädigt wird.

Der LN kann als Schaden nicht den Ersatz der noch ausstehenden und für ihn nur nutzlosen Leasingraten verlangen, denn diese hätte er ohnehin zahlen müssen. Es fehlt an der Kausalität des Schadens.

Sein **Schaden** besteht vielmehr in dem **Wert der entgangenen Nutzung**, mithin im Wiederbeschaffungswert einer gleichwertigen Leasingsache.

Der LG als Eigentümer hat demgegenüber den Substanzschaden erlitten. Vgl. Sie zur Zuordnung einzelner Schadenspositionen auch BGH, Life&LAW 2021, 173 ff.

Welche Rechte hat der Leasingnehmer im Verhältnis Leasinggeber/Leasingnehmer?

↳ SchuldR BT II, Rn. 137 ff.

- Liefert der LG die **Sache verspätet oder überhaupt nicht**, bestimmen sich die Rechte des LN nach den **allgemeinen Vorschriften**, d.h. **§§ 280 ff., 320 ff. BGB**.
- Im Fall der **Mangelhaftigkeit der Sache** kann der LN die ihm abgetretenen kaufrechtlichen Mängelrechte gegen den Hersteller geltend machen. Findet nach diesen Mängelrechten eine Rückabwicklung im Verhältnis LN – Hersteller statt, so sind **im Verhältnis LN – LG** die Grundsätze der Störung der Geschäftsgrundlage, **§ 313 BGB**, anzuwenden. Da der LN bei Vertragsschluss auf den Bestand des Kaufvertrages vertraut und sich nur gegen Abtretung der Ansprüche aus diesem auf den Ausschluss des mietrechtlichen Gewährleistungsrechts einlässt, ist der Fortbestand des Kaufvertrages Geschäftsgrundlage des Leasingvertrages. Da ohne Leasingsache eine Vertragsanpassung nach § 313 I BGB nicht möglich ist, kann der LN nach § 313 III S. 1 BGB vom Leasingvertrag zurücktreten.

Liegt in dem wirksamen Ausschluss der Mängelrechte zwischen Leasinggeber und Hersteller eine Umgehung i.S.v. § 476 IV BGB?

– Teil I –

↳ SchuldR BT II, Rn. 137 ff.

Obwohl dem Verbraucher durch den wirksamen Ausschluss der Mängelrechte im Verhältnis LG – Hersteller der Ausgleich für den Verlust der mietrechtlichen Gewährleistungsrechte genommen wird, liegt kein Umgehungsgeschäft i.S.d. § 476 IV BGB vor.

- Denn § 476 IV BGB will nicht generell eine Verkürzung der Verbraucherrechte verhindern.
- Außerdem ist an dem Kaufvertrag gar kein Verbraucher beteiligt, sodass die Vorschriften über den Verbrauchsgüterkauf nicht anwendbar sind.
- Auch wenn der Verbraucher faktisch durch den Ausschluss keine kaufrechtlichen Mängelrechte bekommt, liegt kein Fall des § 476 IV BGB vor, denn der Verbraucher selbst hat die Entscheidung getroffen, nicht einen Kauf-, sondern einen Leasingvertrag abzuschließen.

Liegt in dem wirksamen Ausschluss der Mängelrechte zwischen Leasinggeber und Hersteller eine Umgehung des § 476 IV BGB?
– Teil II –

↳ SchuldR BT II, Rn. 137 ff.

- Hätte der Abschluss des Leasingvertrages zur Folge, dass entgegen dem Haftungsausschluss die Rechte gegen den Verkäufer quasi wieder aufleben, wäre der Leasingvertrag ein stets unzulässiger Vertrag zu Lasten Dritter.
- Außerdem zielt der Leasingvertrag nicht darauf ab, dem LN kaufrechtliche Mängelrechte zu verschaffen. Wäre dies gewollt, so muss man einen Kaufvertrag abschließen.

Ergebnis: Demnach stehen dem LN keine kaufrechtlichen Mängelrechte zu, da kein Verstoß gegen § 476 IV BGB vorliegt.

Allerdings ist der Ausschluss der mietrechtlichen Gewährleistungsrechte in AGB in der oben dargestellten Konstellation gemäß § 307 I S. 1, II Nr. 2 BGB unwirksam, denn nur die Abtretung der kaufrechtlichen Mängelrechte ist ein ausreichender Ersatz für den Ausschluss des mietrechtlichen Gewährleistungsrechts. Eine solche Abtretung kann hier der LG nicht vornehmen, so dass ein gleichwertiges Äquivalent fehlt.

Ist der § 377 HGB auf die Mängelrechte des Leasingnehmers anzuwenden, wenn der Leasinggeber mit einem kaufmännischen Hersteller kontrahiert hat?

↳ SchuldR BT II, Rn. 137 ff.

Im Kaufvertrag zwischen LG und Hersteller liegt ein beiderseitiger Handelskauf vor, sodass in diesem Verhältnis § 377 HGB Anwendung fände. Problematisch ist nun, dass die Rechte aus diesem Vertrag an den LN abgetreten wurden. Fraglich ist also, ob § 377 HGB dann auch im Verhältnis LN – Hersteller wirkt, so dass der LG trotz Lieferung an den LN beim Hersteller rügen muss, damit der LN (!) seine Mängelrechte behält.

Der BGH sieht hier **keinen Unterschied zum Streckengeschäft** und hält daher auch für den Fall der Direktlieferung an einen nichtkaufmännischen LN an der **Rügeobliegenheit des LG** fest.
Werden die Mängelrechte ohne Rüge nach § 377 II HGB präkludiert, so kommen im Verhältnis LN – LG zwei Lösungen in Betracht:

- die mietrechtliche Gewährleistung lebt wieder auf **oder**
- der LN hat gegen den LG einen Schadensersatzanspruch aus §§ 280 I, 241 II BGB.

Erläutern Sie die Systematik des Pachtrechts!

Überblick

↳ SchuldR BT II, Rn. 106 ff.

Die **Vorschriften über Mietverträge** sind nach **§ 581 II BGB auf** den **allgemeinen Pachtvertrag - nicht aber** den **Landpachtvertrag - entsprechend anzuwenden**, soweit sich nicht aus § 582 bis § 584b BGB ein anderes ergibt.

Wie ist der Pachtvertrag von anderen Vertragstypen abzugrenzen?

Überblick

↬ SchuldR BT II, Rn. 106 ff.

- Der Pachtvertrag gewährt **neben** dem **Gebrauch** (wie der Mietvertrag) **auch** die **Fruchtziehung**.
- Der Pachtvertrag verpflichtet den Verpächter, die Nutzung des Pachtgegenstands in bestimmtem Umfang zu gewähren.
- Der Pachtvertrag ist ein Dauerschuldverhältnis
- Der **Pachtvertrag** kann sich – anders als ein Mietvertrag, der sich nur auf Sachen beziehen kann – **auch** auf **Gegenstände** (Sachen und Rechte) beziehen. Unter Rechte in diesem Sinne können auch Sach- und Rechtsgesamtheiten wie Unternehmen fallen.

Werden **Räume oder Grundstücke zur Nutzung überlassen**, so liegt **nur dann** ein **Pachtvertrag** vor, **wenn** die **Möglichkeit zur sofortigen Fruchtziehung besteht**, also die Räume bereits entsprechend der vorgesehenen Nutzung eingerichtet sind und somit alsbald mit Gewinn genutzt werden können. Die Gebrauchsüberlassung zur gewerblichen Nutzung allein genügt nicht zur Qualifikation als Pachtvertrag.

Was bedeutet „Genuss der Früchte" i.S.d. § 581 I S. 1 BGB?

↳ SchuldR BT II, Rn. 106 ff.

Begriffsbestimmung: Früchte sind in § 99 BGB definiert. § 99 I BGB definiert unmittelbare Sach-, § 99 II BGB unmittelbare Rechts- und § 99 III BGB mittelbare Sach- und Rechtsfrüchte.

Genuss der Früchte bedeutet dabei, dass der Verpächter dem Pächter ermöglichen muss, **Eigentum an den Früchten** des verpachteten Gegenstandes **nach §§ 956, 957 BGB** zu **erwerben**.

Die **Übereignung nach § 956 BGB** ist nach h.M. nur ein **Spezialfall zu** den **§§ 929 ff. BGB** bezüglich der antizipierten Übereignung künftiger Sachen. Hierbei ist die Gestattung das Angebot und die Besitzergreifung die Annahme der Einigung i.S.d. § 929 S. 1 BGB.

Wem obliegt die Instandhaltungspflicht des Inventars nach § 582 BGB?

↳ SchuldR BT II, Rn. 106 ff.

Begriffsbestimmung: Inventar, § 98 BGB, ist die Gesamtheit aller beweglichen Sachen, die in einem räumlichen Zusammenhang mit dem Grundstück stehen und dazu bestimmt sind, dem Grundstück durch ihren Betrieb zu dienen.

Nach **§ 582 I BGB** obliegt dem **Pächter** die **Erhaltung der** einzelnen **Inventarstücke**.
Hingegen ist nach **§ 582 II S. 1 BGB** der **Verpächter** verpflichtet, die **Inventarstücke** zu **ersetzen**, soweit der Pächter den Untergang bzw. den Verlust (= Abgang i.S.d. § 582 II BGB) der Inventarstücke nicht zu vertreten hat.

Beachten Sie: Im Mietrecht trifft die Sacherhaltungspflicht grundsätzlich den Vermieter, § 535 I S. 2 BGB, soweit diese nicht wirksam auf den Mieter übertragen wurde.

Was sind die Besonderheiten des § 582a BGB?

↳ SchuldR BT II, Rn. 106 ff.

- Bei der Übernahme zum Schätzwert gemäß § 582a BGB hat der Pächter auch das zu ersetzen, was ohne sein Verschulden unter- oder verloren geht, § 582a I S. 1 BGB.

- Weiterhin muss der Pächter auch die Sache zum Schätzwert wieder zurückgewähren, § 582a III S. 1 BGB, wobei hinsichtlich der Schätzwerte die Preise im Zeitpunkt der Beendigung des Pachtverhältnisses zugrunde zu legen sind, § 582a III S. 4 BGB.

- **Beachte**: Nach **§ 582a II S. 2 BGB** geht alles **Inventar**, das der Pächter angeschafft oder ersetzt hat, **in** das **Eigentum des Verpächters über**. Dies gilt jedoch nur, wenn der Pächter Eigentum an der Sache nach § 929 S. 1 BGB erlangt hat, denn § 582a BGB regelt nur das Verhältnis zwischen Pächter und Verpächter, nicht jedoch zu Dritten (Relativität der Schuldverhältnisse).

Was sind die Unterschiede bei der Kündigung des Pachtverhältnisses im Vergleich zum Mietverhältnis?

↳ SchuldR BT II, Rn. 106 ff.

- Wie auch beim Mietvertrag gibt es im Pachtrecht die ordentliche Kündigung, die außerordentliche befristete und die außerordentliche fristlose Kündigung.
- Über § 581 II BGB finden die Kündigungsvorschriften des Mietrechts mit Ausnahme der Vorschriften über die Wohnraummiete Anwendung, soweit in den §§ 582 ff. BGB nichts anderes bestimmt ist.
- § 584a I BGB schließt für den Pächter das in § 540 I BGB bestimmte Kündigungsrecht aus.
- § 584a II BGB schließt für den Verpächter das in § 580 BGB bestimmte Kündigungsrecht aus.
- Nach § 584 I Hs. 1 BGB ist die ordentliche Kündigung nur zum Schluss eines Pachtjahres zulässig.

Welche Vorschriften gelten für Landpachtverträge? Nennen Sie wichtige Besonderheiten!

↳ SchuldR BT II, Rn. 106 ff.

- **§§ 585 ff. BGB** regeln die Landpachtverträge.
- § 585 I S. 1 BGB definiert den Begriff des Landpachtvertrags.
- Nach § 585 II BGB gelten neben den §§ 585 ff. BGB für diese Verträge nur §§ 581 I, 582, 582a, 583 und 583a BGB. Das bedeutet, dass insbesondere die Verweisung des § 581 II BGB in das Mietrecht für die Landpacht nicht gilt.
- **Mietrechtliche Vorschriften** gelten **nur kraft expliziter Verweisung** auf einzelne Vorschriften, so z.B. § 536 I bis III und §§ 536a bis 536d über § 586 II BGB oder §§ 543, 569 I, II über § 594e I BGB.
- Die Kündigung ist in §§ 594 ff. BGB ausführlich geregelt; sie bedarf bei der Landpacht immer der schriftlichen Form, § 594 f. BGB.
- Beachte: § 594 S. 2 BGB normiert eine seltene Ausnahme im Zivilrecht: Schweigen als Annahme eines Vertragsverlängerungsangebots.
- Im Übrigen genügt ein Studium der Vorschriften.

Wie ist die Leihe von anderen Vertragstypen abzugrenzen?

↳ SchuldR BT II, Rn. 114 ff.

- Die Leihe ist in §§ 598 ff. BGB geregelt.
- Durch den Leihvertrag wird der Verleiher verpflichtet, dem Entleiher eine Sache unentgeltlich zum Gebrauch zu überlassen, § 598 BGB.
- Die Leihe ist daher quasi „Miete ohne Entgelt“
- Im Unterschied zum Sachdarlehen ist bei der Leihe **dieselbe Sache**, die ausgeliehen wurde, auch **zurückzugewähren**, § 604 I BGB. Beim Sachdarlehen hingegen ist eine Sache gleicher Art und Güte zurückzugewähren, § 607 I S. 2 BGB.
- Anders als bei der Verwahrung ist bei der Leihe die Sache **zum Gebrauch überlassen, § 598 BGB**.
- Anders als bei der Schenkung **verbleibt** bei der Leihe das **Eigentum an** der **Sache bei**m **Verleiher**.

Die Leihe ist ein unvollkommen zweiseitig verpflichtender Vertrag. Es bestehen also keine synallagmatischen Pflichten. Die §§ 320 ff. BGB sind folglich nicht anwendbar.

Was sind die Besonderheiten der Leihe?
– Teil I –

↳ SchuldR BT II, Rn. 114 ff.

- Zugunsten des Verleihers gilt die erleichterte Haftung nach § 599 BGB. Hiernach haftet der Verleiher nur für Vorsatz oder grobe Fahrlässigkeit.
  Die Unentgeltlichkeit der Leihe ist der Grund für diese Haftungsprivilegierung. Daher gilt sie nur für eine Pflichtverletzung, die das Erfolgsinteresse des Entleihers an der Gebrauchsgestaltung betrifft.
  Unanwendbar ist § 599 BGB dagegen auf Mangelfolgeschäden.
- § 600 BGB ist lex specialis zu § 599 BGB bzgl. Rechts- und Sachmängeln bei Vorliegen von Arglist.
- Sowohl § 599 BGB als auch § 600 BGB sind abdingbar, nicht jedoch bzgl. Vorsatz, § 276 III BGB.
- Auch die deliktische Haftung wird durch analoge Anwendung von § 599 BGB modifiziert.

Die Entleiherhaftung bleibt von § 599 BGB unberührt. Es bleibt bei der Haftung nach §§ 276, 278 BGB.

Was sind die Besonderheiten der Leihe?
– Teil II –

↳ SchuldR BT II, Rn. 114 ff.

- Die Rückgabepflicht, § 604 I BGB, ist ein sog. verhaltener Anspruch. Dem Verleiher muss der unmittelbare Besitz eingeräumt werden; die Abtretung eines Herausgabeanspruchs genügt nicht. Die Rückgabe ist eine Bringschuld, daher ist sie am Wohnsitz des Verleihers zu erfüllen. Zurückzugeben sind auch Zubehör und Früchte der Sache, falls nichts anderes vereinbart ist.

Ein verhaltener Anspruch ist ein Anspruch, bei dem der Schuldner nicht von sich aus leisten, der Gläubiger aber jederzeit die Leistung fordern darf.

- Die Rückgabepflicht wird bei Beendigung der Leihe fällig, wobei das Gesetz in § 604 I, II S. 1, 2, III BGB verschiedene Beendigungstatbestände unterscheidet.
- Wie in § 546 II BGB ist die Rückforderung auch gegen Dritte möglich, § 604 IV BGB. Voraussetzungen vgl. MietR KK 58.
- Verjährung grds. 3 Jahre, §§ 195, 199 BGB. Ausnahme: § 606 BGB für die dort genannten Ansprüche.

Was sind die Hauptpflichten des Dienstvertrags?

↳ SchuldR BT II, Rn. 170 ff.

- Der Dienstvertrag ist ein gegenseitiger schuldrechtlicher Vertrag.
- **Im Gegenseitigkeitsverhältnis** stehen die Verpflichtung des Dienstverpflichteten zur **Leistung von Diensten** und die Verpflichtung des Dienstberechtigten zur **Zahlung der** vereinbarten **Vergütung**.
- **Der Behandlungsvertrag (§§ 630a ff. BGB)** zwischen Arzt und Patient ist ein spezieller Dienstvertrag, vgl. **§ 630b BGB**.
- Auch wenn eine **Einigung über** die **Vergütung nicht** zustande gekommen ist, ist der Vertrag – trotz Fehlens einer Einigung über eine der essentialia negotii – wirksam und eine Vergütung kann gefordert werden, wenn die Dienstleistung den Umständen nach nur gegen Vergütung zu erwarten war, **§ 612 I, II BGB**. Dies ist dann der Fall, wenn der Dienstberechtigte objektiv mit einer Vergütung rechnen musste.
- Die Fiktion des § 612 I BGB kommt nicht nur dann zur Anwendung, wenn eine Vergütungsvereinbarung fehlt, sondern auch, wenn eine getroffene Vereinbarung nichtig ist.

Nehmen Sie eine Abgrenzung zu anderen Vertragstypen vor!

↳ SchuldR BT II, Rn. 170 ff.

- Das Merkmal der Vergütung grenzt den Dienstvertrag vom Auftrag ab.
- Der Arbeitsvertrag ist ein sog. abhängiger Dienstvertrag. Während der Dienstverpflichtete wirtschaftlich und sozial selbständig und unabhängig ist, ist der Arbeitnehmer verpflichtet, fremdbestimmte, unselbständige und weisungsgebundene Dienste zu leisten, wobei er i.d.R. in dem Betrieb des Arbeitgebers eingegliedert wird, § 611a I BGB.
- Beim Werkvertrag wird ein Erfolg vergütet, während beim Dienstvertrag ein bloßes Tätigwerden vergütet wird.

Bei der freiberuflichen Tätigkeit ist die Abgrenzung zwischen Werk- und Dienstvertrag besonders schwierig. Ziehen Sie aber keine anderen Abgrenzungskriterien heran als den Bezugspunkt der Vergütung, d.h. Erfolg oder bloßes Tätigwerden.
Die Abgrenzung hat vor allem i.R.d. Sekundäransprüche Bedeutung, weil sich dazu in §§ 633 ff. BGB detaillierte Regelungen finden, während das Dienstvertragsrecht kein eigenes Mängelrecht kennt.

Wann kann der Dienstberechtigte die Lohnzahlung verweigern?

Überblick

↳ SchuldR BT II, Rn. 170 ff.

Da die Vergütungspflicht im Gegenseitigkeitsverhältnis zur Dienstleistungspflicht steht, kann der Dienstberechtigte grds. die Vergütung gemäß § 320 BGB verweigern („**Ohne Fleiß kein Preis**").
Ist die Dienstleistung nicht mehr nachholbar (absolute Fixschuld), verliert der Dienstverpflichtete seinen Vergütungsanspruch bereits gemäß § 326 I S. 1 BGB.

Ausnahmen:

- Gemäß **§ 615 S. 1 BGB** muss der Dienstberechtigte die Vergütung leisten, obwohl er keine Leistung erhalten hat, wenn der Dienstberechtigte sich im Annahmeverzug nach §§ 293 ff. BGB befand.
- Gemäß **§ 616 S. 1 BGB** muss der Dienstberechtigte ohne Gegenleistung vergüten, wenn der Dienstverpflichtete ohne Verschulden durch einen in seiner Person liegenden Grund an der Dienstleistung vorübergehend verhindert wird.

Welche Rechte stehen dem Dienstberechtigten bei Schlechtleistung durch den Dienstverpflichteten zu?

↳ SchuldR BT II, Rn. 170 ff.

- Anders als bei den meisten anderen Vertragstypen findet sich im Dienstvertragsrecht in den §§ 611 ff. BGB keine Sonderregelung für die Schlechterfüllung durch den Dienstverpflichteten.
- Im Dienstvertragsrecht ist die Schlechtleistung zwar nicht der Nichtleistung gleichgestellt. Die Dienstleistungspflicht beinhaltet aber dennoch eine **Hauptpflicht zur mangelfreien Dienstleistung**, wobei ein bestimmter Leistungsstandard sich aus dem Vertrag ergeben muss.
- Die **Schlechtleistung ist** daher eine **Pflichtverletzung** i.S.d. § 241 I BGB, die zu einem aufrechenbaren **Anspruch aus § 280 I, 241 I BGB** führt.

Beachte: Gemäß § 613 S. 1 BGB ist der Dienstverpflichtete im Zweifel zur persönlichen Erbringung der Dienstleistung verpflichtet.

Welche Beendigungstatbestände des Dienstvertrages kennen Sie?

↳ SchuldR BT II, Rn. 170 ff.

Der Dienstvertrag endet:

- Nach § 613 S. 1 BGB durch Tod des Dienst**verpflichteten**.
- § 620 I BGB: Zeitablauf bei **befristetem Dienstvertrag**
- Durch Aufhebungsvertrag (§ 623 BGB gilt nur für ArbeitV, § 611a I)
- Durch ordentliche Kündigung nach §§ 620 II, 621 BGB bei nicht befristetem Dienstvertrag.
- Nach §§ 626, 627 BGB durch außerordentliche Kündigung.
- Durch Aufhebungsvertrag.

§ 622 BGB gilt nicht bei Dienst-, sondern nur bei Arbeitsverträgen, § 611a I BGB, siehe amtliche Überschrift.
Das Recht zu außerordentlichen Kündigung nach **§ 626 BGB** (gilt sowohl für Dienst- als auch für Arbeitsverträge) gilt auch bei befristeten Dienstverträgen und ist **nicht abdingbar**, da niemandem zugemutet werden kann, an einem Dauerschuldverhältnis festgehalten zu werden, wenn die notwendige Vertrauensgrundlage endgültig und irreparabel zerstört ist.

Wie modifiziert § 627 BGB die außerordentliche Kündigung des § 626 BGB?

↳ SchuldR BT II, Rn. 170 ff.

§ 627 BGB ist eine Besonderheit, die nur für Dienst-, nicht jedoch für Arbeitsverhältnisse gilt, § 627 I BGB.

Danach ist eine außerordentliche Kündigung nach § 626 BGB auch ohne den in § 626 I BGB normierten wichtigen Grund wirksam, wenn:

- **Dienste höherer Art** zu leisten sind und
- das Dienstverhältnis **nicht dauerhaft** ist und
- **keine festen Bezüge** gewährt werden.

Dienste höherer Art müssen üblicherweise aufgrund besonderen Vertrauens übertragen werden. Das ist i.d.R. nur der Fall bei natürlichen Personen, wie z.B. Arzt, Rechtsanwalt, Steuerberater, Partnerschaftsvermittlung.

§ 627 BGB ist im Gegensatz zu § 626 BGB abdingbar. Eine außerordentliche Kündigung nach § 626 BGB bleibt damit bei Vorliegen des wichtigen Grundes i.S.d. § 626 I BGB immer möglich.

Welche Charakteristika hat ein Werkvertrag i.S.d. §§ 631 ff. BGB und welche Hauptleistungspflichten gibt es?

↳ SchuldR BT I, Rn. 486 ff.

Der **Werkvertrag** ist ein **entgeltlicher gegenseitiger Vertrag**.

Der vom Gesetz so genannte „Unternehmer“, der aber vom Unternehmer i.S.d. § 14 BGB zu unterscheiden ist und daher besser **Werkunternehmer** zu nennen ist, **verpflichtet sich zur Herstellung und Verschaffung des versprochenen individuellen Werks**, d.h. zur Herbeiführung eines bestimmten Erfolges für den Besteller, § 631 I Alt. 1 BGB. **Im Synallagma dazu** steht die **Pflicht des Bestellers** zur Leistung einer Vergütung, § 631 I Alt. 2 BGB und zur Abnahme, § 640 BGB.

Unter der Herbeiführung eines bestimmten Erfolges als Wesensmerkmal der werkvertraglichen Verpflichtung ist regelmäßig nur das unmittelbar durch die Tätigkeit des Unternehmers herbeizuführende Ergebnis, nicht aber der nach dem wirtschaftlichen Zweck erhoffte endgültige Erfolg zu verstehen.

Welche Arten des Werkvertrages sind zu unterscheiden?

↳ SchuldR BT I, Rn. 486 ff.

- Die §§ 631 ff. BGB regeln „Werkverträge und ähnliche Verträge“.
- Die §§ 631 ff. BGB regeln den „normalen“ **Werkvertrag**, als Unterfall regeln die §§ 650a ff. BGB ab 01.01.2018 den **Bauvertrag**, die §§ 650i ff. BGB den **Verbraucherbauvertrag**.
- Es folgt mit § 650p ff. BGB der **Architekten- und Ingenieurvertrag**. Hier bestimmt § 650q, in welchem Umfang mit den Vorschriften des Werkvertragsrechts bzw. Bauvertragsrecht gearbeitet werden kann.
- In §§ 650u f. wird sodann der **Bauträgervertrag** normiert, wobei hier wiederum in bestimmtem Umfang auf das Werk- bzw. Bauvertragsrecht zurückverwiesen wird.

Erklären Sie die Regelung des § 650 BGB!

↳ SchuldR BT I, Rn. 486 ff.

Voraussetzung des § 650 I S. 1 BGB ist das Vorliegen eines Werklieferungsvertrags. Ein Werklieferungsvertrag ist gegeben, wenn der Werkunternehmer zur Lieferung herzustellender oder zu erzeugender **beweglicher** Sachen verpflichtet ist.

Der Werklieferungsvertrag enthält somit zum einen die Verpflichtung zur Herstellung bzw. Erzeugung eines Werks (= werkvertragliches Element), zum anderen die Verpflichtung zur Eigentumsverschaffung / Lieferung (= kaufvertragliches Element).

Welche Rechte und Pflichten die Parteien eines Werklieferungsvertrags haben, ist durch eine Verweisung auf das Kaufrecht geregelt. Nur bei Vorliegen der Voraussetzungen des § 650 S. 3 BGB kommt ergänzend Werkvertragsrecht zur Anwendung.
§ 650 II bis IV regelt das Verhältnis zu §§ 327 ff. BGB; insbesondere hinsichtlich des Vorrangs des Mängelrechts (vgl. KK 35).

Bedarf der Werkvertrag einer bestimmten Form? Wie wirkt sich das Fehlen einer Vergütungsvereinbarung aus?

Überblick

↳ SchuldR BT I, Rn. 486 ff.

Der Abschluss des Werkvertrages ist grds. formfrei (Ausnahme: § 650i II. Er bedarf allerdings der Form des § 311b I S. 1 BGB, wenn der Werkvertrag Teil eines gemischten oder mit einem Kaufvertrag über ein Grundstück zusammengesetzten Vertrages ist, sofern beide Elemente rechtlich eine Einheit bilden. Werk- und Kaufvertrag bilden dann eine Einheit, wenn die einzelnen Verträge nach dem Willen der Parteien nicht für sich allein gelten, sondern quasi miteinander „stehen und fallen" sollen (vgl. OLG Naumburg, NJW-RR 2011, 743 ff.).

Obwohl bei fehlender Vereinbarung über die Vergütung nach den allgemeinen Regeln eigentlich keine Einigung erzielt wurde, weil es an einer der essentialia negotii fehlt, kommt beim Werkvertrag trotzdem eine Einigung zustande, wenn die Herstellung des Werks nach den Umständen nur gegen Vergütung zu erwarten ist, § 632 I BGB. Die **Höhe dieser fingierten Vergütung nach § 632 I BGB** richtet sich nach der **Auslegungsregel des § 632 II BGB**, d.h. im Zweifel (tarif-)übliche Vergütung.

Stellen Sie die Pflichten von Besteller und Werkunternehmer gegenüber!

↳ SchuldR BT I, Rn. 486 ff.

Pflichten des Werkunternehmers		Pflichten des Bestellers
• Herstellung des Werkes, § 631 I Alt. 1 BGB • Frei von Sach- und Rechtsmängeln, § 633 I BGB	Synallagmatische **Hauptleistungspflichten**	• Vergütung, § 631 I Alt. 2 BGB • Abnahme des Werkes, § 640 I S. 1 BGB
Obhuts- und Fürsorgepflichten, Aufklärungs-, Prüfungs- und Beratungspflichten	Pflichten nach § 241 II BGB	Mitwirkungspflicht (ggf. auch Hauptleistungspflicht) Aufklärungs-, Schutz- und Obhutspflichten

Ab welchem Zeitpunkt greifen die Mängelrechte des § 634 BGB, wann das allgemeine Leistungsstörungsrecht ein?

↳ SchuldR BT I, Rn. 486 ff.

Maßgeblicher Zeitpunkt für das Eingreifen der Rechtsgrundverweisung des § 634 BGB ist nach h.M. das Vorliegen eines Mangels zur Zeit des Gefahrübergangs. **Vor Abnahme greift das allgemeine Leistungsstörungsrecht.**

Anders als im Kaufrecht in § 434 I S. 1 BGB geht dies aus dem Wortlaut der werkvertraglichen Vorschriften jedoch nirgends ausdrücklich hervor.

Gefahrübergang liegt **im Regelfall** im Werkvertrag **mit Abnahme nach § 640 I S. 1 BGB** vor.

Jedoch sind die §§ 634 ff. BGB **bereits vor Abnahme** anwendbar, wenn das Werk hergestellt ist bzw. der Unternehmer seine Leistung erbracht hat und sich der Erfüllungsanspruch auf ein konkretes Werk beschränkt, insbesondere die Gefahr ohne Abnahme auf den Besteller übergegangen ist, z.B. nach §§ 644 I S. 1, 2, 3, 645 I und II.

Dem Besteller sind die Mängelrechte aber vor Abnahme auch zuzuerkennen, wenn er nicht mehr Erfüllung des Vertrages verlangen kann und das Vertragsverhältnis in Abrechnungsverhältnis übergegangen ist, Grüneberg, § 634, Rn. 6 m.w.N. (siehe auch KK 36)

Systematisieren Sie sich die Pflichten des Werkunternehmers!

Pflichten des Werkunternehmers

↳ SchuldR BT I, Rn. 492 ff.

Pflichten des Werkunternehmers

- Werk herstellen, **§ 631 I Alt. 1 BGB**
- Sach- und Rechtsmängelfrei, **§ 633 I BGB**
  - **Bei Nichterfüllung dieser Pflicht:**
  - ↓ Mängelrechte, § 634 BGB

Wie kann der Besteller den Anspruch auf mangelfreie Herstellung des Werkes durchsetzen?

Pflichten des Werkunternehmers

↳ SchuldR BT I, Rn. 492 ff.

Durchsetzung: Erfüllt der Werkunternehmer seine Pflicht aus § 633 I BGB nicht, kann der Besteller gegenüber seiner Inanspruchnahme durch den Werkunternehmer zum einen die Zahlung bis zur Abnahme des vertragsgemäßen Werkes verweigern. Denn nach **§ 641 I BGB** wird die **Zahlung der Vergütung erst bei Abnahme des Werkes fällig**, soweit keine andere Vereinbarung getroffen wird. Der Werkunternehmer ist damit grundsätzlich vorleistungspflichtig.

Gerichtlich kann der Besteller die Herstellung des Werkes durch eine Klage auf Erfüllung der Werkvertragspflicht erzwingen. Das obsiegende Urteil betrifft regelmäßig die Vornahme einer vertretbaren Handlung, welche nach § 887 ZPO vollstreckt wird. Denn grundsätzlich ist der Werkunternehmer nicht persönlich zur Herstellung des vereinbarten Werkes verpflichtet und zumeist wird die Herstellung des Werkes auch von Dritten vorgenommen werden können. Hat der Werkunternehmer aber in Person zu leisten (z.B. bei geistigen/künstlerischen Arbeiten), so erfolgt die Zwangsvollstreckung nach § 888 I ZPO.

Skizzieren Sie sich die Rechte des Bestellers bei mangelhafter Leistung des Werkunternehmers!

↳ SchuldR BT I, Rn. 509 ff.

Pflicht des Werkunternehmers aus § 633 I BGB

Verletzung

Nacherfüllung, §§ 634 Nr. 1, 635 I BGB,
ist vorrangig wegen des Fristsetzungserfordernisses
in §§ 281, I, 323 I, 638 I, 281 I S. 1 BGB (vgl. auch Umkehrschluss
aus §§ 281 II, 323 II, 636).

Bei erfolglosem Fristablauf bzgl. Nacherfüllung

Selbstvornahme,
§§ 634 Nr. 2,
637 BGB

Rücktritt,
§§ 634 Nr. 3, 323, 326
V BGB oder
Minderung,
§§ 634 Nr. 3, 638, 323,
326 V BGB

Schadensersatz,
§§ 634 Nr. 4, 280 ff.,
311a II BGB bzw. **Aufwendungsersatz**,
§§ 634 Nr. 4, 284 BGB

Welches sind die Voraussetzungen für das Eingreifen der Mängelrechte?

Mängelrechte

SchuldR BT I, Rn. 509 ff.

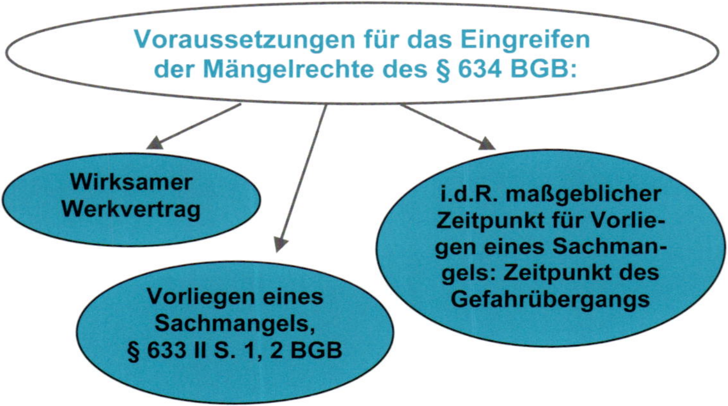

Wie ist der Beschaffenheitsbegriff nach § 633 II BGB im Werkvertragsrecht ausgestaltet?

! Mängelrechte

↬ SchuldR BT I, Rn. 509 ff.

Die Regelungen des Werkvertragsrechts sind weitgehend parallel zu denen des Kaufrechts ausgestaltet. Daher gilt bzgl. des Sachmangelbegriffs das zum Kaufrecht Gesagte entsprechend.

Wie auch im Kaufrecht ist bei der Prüfung des Sachmangels nach § 633 II BGB die gesetzlich vorgegebene Reihenfolge zu beachten:

1. **vereinbarte Beschaffenheit**, § 633 II S. 1 BGB, wenn (-), dann
2. **Vertragszweckvereinbarung**, § 633 II S. 2 Nr. 1 BGB, wenn (-), dann
3. **Eignung zur gewöhnlichen Verwendung**, § 633 II S. 2 Nr. 2 BGB

Allerdings gibt es im Werkvertragsrecht **keine Erweiterung** des objektiven Mangelbegriffs **durch Werbeaussagen** wie in § 434 I S. 3 BGB.

Wie auch im Kaufrecht ist das Eingreifen der Mängelrechte unabhängig vom Erfordernis des Vertretenmüssens ausgestaltet.

§ 634 BGB ist ebenso wie § 437 BGB eine **Rechtsgrundverweisung**.

Welche werkvertraglichen Ausschlusstatbestände hinsichtlich der Mängelrechte gibt es?

↳ SchuldR BT I, Rn. 509 ff.

Die Mängelrechte können ausgeschlossen werden durch:

1. Gesetzlicher Ausschluss, § 640 III BGB

Nimmt der Besteller trotz Kenntnis eines konkreten Sach- oder Rechtsmangels das Werk ab, so kann der Besteller die Mängelrechte nach § 634 Nr. 1 **bis 3** BGB nur geltend machen, wenn er sich bei Abnahme die Geltendmachung der Mängelrechte vorbehalten hat, § 640 III BGB. Unberührt bleiben die Rechte des Bestellers auf Schadensersatz und Aufwendungsersatz nach § 634 Nr. 4 BGB.

2. Vertraglicher Ausschluss, § 639 BGB

Die Mängelrechte des Bestellers können die Parteien auch durch eine vertragliche Vereinbarung i.S.d. § 639 BGB ausschließen. Ein solcher vertraglicher Haftungsausschluss ist jedoch nach § 639 BGB unwirksam, wenn der Werkunternehmer den Mangel arglistig verschwiegen oder eine Beschaffenheitsgarantie übernommen hat. Im Kaufrecht gilt die Parallelvorschrift des § 444 BGB.

Zeigen Sie die Parallelität der werk- und kaufvertraglichen Mängelrechte mittels einer Synopse!

SchuldR BT I, Rn. 509 ff.

Werkvertragsrecht		Kaufrecht
§§ 634 Nr. 1, 635 BGB	Nacherfüllung	§§ 437 Nr. 1, 439 BGB
§§ 634 Nr. 3, 323, 326 V bzw. 634 Nr. 3, 638, 323, 326 V BGB	Rücktritt bzw. Minderung	§§ 437 Nr. 2, 323, 326 V bzw. 437 Nr. 2, 441, 323, 326 V BGB
§§ 634 Nr. 4, 280 ff., 311a II bzw. §§ 634 Nr. 4, 284, 280 ff., 311a II BGB	Schadensersatz bzw. Aufwendungsersatz	§§ 437 Nr. 3, 280 ff., 311a II bzw. §§ 437 Nr. 3, 284, 280 ff., 311a II BGB
§§ 634 Nr. 2, 637 BGB	Selbstvornahme	**Gibt es nicht im Kaufrecht!**

Nennen Sie die Tatbestandsvoraussetzungen der Nacherfüllung nach §§ 634 Nr. 1, 635 BGB!

↳ SchuldR BT I, Rn. 509 ff.

Tatbestandsvoraussetzungen des Nacherfüllungsanspruchs gemäß §§ 634 Nr. 1, 635 BGB:

- Wirksamer Werkvertrag
- Vorliegen eines Sach- oder Rechtsmangels zur Zeit des Gefahrübergangs, in der Regel mit Abnahme, §§ 644 I S. 1, 640 BGB
- Ausübung des Wahlrechts nach § 635 I BGB **durch den Werkunternehmer**
  - ⇨ Nachbesserung nach § 635 I Alt. 1 BGB
    ODER
  - ⇨ Neuherstellung nach § 635 I Alt. 2 BGB
- Kein Ausschluss gemäß § 635 III oder § 640 III BGB
- Keine Verjährung, §§ 214 I, 634a BGB

Nennen Sie die Tatbestandsvoraussetzungen der Selbstvornahme nach §§ 634 Nr. 2, 637 BGB!

↳ SchuldR BT I, Rn. 509 ff.

Tatbestandsvoraussetzungen der Selbstvornahme gemäß §§ 634 Nr. 2, 637 BGB:

- Wirksamer Werkvertrag
- Vorliegen eines Sach- oder Rechtsmangels zur Zeit des Gefahrübergangs, in der Regel mit Abnahme, §§ 644 I S. 1, 640 BGB
- Erfolgloser Ablauf einer angemessenen Frist bzw. Entbehrlichkeit der Fristsetzung, §§ 637 I, II S. 1, 323 II BGB
- Keine rechtmäßige Verweigerung der Nacherfüllung, §§ 637 I Hs. 2, 635 III BGB
- Kein Ausschluss gemäß § 640 III BGB
- Keine Verjährung, § 634a BGB

  ⇨ Rechtsfolge: Der Besteller hat ein Anspruch auf Aufwendungsersatz, § 637 I BGB. Beachten Sie, dass der Besteller nicht in eigener Person selbstvornehmen muss und nach **§ 637 III BGB** auch einen **Kostenvorschuss** verlangen kann.

Nennen Sie die Tatbestandsvoraussetzungen des Rücktritts nach §§ 634 Nr. 3, 323 BGB!

↳ SchuldR BT I, Rn. 509 ff.

Tatbestandsvoraussetzungen des Rücktritts gemäß §§ 634 Nr. 3, 323 BGB:

- Wirksamer Werkvertrag als gegenseitiger Vertrag
- Mangelhafte Leistung, § 633 BGB, und Abnahme, § 640 BGB
- Kein Ausschluss nach §§ 639, 640 III BGB
- Nacherfüllung ist möglich, sonst § 326 V BGB
- Rücktrittserklärung, § 349 BGB (Rücktritt ist ein Gestaltungsrecht)
- Erfolgloser Fristablauf hinsichtlich der Nacherfüllung, § 323 I BGB, **ODER** Entbehrlichkeit der Fristsetzung nach §§ 323 II, 636 BGB
- Keine Unerheblichkeit i.S.d. § 323 V S. 2 BGB
- Kein Ausschluss des Rücktrittsrechts nach § 323 VI BGB
- Kein Ausschluss des Rücktrittsrechts wegen Verjährung nach §§ 634a IV S. 1, 218 I S. 1 BGB

Nennen Sie die Tatbestandsvoraussetzungen des Rücktritts wegen Unmöglichkeit nach §§ 634 Nr. 3, 326 V, 323 BGB!

↳ SchuldR BT I, Rn. 509 ff.

Tatbestandsvoraussetzungen des Rücktritts gemäß §§ 634 Nr. 3, 326 V, 323 BGB:

- Wirksamer Werkvertrag als gegenseitiger Vertrag
- Mangelhafte Leistung, § 633 BGB, und Abnahme, § 640 BGB
- Kein Ausschluss nach §§ 639, 640 III BGB
- Unmöglichkeit der Nacherfüllung nach § 275 BGB
- Rücktrittserklärung, § 349 BGB
- Eigene Vertragstreue des Käufers
- Keine Unerheblichkeit i.S.d. §§ 326 V, 323 V S. 2 BGB
- Kein Ausschluss des Rücktrittsrechts nach §§ 326 V, 323 VI BGB
- Kein Ausschluss des Rücktrittsrechts wegen Verjährung nach §§ 634a IV S. 1, 218 I S. 2 Alt. 2 BGB

Nennen Sie die Tatbestandsvoraussetzungen der Minderung nach §§ 634 Nr. 3, 638 BGB!

↳ SchuldR BT I, Rn. 509 ff.

Tatbestandsvoraussetzungen der Minderung gemäß §§ 634 Nr. 3, 638 BGB:

- Wirksamer Werkvertrag
- Mangelhafte Leistung, 633 BGB, und Abnahme, § 640 BGB
- Möglichkeit des Rücktritts (§ 638 I S. 1 BGB, „Statt zurückzutreten“)
  ⇨ Inzidentprüfung der Rücktrittsvoraussetzungen
- Minderungserklärung, § 638 I S. 1 BGB (Minderung ist ein Gestaltungsrecht)
- Kein Ausschluss der Minderung wegen Verjährung des Nacherfüllungsanspruchs nach §§ 634a V, 218 BGB

⇨ Rechtsfolge: Herabsetzung der werkvertraglichen Vergütung nach dem Schlüssel des § 638 III S. 1 BGB

Nennen Sie die Tatbestandsvoraussetzungen des Schadensersatzanspruches neben der Leistung gemäß §§ 634 Nr. 4, 280 I BGB!

↳ SchuldR BT I, Rn. 509 ff.

Tatbestandsvoraussetzungen des Schadensersatzes neben der Leistung gemäß §§ 634 Nr. 4, 280 I BGB:

- Wirksamer Werkvertrag
- Vorliegen eines Sach- oder Rechtsmangels zur Zeit des Gefahrübergangs (dies ist die Pflichtverletzung i.S.d. § 280 I S. 1 BGB der Gutleistungspflicht des § 633 I BGB)
- Anwendbarkeit der §§ 634 Nr. 4, 280 I BGB
  ⇨ Abgrenzung zu §§ 634 Nr. 4, 280 ff. BGB
- Vertretenmüssen, § 280 I S. 2 BGB
- Vorliegen eines Schadens infolge eines Mangels
- Keine Verjährung nach § 634a BGB

⇨ Rechtsfolge: Ersatz des Schadens neben der Leistung

Nennen Sie die Tatbestandsvoraussetzungen des Schadensersatzanspruchs wegen Verzögerung der Nacherfüllung gemäß §§ 634 Nr. 1, 635, 280 II, 286 BGB!

↳ SchuldR BT I, Rn. 509 ff.

Tatbestandsvoraussetzungen des Schadensersatzes wegen Verzögerung der Nacherfüllung gemäß §§ 634 Nr. 1, 635, 280 I, II, 286 BGB:

- Nacherfüllungsanspruch, §§ 634 Nr. 1, 635
- Nicht erfolgte Nacherfüllung
- Fälligkeit des Nacherfüllungsanspruchs
- Einredefreiheit des Nacherfüllungsanspruchs
- Mahnung (grds. durch Geltendmachung des Nacherfüllungsanspruchs) **ODER** Entbehrlichkeit nach § 286 II BGB **ODER** Ablauf von 30 Tagen nach § 286 III BGB
- Vertretenmüssen, § 280 I S. 2, 286 IV BGB
- Vorliegen eines kausalen Schadens
- Keine Verjährung nach § 634a BGB

⇨ **Rechtsfolge**: Ersatz des Verzögerungsschadens

Nennen Sie die Tatbestandsvoraussetzungen des Schadensersatzanspruches wegen anfänglicher Unmöglichkeit gemäß §§ 634 Nr. 4, 311a II BGB!

↳ SchuldR BT I, Rn. 509 ff.

Tatbestandsvoraussetzungen des Schadensersatzes statt der Leistung wegen anfänglicher Unmöglichkeit gemäß §§ 634 Nr. 4, 311a II BGB:

- Wirksamer Werkvertrag, beachten Sie § 311a I BGB
- Vorliegen eines Sach- oder Rechtsmangels zur Zeit des Gefahrübergangs
- Anfängliche Unmöglichkeit der Nacherfüllung, §§ 275 I bis III BGB
- Kenntnis bzw. zu vertretende Unkenntnis des Verkäufers, § 311a II S. 2 BGB
- Vorliegen eines Schadens
- Keine Verjährung nach § 634a BGB

⇨ Rechtsfolge: Ersatz des Schadens statt der Leistung

Nennen Sie die Tatbestandsvoraussetzungen des Schadensersatzanspruches wegen nachträglicher Unmöglichkeit gemäß §§ 634 Nr. 4, 280 I, III, 283 BGB!

↬ SchuldR BT I, Rn. 509 ff.

Tatbestandsvoraussetzungen des Schadensersatzes statt der Leistung wegen nachträglicher Unmöglichkeit gemäß §§ 634 Nr. 4, 280 I, III, 283 BGB:

- Wirksamer Werkvertrag
- Vorliegen eines Sach- oder Rechtsmangels zur Zeit des Gefahrübergangs
- Nachträgliche Unmöglichkeit der Nacherfüllung, §§ 275 I bis III BGB
- Vertretenmüssen des Verkäufers, § 280 I S. 2 BGB
- Vorliegen eines Schadens
- Keine Verjährung nach § 634a BGB

⇨ **Rechtsfolge**: Ersatz des Schadens statt der Leistung

Nennen Sie die Tatbestandsvoraussetzungen des Schadensersatzanspruches statt der Leistung gemäß §§ 634 Nr. 4, 280 I, III, 281 BGB!

↳ SchuldR BT I, Rn. 509 ff.

Tatbestandsvoraussetzungen des Schadensersatzes statt der Leistung gemäß §§ 634 Nr. 4, 280 I, III, 281 BGB:

- Wirksamer Werkvertrag
- Vorliegen eines Sach- oder Rechtsmangels zur Zeit des Gefahrübergangs (= „Leistung nicht wie geschuldet“, § 281 I S. 1 BGB)
- Erfolgloser Fristablauf hinsichtlich der Nacherfüllung, § 281 I S. 1 BGB, **ODER** Entbehrlichkeit der Fristsetzung nach §§ 281 II, 636 BGB
- Vertretenmüssen des Verkäufers, § 280 I S. 2 BGB
- Eigene Vertragstreue des Käufers („tu quoque“)
- Vorliegen eines Schadens
- Keine Verjährung nach § 634a BGB

⇨ **Rechtsfolge**: Ersatz des Schadens statt der Leistung (BGH: keine fiktive Abrechnung von Mängelbeseitigungskosten)

Nennen Sie die Tatbestandsvoraussetzungen des Aufwendungsersatzanspruchs gemäß §§ 634 Nr. 4, 284 BGB!

↳ SchuldR BT I, Rn. 509 ff.

Tatbestandsvoraussetzungen des Aufwendungsersatzanspruchs gemäß §§ 634 Nr. 4, 284 BGB:

- Wirksamer Werkvertrag
- Vorliegen eines Sach- oder Rechtsmangels zur Zeit des Gefahrübergangs
- Vorliegen der Voraussetzungen des Schadensersatzes statt der Leistung („Anstelle des Schadensersatzes statt der Leistung")
  ⇨ d.h. Voraussetzungen der §§ 634 Nr. 4, 280 I, III, 281 bzw. 283 BGB oder §§ 634 Nr. 4, 311a II BGB müssen vorliegen
  Vorliegen von vergeblichen Aufwendungen, die der Käufer im Vertrauen auf den Erhalt der Leistung gemacht hat und billigerweise machen durfte

⇨ Rechtsfolge: Ersatz der Aufwendungen

Wie ist die Verjährung der Mängelrechte geregelt?

↳ SchuldR BT I, Rn. 509 ff.

Die Mängelrechte des Bestellers verjähren nach § 634a BGB.
Für die Ansprüche nach § 634a Nr. 1, 2 und 4 BGB gilt **gemäß § 634a I Nr. 1 BGB** dabei eine zweijährige Verjährung, **wenn** die Werkleistung des Werkunternehmers in der Herstellung, Wartung oder Veränderung einer **Sache** bzw. in der Erbringung von Planungs- oder Überwachungsleistungen für eine **Sache** besteht. Die Verjährung **beginnt** gemäß § 634a II BGB mit der Abnahme i.S.d. § 640 BGB.
Soweit die Arbeiten i.S.d. § 634a I Nr. 1 BGB sich auf ein **Bauwerk** beziehen, beträgt die Verjährungsfrist nach § 634a I Nr. 2 BGB fünf Jahre. Dies gilt auch für Planungsarbeiten für ein Bauwerk und für Um- und Anbauten sowie Renovierungen.
„Im Übrigen" verjähren die Mängelansprüche nach § 634 I Nr. 3 BGB in der **regelmäßigen Verjährungsfrist der §§ 195, 199 BGB** von drei Jahren. Dies betrifft v.a. Fälle, in denen die Werkleistung nicht in einer Sache verkörpert ist („Geisteswerke").
§ 634a III ist identisch mit § 438 III, § 634a IV mit § 438 IV BGB, sodass die dortigen Ausführungen entsprechend gelten.

Wann wird die Vergütung fällig?

↬ SchuldR BT I, Rn. 497 ff.

Der Besteller ist gemäß § 631 I Alt. 2 BGB zur Entrichtung der **Vergütung** verpflichtet.
Grundsätzlich wird diese **mit** der **Abnahme des Werkes fällig, § 641 I S. 1 BGB**. Die Abnahme ist die körperliche Hinnahme des Werkes unter Billigung als im Wesentlichen vertragsgemäß.
Die Abnahme ist, wie die Vergütung, gemäß § 640 I S. 1 BGB eine Hauptleistungspflicht des Bestellers, die im Synallagma mit der Herstellungspflicht des Werkunternehmers steht.

Die **Abnahme gilt unter den Voraussetzungen des § 640 II BGB** als erfolgt, auch wenn eine ausdrückliche Erklärung fehlt.

Was sind die Wirkungen der Abnahme? Was gilt, wenn die Abnahme ausgeschlossen ist?

! Pflichten des Bestellers

↳ SchuldR BT I, Rn. 497 ff.

Wirkungen der Abnahme:

- Der Vergütungsanspruch wird fällig, § 641 I S. 1 BGB
- Der Erfüllungsanspruch des Bestellers nach § 631 I Alt. 1 BGB erlischt und wird u.U. zum Nacherfüllungsanspruch gemäß §§ 634 Nr. 1, 635 BGB
- Bei Mängeln zur Zeit der Abnahme gelten die Mängelrechte gemäß § 634 BGB
- Die Verjährung nach § 634a I Nr. 1 und Nr. 2 BGB beginnt gemäß § 634a II BGB zu laufen
- Gemäß § 644 I S. 1 BGB geht die Preisgefahr auf den Besteller über

Die Abnahme ist gemäß § 646 BGB ausgeschlossen, wenn die Abnahme als körperliche Entgegennahme oder Anerkennung der Leistung aufgrund der Beschaffenheit des Werkes nicht möglich ist. In diesen Fällen wird die Abnahme durch Vollendung des Werkes ersetzt (z.B. Theater, Beförderungsvertrag).

Wer trägt im Werkvertragsrecht bei Unmöglichkeit die Preisgefahr? Welche Ausnahmen gibt es?

Die Regelung der Preisgefahr

↳ SchuldR BT I, Rn. 499 ff.

Wird die Leistung des Werkunternehmers unmöglich, so entfällt nach § 326 I S. 1 Hs. 1 BGB in der Regel auch die Verpflichtung des Bestellers zur Zahlung der Vergütung. Der Werkunternehmer trägt also grundsätzlich die Preisgefahr. Trotz Unmöglichkeit der Werkleistung nach § 275 BGB muss der Besteller die Vergütung zahlen, wenn:

- er für die Unmöglichkeit der Leistung allein oder weit überwiegend verantwortlich ist, §§ 326 II S. 1 Alt. 1, 645 II BGB
- die Unmöglichkeit zu einem Zeitpunkt eintritt, in dem sich der Besteller im Annahmeverzug befindet, § 644 I S. 2 BGB
- das Werk auf Verlangen des Bestellers versendet wird, § 644 II BGB
- die Herstellung unmöglich geworden ist, weil der Besteller einen mangelhaften Stoff geliefert hat oder eine für den Untergang kausale Anweisung erteilt hat, § 645 I BGB

§ 645 I BGB enthält **keinen allgemeinen Sphärengedanken**. Eine weitergehende Umwälzung der Preisgefahr als nach den §§ 326, 644, 645 BGB vorgesehen widerspräche der gesetzlichen Systematik.

Stellen Sie den Inhalt des Kündigungsrechts des Bestellers nach § 648 BGB dar!

↳ SchuldR BT I, Rn. 581 ff.

Gemäß § 648 S.1 BGB steht dem Besteller ein generelles Kündigungsrecht zu. Danach kann der Besteller **jederzeit und ohne Angabe von Gründen** bis zur Vollendung des Werkes kündigen. Beim Werkvertrag hat nämlich i.d.R. außer dem Besteller niemand ein Interesse an dem Werk. Zur Kündigung aus wichtigem Grund vgl. § 648a BGB.

Kündigt der Besteller, so wird das Vertragsverhältnis **für die Zukunft** aufgehoben. Der Werkunternehmer ist nicht zur Fertigstellung verpflichtet. Es findet **keine Rückabwicklung über §§ 346 ff. BGB** statt.

Der Werkunternehmer erhält gemäß § 648 S. 2 Hs. 1 BGB die vereinbarte Vergütung, muss sich jedoch gemäß § 648 S. 2 Hs. 2 BGB ersparte Aufwendungen anrechnen lassen, d.h. er muss alles abziehen, was er infolge der Vertragsaufhebung nicht mehr erbringen muss.
Eine Pauschalierung dieses „Reingewinns" des Werkunternehmers in AGB ist zulässig, soweit der Werkunternehmer keine unangemessenen Vorteile nach § 308 Nr. 7 BGB hat und eine Feststellung von tatsächlich höheren Aufwendungen möglich bleibt, § 309 Nr. 5 lit. b BGB.

Was sind Inhalt und Voraussetzungen des Werkunternehmerpfandrechts nach § 647 BGB?

Das Werkunternehmerpfandrecht

↳ SchuldR BT I, Rn. 586 ff.

Zur Sicherung aller Forderungen, die dem Werkunternehmer aufgrund des Werkvertrages zustehen, hat er gemäß § 647 BGB ein **gesetzliches** Pfandrecht an den von ihm hergestellten oder ausgebesserten beweglichen Sachen des Bestellers, wenn diese beweglichen Sachen bei der Herstellung oder zum Zweck der Ausbesserung in seinen Besitz gelangt sind.

Voraussetzungen des Werkunternehmerpfandrechts sind:

- Bestehen einer **Forderung** des Werkunternehmers aus dem Werkvertrag, § 647 BGB
- **Besitz** des Werkunternehmers **an** einer **beweglichen** **Sache** des Bestellers, § 647 BGB
- **Besitzerlangung bei** der Herstellung oder zum Zwecke der Ausbesserung, § 647 BGB
- **Kein Erlöschen** des Pfandrechts

Beachten Sie, dass § 647 BGB **nicht beim Werklieferungsvertrag** gilt, da § 647 BGB nicht in § 650 S. 3 BGB genannt ist.

Gibt es einen gutgläubigen Ersterwerb des Werkunternehmerpfandrechts?

Das Werkunternehmerpfandrecht

↬ SchuldR BT I, Rn. 586 ff.

Voraussetzungen eines jeden gutgläubigen Erwerbs sind Vorliegen eines Rechtsscheinsträgers und Gutgläubigkeit des Erwerbers.
Rechtsscheinsträger ist hier der Besitz an der beweglichen Sache. Aber auch wenn Gutgläubigkeit vorliegt, kann ein gesetzliches Pfandrecht nicht gutgläubig entstehen, denn § 1207 BGB gilt bei direkter Anwendung nur für rechtsgeschäftlich bestellte, aber nicht für gesetzliche Pfandrechte.
§ 1257 BGB verweist zwar für gesetzliche Pfandrechte auf die Vorschriften über die durch Rechtsgeschäft bestellten Pfandrechte, zu denen auch § 1207 BGB gehört. Voraussetzung des § 1257 BGB ist jedoch, dass das Pfandrecht bereits entstanden ist, vgl. Wortlaut des § 1257 (**„entstandenes Pfandrecht“**).
Da der **gutgläubige Ersterwerb** aber die **Entstehung** des Pfandrechts betrifft, ist **bei einem gesetzlichen Pfandrecht** wie dem Werkunternehmerpfandrecht der **gutgläubige Ersterwerb ausgeschlossen**.

Welches sind die Rechtsfolgen des Werkunternehmerpfandrechts?

↪ SchuldR BT I, Rn. 586 ff.

Der Inhaber eines Werkunternehmerpfandrechts hat gemäß § 1257 BGB die Rechte eines Pfandgläubigers eines vertraglichen Pfandrechts.

Das bedeutet, dass das Werkunternehmerpfandrecht dem besitzenden Pfandrechtsgläubiger ein **Recht zum Besitz** gemäß § 986 BGB gibt.
Auch darf er die **Sache** beispielsweise gemäß §§ 1257, 1228 ff. BGB **verwerten**.
Außerdem kann er im Fall der Zwangsvollstreckung durch einen nachrangigen Pfandgläubiger **gemäß § 805 ZPO vorzugsweise Befriedigung** verlangen.
Als zum Besitz berechtigter Pfandrechtsinhaber kann der Werkunternehmer allerdings auch die **Drittwiderspruchsklage gemäß § 771 ZPO** erheben, wenn ihm die Sache im Rahmen einer Zwangsvollstreckungsmaßnahme weggenommen wurde.

Welches sind die Erlöschensgründe des gesetzlichen Pfandrechts?

↳ SchuldR BT I, Rn. 586 ff.

Erlöschensgründe bei gesetzlichen Pfandrechten sind:

- Pfandverkauf, §§ 1257, 1242 BGB
- Erlöschen der Forderung, §§ 1257, 1252 BGB
- Rückgabe der Sache, §§ 1257, 1253 I S. 1 BGB
- Aufhebung, § 1257, 1255 I BGB
- Eigentumserlangung an der Pfandsache durch den Pfandgläubiger, §§ 1257, 1256 BGB

Weiterhin ist ein Erlöschen gemäß **§§ 936 I, 932 II BGB** möglich, wenn ein Dritter das Eigentum an der Sache erwirbt und dabei gutgläubig hinsichtlich des Nichtbestehens des Pfandrechts ist.

Was sind die Besonderheiten der Sicherungshypothek nach § 650e BGB?

Während § 647 BGB ein gesetzliches Pfandrecht an beweglichen Sachen zugunsten des Werkunternehmers regelt, gibt **§ 650e BGB im Rahmen eines Bauvertrages dem Bauunternehmer einen Anspruch auf Einräumung einer Sicherungshypothek i.S.d. § 1184 BGB an einem Baugrundstück**.

§ 650e BGB ist somit quasi das Immobiliargegenstück zu § 647 BGB.

§ 650e BGB **rechtfertigt sich aus der Vorleistungspflicht des Bauunternehmers**.

Voraussetzungen sind:

- Forderung aus einem Werkvertrag
- Berechtigter ist Bauwerkunternehmer
- Pfandgegenstand ist das Baugrundstück

Sind die Vorschriften des Werkvertrags bei der Überlassung digitaler Produkte anwendbar?

Denkbare Varianten:

Herstellung digitaler Inhalte: (§ 650 II S.1 Nr.1 i.V.m. § 327 I S.1 Alt.1 BGB

Herbeiführung eines Erfolgs durch digitale Dienstleistung: (§ 650 II S.1 Nr.2 i.V.m. § 327 I S.1 Alt.2 BGB

Herstellung eines körperlichen Datenträgers, der ausschließlich als Träger digitaler Inhalte dient: (§ 650 II S.1 Nr.3 i.V.m. § 327 V BGB

Lieferung eines herzustellenden körperlichen Datenträgers in obigem Sinne: (§ 650 III i.V.m. § 327 V BGB

Herstellung einer Sache, die ein digitales Produkt enthält oder mit ihr verbunden ist: (§ 650 VI S.1 i.V.m. § 327a II BGB

Lieferung einer herzustellenden Sache, die ein digitales Produkt enthält oder mit ihr verbunden ist : (§ 650 IV S.2 i.V.m. § 327a II BGB)

Gibt es eine Fälligkeit der Vergütung auch ohne Abnahme?

Ausnahmsweise kann der Werklohn auch ohne Abnahme fällig sein, wenn der Besteller nur noch seine Mängelrechte geltend macht, nicht aber mehr die Erfüllung des Vertrages verlangt.
Damit wird das Vertragsverhältnis nämlich in ein **Abrechnungsverhältnis** umgewandelt, was zur Folge hat, dass der Werklohnanspruch auch ohne Abnahme fällig ist.
Voraussetzung hierfür ist aber, dass dem Besteller überhaupt Mängelrechte zustehen.

Letzteres erscheint ein Zirkelschluss, da der Besteller Mängelrechte grds. erst ab Abnahme hat. Vor Abnahme des Werkes hat der Besteller grds. einen auf Verschaffung bzw. Herstellung des versprochenen mangelfreien Werkes gerichteten Erfüllungsanspruch.
Etwaige Leistungsstörungsrechte sind dem allgemeinen Schuldrecht zu entnehmen.
Allerdings **kann der Besteller** wohl auch auf seinen Erfüllungsanspruch und die sich daraus ergebenden weitergehenden Rechte verzichten und **sich auf die Rechte aus § 634 BGB beschränken**.

Was ist ein Pauschalreisevertrag i.S.d. §§ 651a ff. BGB?

↬ SchuldR BT II, Rn. 255 ff.

- Der Pauschalreisevertrag ist ein aus dem Werkvertrag entwickelter, gegenseitiger, entgeltlicher Vertrag.
- Ein Pauschalreisevertrag liegt vor, wenn sich ein **Reiseveranstalter** gegen Zahlung eines Reisepreises verpflichtet, für den Reisenden eine Gesamtheit von Reiseleistungen zu erbringen, § 651a I S. 1, BGB. Eine **Gesamtheit von Reiseleistungen** (= Legaldefinition von Reise nach § 651a I S. 1 BGB) ist gegeben, wenn **mindestens zwei erhebliche Teile der Reise** geleistet werden sollen, § 651a II S.1 BGB. Die relevanten Reiseleistungen werden in § 651a III, IV BGB geregelt.

  Die Hauptpflichten sind:
- Mangelfreie Erbringung der Reiseleistung durch den Reiseveranstalter, §§ 651a I, 651i I BGB
- Zahlung des vereinbarten Reisepreises durch den Reisenden, § 651a I S.2 BGB

Welche Personen sind am Reisevertrag beteiligt?

↳ SchuldR BT II, Rn. 255 ff.

Reiseveranstalter ist, wer sich selbst verpflichtet, die Reiseleistungen in eigener Verantwortung zu erbringen, z.B. TUI.

Reisevermittler vermitteln lediglich Verträge zwischen dem Reisenden und dem Reiseveranstalter, Abgrenzung: § 651b BGB.

Reisender ist grds. nur, wer den Vertrag mit dem Reisvermittler abschließt. Bei mitreisenden Personen handelt es sich um einen echten Vertrag zugunsten Dritter.

Leistungserbringer sind Erfüllungsgehilfen i.S.d. § 278 S. 1 BGB des Reiseveranstalters. Sie erfüllen dessen Pflichten bzgl. des Reisevertrags (z.B. Hotel).

Skizzieren Sie die Vertragsbeziehungen zwischen den am Reisevertrag Beteiligten!

Überblick

↳ SchuldR BT II, Rn. 255 ff.

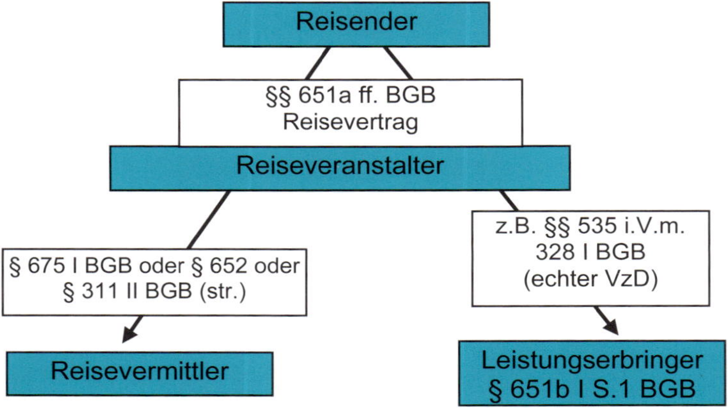

Sind §§ 651a ff. BGB abdingbar?

↳ SchuldR BT II, Rn. 255 ff.

§ 651y S. 1 BGB legt fest, dass **von den §§ 651a ff. BGB nicht zum Nachteil des Reisenden abgewichen werden kann**. Damit sind die §§ 651a ff. BGB **zwingendes Recht**.

D.h. weder durch AGB noch einzelvertraglich kann von den §§ 651a ff. BGB zu Ungunsten des Reisenden abgewichen werden. Auch anderweitige Gestaltungen sind nicht möglich, § 651y S.2 BGB

Welche Probleme können sich hinsichtlich des Reisepreises, insbes. der nachträglichen Erhöhung, ergeben?

↳ SchuldR BT II, Rn. 255 ff.

- Der Reisende ist dazu verpflichtet, den Gesamtpreis der Reise zu entrichten. Der Vergütung ist grds. gemäß § 646 BGB analog bei Vollendung, d.h. bei Beendigung der Reise fällig.
- Verlangt der Reiseveranstalter die Vergütung vor Beginn der Reise, was in der Praxis üblich ist, müssen die Voraussetzungen des § 651t BGB gegeben sein.
- Nachträgliche Preiserhöhungen unterliegen den Voraussetzungen des § 651f I BGB.
- Beträgt die Steigerung mehr als 8 % des Reisepreises, ist eine einseitige Erhöhung nicht möglich, selbst wenn die Voraussetzungen des § 651f I BGB vorliegen, vgl. § 651g I BGB. Hier kann der RV nur eine Frist zur Erklärung setzen, ob der Reisende einverstanden ist; falls nicht, kann der Reisende zurücktreten, § 651g I S.2 BGB
- Eine Preis*senkung* kann der Kunde bei Vorliegen der entsprechenden Voraussetzungen gem. § 651f IV BGB.

Wie ist das Verhältnis des Reisevertragsrechts zu den allgemeinen Vorschriften, insbesondere zu den §§ 280 ff. BGB?

↬ SchuldR BT II, Rn. 262 ff.

Die **§§ 651a ff. BGB** regeln die **Rechtsbeziehungen zwischen** dem **Reiseveranstalter** und dem **Reisenden**.
Die §§ 651i ff. BGB enthalten eine in sich geschlossene, abschließende Regelung der Mängelrechte im Rahmen des Reisevertragsrechts.

Soweit es um Ansprüche gegen den Reiseveranstalter **wegen einer Beeinträchtigung der Reise durch einen Mangel** geht, verdrängen die §§ 651i ff. BGB **ab Vertragsschluss** die allgemeinen Vorschriften, insbesondere die §§ 280, 281, 323 ff. BGB.

Dagegen werden Leistungsstörungen, insbesondere **Pflichtverletzungen des Veranstalters**, **die** sich nicht auf den Nutzen der Reise auswirken und daher **nicht zu einem Mangel führen**, nicht verdrängt.
Dementsprechend kann sich auch ein **Anspruch aus §§ 280 ff. BGB** ergeben, wenn der Reiseveranstalter z.B. eine Informationspflicht aus § 651d I BGB verletzt.

Wie ist das Verhältnis des Reisevertrags zu den Anfechtungsregeln und zur Unmöglichkeit?

↬ SchuldR BT II, Rn. 262 ff.

1. Anfechtung

Zu den **§§ 119 I, 123 BGB** ergibt sich kein Konkurrenzverhältnis. Daher sind diese neben den §§ 651a ff. BGB anwendbar.

§ 119 II BGB ist dagegen ausgeschlossen, weil ein Mangel i.S.d. § 651i II BGB grds. auch einen Eigenschaftsirrtum i.S.d. § 119 II BGB darstellt. Andernfalls würden die abschließenden Regelungen des reisevertraglichen Gewährleistungsrechts unterlaufen.

2. Unmöglichkeit

Es gelten die §§ 651i ff. BGB, wenn von Anfang an feststeht, dass die Reise nur mangelhaft erbracht werden kann.

Steht von Anfang an fest, dass der Reisende die Reise nicht antreten kann, sind **§§ 651e, 651h BGB vorrangig**.

§§ 283, 311a, 326 BGB kommen nie zur Anwendung.

Ab Vertragsschluss stellen die §§ 651i ff. BGB abschließende Regelungen dar, die die §§ 280 I, III, 283, 326 BGB verdrängen.

Erstellen Sie sich eine Übersicht zu den Rechten des Reisenden!

Gewährleistungsrechte des Reisenden **ReisevertragR 8**

SchuldR BT II, Rn. 266 ff.

Rechte des Reisenden im Verhältnis zum Reiseveranstalter

- Übertragung auf Dritte, § 651e BGB
- Rücktrittsrecht des Reisenden, § 651h I BGB

- Abhilfe, Selbsthilfe und Aufwendungsersatz, § 651k I, II BGB
- Ersatzleistung, § 651k III BGB
- Beherbergungskosten, § 651k IV, V BGB
- Minderung, § 651m BGB
- Kündigung, § 651l BGB
- Schadensersatz, § 651n BGB
  vgl. Auflistung § 651i III BGB

Vertragsschluss — **Reisebeginn** — **Beendigung der Reise**

Welche Rechte hat der Reisende im Verhältnis zum Reisevermittler?

↳ SchuldR BT II, Rn. 266 ff.

- Zwischen **Reisendem** und **Reisevermittler** (= Reisebüro) besteht kein Reise- sondern nach e.A. ein Geschäftsbesorgungsvertrag i.S.d. § 675 I BGB, nach a.A. ein Maklervertrag, nach a.A. nur ein vorvertragliches Verhältnis i.S.d. § 311 II BGB.
- Bezüglich des Abschlusses des Reisevertrages ist der Reisevermittler nur Empfangsbote des Reiseveranstalters, vgl. auch § 651v II, IV BGB.

  Daher können gegen den Reisevermittler **keine reisevertraglichen Gewährleistungsansprüche** wegen Mängeln der vermittelten Leistung geltend gemacht werden.
- Möglich sind aber **Schadensersatzansprüche wegen fehlerhafter Beratung gemäß § 280 BGB**. Speziell bei Nichterfüllung der Informationspflichten gem. § 651v I BGB i.V.m. Art. 250 §§ 1 bis 3 EGBG ist daran zu denken.

Welches sind die Tatbestandsvoraussetzungen des Aufwendungsersatzanspruches gemäß § 651i III Nr.2 i.V.m. § 651k II BGB?

! Gewährleistungsrechte des Reisenden **ReisevertragR 10**

↳ SchuldR BT II, Rn. 266 ff.

Aufwendungsersatzanspruch nach §§ 651i III Nr.2, 651k II BGB:

- Wirksamer **Reisevertrag**
- Vorliegen eines **Reisemangels**, **§ 651i II BGB**
  ⇨ d.h. die Reise selbst muss mangelhaft sein.
  Ausreichend ist die Mangelhaftigkeit einer einzelnen Reiseleistung, **wenn** diese die Reise als solches in ihrem Nutzen beeinträchtigt und nicht eine bloße Unannehmlichkeit im Massentourismus darstellt.
- **Fristsetzung** durch den Reisenden und **fruchtloser Ablauf dieser Frist bzw. Entbehrlichkeit, § 651k II BGB**
- **Erforderlichkeit der Aufwendungen**
- **Keine Verjährung gemäß § 651j BGB**

Achten Sie aber auf das Leistungsverweigerungsrecht des Reiseveranstalters gem. § 651k I S.2 BGB. Dann müssen Sie an den Anspruch auf Ersatzleistung gem. §§ 651i III Nr.3 BGB denken.

Welches sind die Tatbestandsvoraussetzungen der Minderung gemäß §§ 651i III Nr.6 i.V.m. § 651m BGB?

Welche Rechtsfolge ergibt sich?

↳ SchuldR BT II, Rn. 266 ff.

Voraussetzungen der Minderung nach §§ 651i III Nr.6, 651m BGB:

- Wirksamer **Reisevertrag**
- Vorliegen eines **Reisemangels, § 651i II BGB**
  ⇨ d.h. die Reise selbst muss mangelhaft sein, siehe KK 10.
- **Kein schuldhaftes Unterlassen der Anzeige gemäß § 651o II Nr.1 BGB**
- **Keine Verjährung gemäß § 651j BGB**
  ⇨ RECHTSFOLGE: Der Reisepreis mindert sich für die Dauer des Mangels ipso iure. Die Rückforderung von bereits gezahltem Reisepreis erfolgt nach §§ 651m II BGB. Höhe: § 651m I S.2,3 BGB

Wird dem Reisenden nicht mitgeteilt, bei wem er den Reisemangel anzuzeigen hat, und zeigt dieser ihn daher nur beim Leistungsträger an, liegt kein Verschulden i.S.d. § 651o II BGB vor!

Welches sind die Tatbestandsvoraussetzungen des Kündigungsrechts nach §§ 651i III Nr.5 i.V.m. § 651l BGB?
Welche Rechtsfolge ergibt sich?

↳ SchuldR BT II, Rn. 266 ff.

Voraussetzungen der Kündigung gem. §§ 651i III Nr.5, 651l BGB:

- Wirksamer **Reisevertrag**
- Vorliegen eines **Reisemangels, § 651i II BGB**
- Erhebliche Beeinträchtigung des Reisezwecks infolge des Mangels (= objektiv zu bestimmen anhand der Minderungsquote) **oder** Unzumutbarkeit für den Reisenden, die Reise fortzusetzen (= subjektiv zu bestimmen).
- Fristsetzung durch den Reisenden und fruchtloser Ablauf dieser Frist, § 651l I S.2 BGB bzw. Entbehrlichkeit: S.3, 651k II S.2 BGB.
- **Keine Verjährung gemäß § 651j BGB**

RECHTSFOLGE: Der **Reiseveranstalter behält** den **Anspruch** auf den vereinbarten Reisepreis **bzgl. erbrachter bzw. noch zu erbringender Reiseleistungen, § 651l II S.1 BGB.** Rest ist zurückzuzahlen, § 651l II S.2 BGB, sofern bereits gezahlt wurde, andernfalls nicht geschuldet. Daneben bleibt es bei Minderung und ggfs. Schadensersatz, § 651l II S.1 a.E.

Welches sind die Tatbestandsvoraussetzungen des Schadensersatzanspruches nach § 651i III Nr.7 i.V.m. § 651n BGB? Welche Rechtsfolge ergibt sich?

↳ SchuldR BT II, Rn. 266 ff.

Voraussetzungen der Schadensersatzes nach §§ 651i III Nr.7, 651n BGB:

- Wirksamer **Reisevertrag**
- Vorliegen eines **Reisemangels, § 651i II BGB**
- Mängelanzeige, § 651o II Nr.2 BGB oder Abhilfeverlangen, vgl. Wortlaut „unbeschadet der Kündigung", nicht bei Mangelfolgeschäden!
- **Vertretenmüssen** des Reiseveranstalters, § 651n I Nr.1 bis 3 BGB a.E., wird gemäß dem Wortlaut widerleglich vermutet.
- **Keine Verjährung** gemäß **§ 651j BGB**.

⇨ RECHTSFOLGE: **Ersatz des Nichterfüllungschadens (positives Interesse) einschließlich der Mangelfolgeschäden. Unter den Voraussetzungen des II ebenfalls Schadensersatz für nutzlos aufgewendete Urlaubszeit** (Bestimmung i.S.d. § 253 I BGB, da immaterieller Schaden)

Stellen Sie die Rechte des Reiseveranstalters im Verhältnis zum Reisenden dar!

Rechte des Reiseveranstalters

↳ SchuldR BT II, Rn. 275 ff.

- Zahlt der Reisende den Reisepreis nicht, hat der Reiseveranstalter zunächst den ursprünglichen Erfüllungsanspruch aus § 651a I S. 2 BGB und kann die Erbringung der Reiseleistung verweigern, § 320 BGB, wenn der Reisende hinsichtlich des Reisepreises vorleistungspflichtig ist (§ 651t BGB).
- Grundsätzlich kann der Reiseveranstalter die allgemeinen Rechte geltend machen, insbesondere die Rechte aus den §§ 280 ff. BGB; §§ 651a ff, BGB sind also hinsichtlich der Rechte des Reiseveranstalters nicht abschließend.

Bei **Verletzung von Nebenpflichten haftet <u>der Reisende</u>** dem Reiseveranstalter aus den **§§ 280 I, 241 II BGB**.

Eine **Haftung <u>des Reiseveranstalters</u> aus §§ 280 I, 241 II BGB besteht nur für Schäden, die keine Folge eines Mangels sind, da über § 651n I BGB auch alle Mangelfolgeschäden** zu ersetzen sind.

Welches sind die Tatbestandsvoraussetzungen der Ersetzungsbefugnis nach § 651e BGB?

↳ SchuldR BT II, Rn. 279 ff.

Voraussetzungen der Ersetzungsbefugnis des Reisenden nach § 651e I S. 1 BGB:

- Wirksamer **Reisevertrag**
- Ausübung der Ersetzungsbefugnis **vor Reisebeginn** („…kann…erklären“, §651e I 1 BGB)
  ⇨ d.h. die Ersetzungsbefugnis muss in angemessener Frist erklärt werden, wobei 7 Tage vor Reisebeginn jedenfalls rechtzeitig ist, § 651e I S.2 BGB
- **Kein Widerspruch des Reiseveranstalters**
- ⇨ Widerspruchsrecht besteht nur unter den Voraussetzungen des § 651e II BGB, da der Reiseveranstalter grds. kein Interesse daran hat, dass **genau dieser** Reisende die Reise antritt.

⇨ RECHTSFOLGE: **Dritter tritt in Reisevertrag ein. Dritter und ursprünglicher Reisender haften dem Reiseveranstalter für Reisepreis und Mehrkosten als Gesamtschuldner gemäß § 651e III S.1 BGB.**

Voraussetzungen für Mehrkostenhaftung: § 651e III S.2, IV BGB.

Welches sind die Tatbestandsvoraussetzungen des Rücktritts des **Reisenden** nach § 651h I BGB?

↳ SchuldR BT II, Rn. 279 ff.

Voraussetzungen des Rücktritts des Reisenden nach § 651h I BGB:

- Wirksamer **Reisevertrag**
- Ausübung des Rücktritts **vor Reisebeginn** (vgl. Wortlaut und amtliche Überschrift des § 651h I BGB)

  ⇨ Der Rücktritt bedarf keines Grundes.

  ⇨ RECHTSFOLGEN: **Der Reiseveranstalter verliert den Anspruch auf den Reisepreis, § 651h I S. 2 BGB, kann aber eine angemessene Entschädigung verlangen, § 651h I S. 3, II BGB. Die Entschädigungspflicht entfällt in den Fällen des § 651h III BGB (umschreibt Fälle der „höheren Gewalt“ i.S.d. § 651j BGB a.F.**

Auch der **Reiseveranstalter** kann in den Fällen unvermeidbarer Umstände zurücktreten, § 651h IV S.1 Nr.2 BGB; Anspruch auf Zahlung entfällt, § 651h IV S.2 bzw. Zahlung ist zu erstatten, § 651h V BGB.

Aufgrund von Gesetzesänderung entfallen

↳ SchuldR BT II, Rn. 279 ff.

Aufgrund von Gesetzesänderung entfallen

Aufgrund von Gesetzesänderung entfallen

SchuldR BT II, Rn. 279 ff.

Aufgrund von Gesetzesänderung entfallen

Was gilt, wenn Reiseveranstalter und Leistungsträger personenidentisch sind?

! Sonderproblem

↳ SchuldR BT II, Rn. 274

Ist der Reiseveranstalter selbst Leistungsträger, z.B. bei einer Skireise zugleich Vermieter einer Skihütte, so haftet er dem Reisenden sowohl als Reiseveranstalter nach den §§ 651a ff. BGB als auch als Vermieter nach den § 536a I BGB. Diese zweifache Haftung entspricht seiner Doppelrolle, da er zugleich Reiseveranstalter und Leistungsträger ist.
Auch wertungsmäßig ist dieses Ergebnis gewollt. Denn der Veranstalter schließt grds. mit den jeweiligen Leistungsträgern Verträge zugunsten des Reisenden (§ 328 I BGB). Der Reisende hat bei nicht ordnungsgemäßer Leistung einen Anspruch gegen den Veranstalter aus den §§ 651a ff. BGB und gegen den jeweiligen Leistungsträger aus (bei Mietverträgen zugunsten Dritter) § 536a I BGB i.V.m. § 328 I BGB. Dieser zusätzliche Anspruch gegen den Leistungsträger darf dem Reisenden auch dann nicht genommen werden, wenn der Veranstalter gleichzeitig Leistungsträger ist.

Clou: § 651n I BGB ist abhängig vom Vertretenmüssen, anders als die Garantiehaftung des **§ 536a I Var. 1 BGB** im Mietvertrag!

Was ist die Rechtsnatur des Maklervertrages?

! Überblick

↳ SchuldR BT II, Rn. 283 ff.

- Der Maklervertrag ist in **§§ 652 ff. BGB** geregelt.
- Nach dem gesetzlichen Leitbild verpflichtet sich der Auftraggeber, für den Nachweis einer Gelegenheit zum Abschluss eines von ihm gewünschten Vertrages mit einem Dritten oder für die Vermittlung dieses Vertragsabschlusses unter der Voraussetzung des Zustandekommens dieses Vertrages mit dem Makler eine Vergütung zu bezahlen, **ohne** dass der **Makler zum Tätigwerden oder** der **Auftraggeber zum Abschluss** des Vertrages mit dem Dritten **verpflichtet** ist.

Da das dispositiv ist, können die Vertragsparteien grds. ihr Verhältnis frei regeln und auch Mischformen mit anderen Vertragstypen vereinbaren (z.B. Maklerdienstvertrag).

- Der Maklervertrag ist damit **kein gegenseitiger Vertrag i.S.d. §§ 320 ff. BGB**, weil sich Hauptleistungspflichten zu keinem Zeitpunkt gegenüberstehen.

Welche Arten von Maklerverträgen gibt es?

SchuldR BT II, Rn. 283 ff.

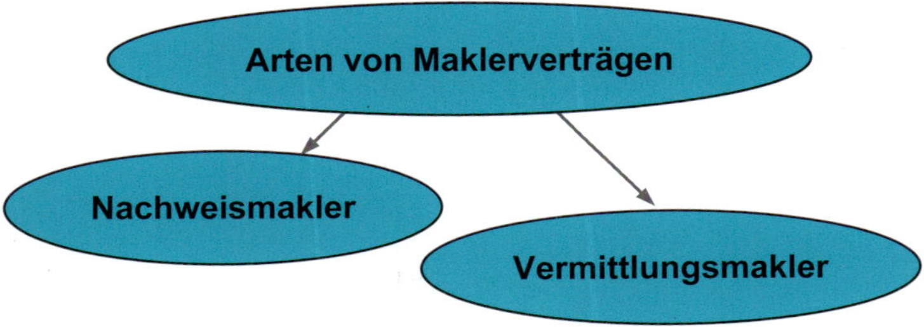

Der **Handelsmakler** nach **§ 93 HGB** ist ein **reiner Vermittlungsmakler**. Für ihn gelten die §§ 652 ff. BGB nur subsidiär, Art. 2 I EGHGB. Gegenstand der Vermittlung muss ein solcher des Handelsverkehrs sein, § 93 I HGB, ein Lohnanspruch besteht ggü. beiden Parteien (d.h. Auftraggeber und Dritter), soweit nichts anderes vereinbart ist, § 99 HGB.

Grenzen Sie den Maklervertrag von anderen Vertragstypen ab!

↳ SchuldR BT II, Rn. 283 ff.

Abgrenzungen:

- **Auftrag**: Vom Auftrag unterscheidet sich der Maklervertrag durch seine Entgeltlichkeit und die fehlende Pflicht des Maklers zum Tätigwerden. Außerdem kann der Beauftragte nach § 670 BGB Ersatz seiner Aufwendungen verlangen, der Makler aber grds. nicht, § 652 II BGB.
- **Dienstvertrag**: Im Gegensatz zum Dienstvertrag begründet der Maklervertrag keine Pflicht zum Tätigwerden, andererseits aber auch keine Pflicht zur erfolgsunabhängigen Zahlung einer Vergütung. Soweit die Parteien allerdings eine Pflicht zum Tätigwerden des Maklers begründen, liegt ein **Maklerdienstvertrag** vor (Mischvertrag).
- **Werkvertrag**: Im Gegensatz zum Werkvertrag verpflichtet sich der Makler nicht, einen bestimmten Erfolg herbeizuführen und für ihn einzustehen. Ist dies ausnahmsweise doch gewollt, handelt es sich um einen **Maklerwerkvertrag** (Mischvertrag).

Ist der Maklervertrag formbedürftig?

↳ SchuldR BT II, Rn. 283 ff.

- Der Maklervertrag ist **grds. formfrei**.
- Dies gilt grds. auch für Maklerverträge, die auf die Abwicklung von Grundstücksgeschäften gerichtet sind.
- Ausnahmsweise ist allerdings die Form des § 311b I S. 1 BGB anzuwenden, wenn sich der Auftraggeber unwiderruflich verpflichtet, ein Grundstück zu veräußern oder zu erwerben.
- Um der ratio des § 311b I S. 1 BGB gerecht zu werden, steht es der unwiderruflichen Verpflichtung gleich, wenn der Auftraggeber verspricht, bei späterem Rücktritt von der Kauf- oder Verkaufsabsicht eine Strafpauschale an den Makler zu zahlen und hierdurch ein unangemessener Druck bezüglich des Abschlusses des Grundstücksgeschäfts ausgeübt wird.

Heilung des Maklervertrages nach § 311b I S. 2 BGB tritt ein, wenn ein formgültiger Vertrag mit dem Dritten zustande gekommen ist. Entgegen dem Wortlaut ist die Eintragung in das Grundbuch nicht Voraussetzung der Heilung, weil der Makler nicht für die Abwicklung einsteht.

Was sind die Voraussetzungen des Anspruchs auf Maklerlohn?

– Teil I –

↳ SchuldR BT II, Rn. 283 ff.

Voraussetzungen des Anspruchs auf Maklerlohn (Provisionsanspruch) nach § 652 I S. 1 BGB sind:

- Wirksamer Maklervertrag
  ⇨ In der bloßen Entgegennahme von Informationen kann kein Abschluss eines Vertrages gesehen werden, insbesondere, wenn der Makler nicht deutlich macht, einen Vertrag schließen zu wollen.
- Erbringung der Maklerleistung
  - ⇨ Nachweis, § 652 I S. 1 Alt. 1 BGB **oder**
  - ⇨ Vermittlung, § 652 I S. 1 Alt. 2 BGB
- Wirksames **Zustandekommen** eines Vertrages mit einem Dritten
- **Kausalzusammenhang** zwischen Maklerleistung und Vertragsschluss
  ⇨ Wortlaut des **§ 652 I S. 1 BGB: „infolge“**

Was sind die Voraussetzungen des Anspruchs auf Maklerlohn?

– Teil II –

↬ SchuldR BT II, Rn. 283 ff.

Bezüglich der Erbringung der **Maklerleistung** ist zu differenzieren zwischen Nachweis- und Vermittlungsmaklern.

Der Nachweismakler **muss** dem Auftraggeber **eine bisher unbekannte Möglichkeit des Vertragsschlusses nachweisen**.

Der Vermittlungsmakler **muss** dem Auftraggeber die **bewusste und finale Herbeiführung der Abschlussbereitschaft des Vertragspartners vermitteln**. Auf die vorherige Kenntnis von der Person des Vertragspartners kommt es hier nicht an.

Voraussetzung für die **Entstehung des Provisionsanspruches** ist **stets** das **Zustandekommen eines Vertrages mit dem Dritten**. Makler und Dritter müssen dabei personenverschieden sein.

Wir wirkt es sich auf den Maklerlohn aus, wenn der vermittelte Vertrag durch Gestaltungsrechte beseitigt wird? Wie ist zu differenzieren?

↳ SchuldR BT II, Rn. 283 ff.

Der Makler muss nur für das Zustandekommen dieses Vertrages mit dem Dritten, nicht aber für die Abwicklung des Vertrages einstehen.
Dementsprechend bleibt der Maklerlohn bei Aufhebung, gesetzlichem Rücktritt oder Minderung des Vertrages mit dem Dritten erhalten, er entfällt jedoch, wenn der Vertrag später angefochten wird.
Sind Anfechtung und Rücktritt möglich, wird aber nur der Rücktritt erklärt, so entfällt dennoch der Provisionsanspruch, da es hier nur vom Zufall abhängt, welches Gestaltungsrecht ausgeübt wird.

Fragen Sie sich also bei der Auflösung des Vertrages mit dem Dritten stets, ob diese **Auflösung in den Risikobereich des Maklers** fällt und **somit** den **Makleranspruch zu Fall** bringt.
Das Risiko des Abschlusses (z.B. Geschäftsunfähigkeit, Anfechtung) trägt der Makler. Dagegen fällt die Durchführung (z.B. Rücktritt, Aufhebung) nicht in den Risikobereich des Maklers.

Kann der Makler wegen Pflichtverletzungen in Anspruch genommen werden?

↪ SchuldR BT II, Rn. 283 ff.

Wenn der Makler auch **keine primären Leistungspflichten** hat, so hat er **doch** wie jeder Vertragspartner gewisse Nebenpflichten, insbesondere **Schutzpflichten, §§ 241 II, 242 BGB**. Er muss demgemäß die Interessen des Auftraggebers wahren, soweit ihm dies zumutbar ist. Er hat alles zu unterlassen, was die Interessen seines Vertragspartners gefährden könnte.

Bei Verletzung dieser Pflichten haftet der Makler nach §§ 280 I, 241 II BGB.

Eine besondere Ausprägung dieser Treuepflicht ist **§ 654 BGB**. Danach darf der Makler nicht auf beiden Seiten tätig werden, wenn der Vertrag dies verbietet.

Umgekehrt folgt aus der Regelung des § 654 BGB, dass der Makler ohne entgegenstehende vertragliche Vereinbarung auf beiden Seiten tätig werden darf und auch von beiden Seiten Provision verlangen darf.

Welche Besonderheiten gelten bei der Vermittlung von Wohnungen?

↳ SchuldR BT II, Rn. 283 ff.

Die Wohnungsvermittlung fällt unter §§ 652 ff. BGB, jedoch gilt vorrangig das Gesetz zur Regelung der Wohnungsvermittlung (WoVermittG, Schönfelder Ergänzungsband Ordnungsnummer 31).
Dieses Gesetz ist anzuwenden auf die Vermittlung oder den Nachweis der Gelegenheit zum Abschluss von Mietverträgen, § 1 I WoVermittG, nicht jedoch andere Verträge wie den Kauf. Ausgenommen sind aber Mietverträge über Wohnräume im Fremdenverkehr, § 1 IIIWoVermittG.
Ein Anspruch des Maklers auf **Provision** entsteht nach **§ 2 I WoVermittG** nur bei Zustandekommen des Mietvertrages infolge Nachweis oder Vermittlung des Maklers, nicht jedoch in den Fällen des § 2 II S. 1 WoVermittG. Vorschüsse dürfen nach § 2 IV WoVermittG nicht gefordert werden. **Abweichende Vereinbarungen** sind nach **§ 2 V WoVermittG unwirksam**, also auch individualvertraglich nicht möglich.

Hat der Makler entgegen den Vorschriften des WoVermittG ein Entgelt erhalten, kann der Auftraggeber dies gemäß §§ 5 I WoVermittG, 812 I S. 1 Alt. 1 BGB zurückfordern, obwohl der Maklervertrag ein Rechtsgrund ist.

Welche Besonderheiten gelten bei der Vermittlung von Darlehen?
– Teil I –

↳ SchuldR BT II, Rn. 283 ff.

- Die §§ 655a ff. BGB normieren Besonderheiten des Darlehensvermittlungsvertrags.
- Diese Vorschriften **gelten aber nur**, wenn der **Vermittler Unternehmer**, §§ 655a S. 1, 14 BGB, und der **Auftraggeber** ein **Verbraucher** ist, §§ 655a S. 1, 13 BGB, oder Existenzgründer, §§ 655e II, 513 BGB.
- Die Vorschriften **gelten nur**, wenn die Darlehensvermittlung entgeltlich ist, § 655a S. 1 BGB, **jedoch nicht**, wenn die Darlehensvaluta den in § 491 II BGB bestimmten Rahmen nicht übersteigen, § 655a S. 2 BGB.
- Ein Provisionsanspruch besteht nur, wenn das Darlehen geleistet und der Widerruf rechtlich unmöglich gemäß §§ 495, 355 BGB ist, d.h. die Widerrufsfrist abgelaufen ist, § 655c S. 1 BGB.

Abweichende Vereinbarungen zum Nachteil des Verbrauchers sind unwirksam, § 655e I S. 1 BGB.
Beachten Sie auch das Umgehungsverbot des § 655e I S. 2 BGB.

Welche Besonderheiten gelten bei der Vermittlung von Darlehen?
– Teil II –

↳ SchuldR BT II, Rn. 283 ff.

- Der Darlehensvermittlungsvertrag bedarf der **schriftlichen Form**, § 655b I S. 1 BGB.
- Die **Informationspflichten** des § 655b II BGB i.V.m. Art. 247 § 13 II EGBGB müssen eingehalten sein.
- Das **Verbindungsverbot** des § 655b I S. 2 BGB ist zu beachten. Hiernach müssen Darlehensvermittlungsvertrag und Verbraucherdarlehensvertrag urkundlich getrennt bleiben.

  RECHTSFOLGE: *Bei Verstoß gegen § 655b I S. 1 - 2 BGB folgt Nichtigkeit des Darlehensvermittlungsvertrags gemäß § 655b II BGB.*
- Gemäß § 655b I S. 3 BGB hat der Darlehensvermittler dem Verbraucher den Vertragsinhalt in **Textform**, § 126b BGB, mitzuteilen. Dabei handelt es sich um eine vertragliche Nebenpflicht. Ein **Verstoß** hiergegen führt **nicht zur Nichtigkeit** des Darlehensvermittlungsvertrags, § 655b II BGB e contrario.

Stellen Sie sich die Besonderheiten des Ehemaklervertrages zusammen!

↳ SchuldR BT II, Rn. 283 ff.

- Der Ehemaklervertrag ist in § 656 BGB als eine Sonderform des Maklervertrages geregelt.
- Die Vergütungsvereinbarung nach § 656 I S. 1 BGB begründet keine Verbindlichkeit, sie schafft nur eine Naturalobligation
- Der Ehemaklervertrag ist ein Schuldverhältnis ohne Leistungspflichten, aber mit Schutzpflichten nach § 241 II BGB. Ein Verstoß gegen diese Schutzpflichten führt auch hier zu einem Schadensersatzanspruch gemäß §§ 280 I, 241 II BGB.
- Der Ehemaklervertrag ist gemäß § 656 I S. 2 BGB Rechtsgrund i.S.d. § 812 I BGB.

Begriffsbestimmung: Eine **Naturalobligation** oder unvollkommene Verbindlichkeit ist eine Verbindlichkeit, die zwar freiwillig erfüllt, aber nicht gegen den Willen des Schuldners durchgesetzt werden kann. Sie stellt keine echte Schuld im Rechtssinne dar. Unvollkommene Verbindlichkeiten stellen einen Rechtsgrund dar, sodass das freiwillig Geleistete nicht gemäß § 812 I S.1, Alt.1 BGB zurückgefordert werden kann.

Welche Besonderheiten gelten bei der Vermittlung von Kaufverträgen über Wohnungen und Einfamilienhäusern?

1. Es gilt **Textform**, § 656a BGB
2. Wenn **Käufer Verbraucher** ist, § 656b BGB:

a) Bei Lohnanspruch auch gegen Verkäufer, Provision nur in identischer Höhe möglich, § 656c I S.1 (RF bei Verstoß: Nichtigkeit, § 656c II S.2 BGB)

b) Bei Unentgeltlichkeit für den einen, auch unentgeltlich gegen den anderen, § 656c I S.2 BGB (RF bei Verstoß: Nichtigkeit, § 656c II S.1 BGB

c) Erlass gegenüber einem wirkt auch zugunsten des anderen, § 656 I S.3 BGB (nicht abdingbar, aber keine Nichtigkeit des Vertrages)

d) Wenn *nur ein Maklervertrag* besteht, **Abwälzung** auf anderen **nur möglich**, wenn Aufrechterhaltung der eigenen Verpflichtung in identischer Höhe, § 656d I S.1; Fälligkeit nachrangig, § 656d I S.2 BGB; Unabdingbarkeit, § 656d II i.V.m. § 656c I S.3, 4 BGB.

Was versteht man unter einer **Auslobung**?

Überblick **Auslobung 1**

↳ SchuldR BT II, Rn. 297 f.

- Die Auslobung ist in **§§ 657 ff. BGB** geregelt.
- Sie ist ein **einseitiges Rechtsgeschäft**, und zwar eine Willenserklärung, die eine schuldrechtliche Verpflichtung im Wege der öffentlichen Bekanntmachung der Erklärung ohne deren Zugang oder Annahme begründet.
- Versprochen wird eine Belohnung für die Vornahme einer Handlung, § 657 BGB. Der Anspruch auf Belohnung entsteht allein durch Erbringung der geforderten Leistung ohne Kenntnis von der Auslobung.
- **Öffentliche Bekanntmachung** bedeutet Kundgabe gegenüber einem individuell unbestimmten Personenkreis. Die Kundgabe gegenüber einem konkreten Personenkreis ist unschädlich, solange dieser nicht individuell bestimmt ist.
- **Belohnung** bedeutet die Zusage irgendeines Vorteils, nicht notwendigerweise vermögensrechtlicher Art.

Wird ein Versprechen dagegen gegenüber einem individuell abgegrenzten Kreis abgegeben, handelt es sich nicht um eine Auslobung, sondern um ein Vertragsangebot.

Was sind die Hauptpflichten des Auftrags?

Überblick

↬ SchuldR BT II, Rn. 299 ff.

- Der Auftrag ist in §§ 662 ff. BGB geregelt.
- Durch den Auftrag verpflichtet sich der Beauftragte, im Zweifel persönlich, § 664 I S. 1 BGB, für den Auftraggeber ein ihm übertragenes Geschäft unentgeltlich zu besorgen, § 662 BGB.
- Der Abschluss des Auftrags ist grds. formfrei möglich.
- Der Beauftragte muss sich nach § 665 BGB grds. an die Weisungen des Auftraggebers halten und darf davon nur abweichen, wenn er nach den Umständen annehmen darf, dass eine Abweichung gebilligt werden. Will der Beauftragte abweichen, muss er dies anzeigen und grds. die Billigung abwarten.

Definition: Besorgung eines Geschäfts ist jedes rechtsgeschäftliche, rechtsgeschäftsähnliche oder auch tatsächliche Tätigwerden des Beauftragten für den Auftraggeber. Wesentlich ist, dass sich der Beauftragte verpflichtet hat, fremde Interessen zu verfolgen.

Nehmen Sie eine Abgrenzung des Auftrags zu anderen Vertragstypen und dem Gefälligkeitsverhältnis vor!

↳ SchuldR BT II, Rn. 299 ff.

Abgrenzungen:

- **Bloßes Gefälligkeitsverhältnis**: Dieses hat mit dem Auftrag als Gefälligkeitsvertrag die Fremdnützigkeit und die Unentgeltlichkeit gemeinsam. Der Auftrag unterscheidet sich von ihm durch den Rechtsbindungswillen, der bei bloß gesellschaftlichen, konventionellen oder Freundschaftszusagen und bei den bloßen Gefälligkeiten des täglichen Lebens fehlt.
- **Andere Gefälligkeitsverträge**: Diese haben mit dem Auftrag ebenfalls Fremdnützigkeit und Unentgeltlichkeit gemeinsam. Jedoch ist anders als beim Auftrag oftmals das Haftungsmaß des Gefälligen gemindert (z.B. §§ 521, 599, 690 BGB).
- **Geschäftsbesorgung**: Diese grenzt sich vom Auftrag durch die Entgeltlichkeit ab, siehe § 675 BGB.

Was sind die Nebenpflichten des Auftrags?

↳ SchuldR BT II, Rn. 299 ff.

1. Nebenpflichten des Beauftragten

- Gemäß § 666 BGB hat der Beauftragte die Pflicht, den Auftraggeber zu benachrichtigen, Auskunft zu geben und Rechenschaft abzulegen.
- Gemäß § 667 BGB muss der Beauftragte alles herausgeben, was er zur Ausführung des Auftrages erhalten und durch die Geschäftsführung erlangt hat.

2. Nebenpflichten des Auftraggebers

- Gemäß § 670 BGB ist der Auftraggeber zum Ersatz aller Aufwendungen verpflichtet, die der Beauftragte getätigt hat und den Umständen nach für erforderlich halten durfte.

Nach § 670 BGB analog sind auch Schäden (= unfreiwillige Vermögenseinbußen) zu ersetzen, soweit sie typischerweise mit dem Risiko des Auftrags, nicht aber dem bloßen allgemeinen Lebensrisiko zusammenhängen (Rechtsgedanke des § 110 I HGB).

Welche Rechte hat der Auftraggeber bei Nicht- oder Schlechterfüllung durch den Beauftragten?

Überblick

↳ SchuldR BT II, Rn. 299 ff.

Bei Verletzung seiner Pflichten haftet der Beauftragte nach den allgemeinen Regeln:

- Wegen nachträglicher Unmöglichkeit der Auftragsdurchführung gemäß §§ 280 I, III, 283 BGB.
- Wegen Verzug gemäß §§ 280 I, II, 286 BGB
- Wegen Schlechtleistung gemäß § 280 I BGB

Im Rahmen der Verschuldensprüfung gilt **grds**. der Maßstab des § 276 BGB, d.h. es **genügt jede Form von Fahrlässigkeit**.

Ist aber die Übertragung der Geschäftsführung entgegen dem Grundsatz des § 664 I S. 1 BGB gestattet (sog. Substitution), haftet der Beauftragte nur für eigenes Verschulden bei der Übertragung, § 664 I S. 2 BGB, d.h. bei der Auswahl und Einweisung des Substituten. Der Substitut ist zu unterscheiden von dem Gehilfen.

Bleibt der Beauftragte tätig und zieht einen Gehilfen zur Ausführung des Auftrags hinzu, so haftet er gemäß §§ 664 I S. 3, 278 BGB.

Wie wird der Auftrag beendet?

↳ SchuldR BT II, Rn. 299 ff.

Beendigung des Auftrags

- Normalfall: durch Erfüllung
- Aufhebungsvertrag
- Zeitablauf
- Bedingungseintritt
- Widerruf des Auftraggebers gemäß § 671 I Alt. 1 BGB oder Kündigung des Beauftragten nach § 671 I Alt. 2 BGB
- Tod des Beauftragten, § 673 S. 1 BGB

Bei Tod oder Geschäftsunfähigkeit des Auftraggebers erlischt der Auftrag im Zweifel nicht, § 672 S. 1 BGB.
Das Innenverhältnis bei der Vollmacht ist häufig ein Auftrag. Hier ist § 168 S. 1 BGB zu beachten. Danach bestimmt sich auch das Erlöschen der Vollmacht nach dem zugrunde liegenden Rechtsverhältnis, d.h. hier dem Innenverhältnis Auftrag. Folglich erlischt auch die Vollmacht gemäß §§ 168 S. 1, 672 S. 1 BGB im Zweifel nicht mit dem Tod des Vollmachtgebers.

Wann werden die Vorschriften des Auftragsrechts entsprechend angewandt?

↳ SchuldR BT II, Rn. 299 ff.

Über Verweisungen findet das Auftragsrecht, insbesondere § 670 BGB, entsprechende Anwendung:

- I.R.d. Geschäftsbesorgung, § 675 I BGB
- I.R.d. GoA, §§ 681 S. 2, 683 S. 1 BGB
- I.R.d. Vereinsrechts für den Vorstand, § 27 III BGB und für die Liquidatoren, §§ 48 II, 27 III BGB
- Analog im Arbeitsrecht
- I.R.d. GbR für die Gesellschafter, §§ 712 II, 713 BGB
- I.R.d. Beistandschaft, §§ 1716 S. 2, 1915 I S. 1, 1835 I S. 1 BGB
- I.R.d. Vormundschaft, § 1835 I S. 1 BGB
- I.R.d. Betreuung, §§ 1908i I S. 1, 1835 I S. 1 BGB
- I.R.d. Pflegschaft, §§ 1915 I S. 1, 1835 I S. 1 BGB
- I.R.d. Testamentsvollstreckung, § 2218 I BGB

Was ist ein Geschäftsbesorgungsvertrag?
Wo ist dieser geregelt

↳ SchuldR BT II, Rn. 315 ff.

- Der Geschäftsbesorgungsvertrag ist in **§§ 675 ff. BGB** geregelt.
- Dieser Vertrag ist ein **entgeltlicher gegenseitiger Vertrag**.
- Je nachdem, ob die Tätigkeit oder der Erfolg vergütet wird, liegt ein Dienst- oder Werkvertrag vor, der eine Geschäftsbesorgung zum Inhalt hat, vgl. § 675 I BGB.
- In erster Linie gelten die **Auftragsvorschriften, § 675 I BGB**. **Subsidiär** gelten die Vorschriften des **Dienst- oder Werkvertragsrechts**.
- Für der Vergütung gelten die §§ 612 bzw. 632 BGB, soweit nichts anderes vereinbart ist.
- § 670 BGB gilt nicht, wenn die Aufwendungen nach dem Parteiwillen schon durch die Vergütung abgegolten sein sollen.
- Die **gewerbliche Geschäftsbesorgung** heißt **Kommission** und ist in **§§ 383 ff. HGB** geregelt.

Geschäftsbesorgung ist jede selbständige Tätigkeit, die innerhalb einer fremden wirtschaftlichen Interessensphäre vorgenommen wird.

Was ist ein Zahlungsdienstevertrag?

Überblick **Geschäftsbesorgung 2**

↳ SchuldR BT II, Rn. 315 ff.

- Der Zahlungsdienstevertrag ist in **§ 675f BGB** geregelt und ist ein Geschäftsbesorgungsvertrag mit Dienstvertragscharakter (§§ 675c I, 675 I, 611 BGB).
- Unterschieden werden der **Einzelzahlungsvertrag (§ 675f I BGB)** und der **Zahlungsdiensterahmenvertrag (§ 675f II BGB)**
- Er ist ein **gegenseitiger Vertrag** und wegen seines auf Dauer angelegten Inhalts ein **Dauerschuldverhältnis** mit dem Ziel der Abwicklung bargeldlosen Zahlungsverkehrs des Zahlungsdienstenutzers über ein für diesen bei dem Kreditinstitut eingerichteten Konto.
- Einen **Anspruch auf Gutschrift gegen das kontoführende Kreditinstitut** hat der Zahlungsdienstenutzer gemäß **§ 675t I, S. 1 BGB** bei eingehenden Zahlungen auf sein Konto.
- Nach der Gutschrift hat der Zahlungsdienstenutzer einen Auszahlungsanspruch aus §§ 700 I S.1, 2, 3, 488 I S.2, 697, 695 BGB, da das Guthaben einen Fall der unregelmäßigen Verwahrung darstellt (so BGH).
- Die Bank erkennt mit der Gutschrift auch die Haben-Posten des Kunden an. Damit entsteht ein abstraktes Schuldanerkenntnis, §§ 780, 781 BGB.

Welches sind die Charakteristika eines Bürgschaftsvertrages?

↳ SchuldR BT II, Rn. 216 ff.

- Die Bürgschaft ist in §§ 765 ff. BGB geregelt.

Durch den Bürgschaftsvertrag verpflichtet sich der Bürge, gegenüber dem Gläubiger eines Dritten, des Hauptschuldners, für die Erfüllung der Verbindlichkeit des Hauptschuldners einzustehen.

- Die Bürgschaft ist ein **einseitig verpflichtender Vertrag**, d.h. nur der Bürge übernimmt eine Verpflichtung.
- Die Schuld des Bürgen ist **streng akzessorisch zur Hauptschuld**, d.h. sie ist eine Hilfsschuld, die von der Hauptschuld dauernd abhängig ist hinsichtlich Entstehung, Erlöschen, Umfang, § 767 I S. 1 BGB, und Durchsetzbarkeit, § 768 BGB.
- Die Bürgschaft ist eine Personalsicherheit; der Bürge haftet dem Gläubiger i.R.d. Akzessorietät vollumfänglich und unbeschränkt.

Welches sind die Wirksamkeitsvoraussetzungen der Bürgschaft?
Wie grenzt man die Bürgschaft von der Schuldmitübernahme ab?

↳ SchuldR BT II, Rn. 216 ff.

- Voraussetzungen für eine wirksame Bürgschaft sind der Abschluss eines wirksamen **Bürgschaftsvertrags** <u>und</u> das Bestehen einer zu sichernde **Forderung** (Akzessorietät).

- Abgrenzung zur **Schuldmitübernahme:**

  Bürgschaft und Schuldmitübernahme stimmen darin überein, dass sie dem Gläubiger als zusätzliche Sicherheit einen Anspruch gegen einen „Mithaftenden" verschaffen. Jedoch haftet der **Bürge akzessorisch** für **fremde Schuld**, §§ 765, 767 BGB. Dagegen begründet der Schuldbeitritt eine eigene Verbindlichkeit des Beitretenden, die eigene Wege gehen kann. Entscheidend für die **Abgrenzung** ist, ob nach dem **Willen der Vertragsparteien**, §§ 133, 157 BGB, eine selbständige oder nur eine angelehnte Schuld begründet werden soll. Bleiben Zweifel, ist eine Bürgschaft anzunehmen.

Welche Probleme können sich hinsichtlich der Form der Bürgschaft ergeben?

↳ SchuldR BT II, Rn. 216 ff.

- **Nur** die **Erklärung des Bürgen** bedarf der **Schriftform, §§ 766 S. 1, 126 I BGB**. Dies umfasst auch Nebenabreden und Änderungsvereinbarungen, wenn sie den Bürgen belasten.
- **Ausnahme**: Wenn die Bürgschaft für den Bürgen ein Handelsgeschäft i.S.d. § 343 I HGB darstellt, ist sie formfrei wirksam, **§ 350 HGB.**
- **Mindestinhalt** (alle **essentialia der Bürgschaftserklärung**):
    - Person des Gläubigers
    - Person des Hauptschuldners
    - Person des Bürgen
    - Zu sichernde Forderung
    - Erklärung des Bürgen, dass er sich für die Forderung verbürge

  ⇨ Ist auch nur eines dieser Elemente nicht schriftlich fixiert, ist die gesamte Bürgschaft formnichtig, § 125 S. 1 BGB. Ist die Bürgschaft auslegungsbedürftig, ist die Andeutungstheorie zu beachten.
- **Heilung** nach **§ 766 S. 3 BGB**, soweit der Bürge erfüllt; Erfüllungssurrogate genügen.

Welche Arten von Bürgschaften kennen Sie?

↳ SchuldR BT II, Rn. 216 ff.

- Mitbürgschaft: Diese ist in §§ 769, 774 II BGB geregelt. § 769 BGB bestimmt, dass die Mitbürgen für die Verbindlichkeit als Gesamtschuldner haften.
- Teilbürgschaft: Die Frage, ob Mit- oder Teilbürgschaft vorliegt, beantwortet sich danach, ob die Bürgen für dieselben Teile der Forderung haften (= Mitbürgschaft) oder ob jeder von ihnen für einen anderen Teil der Forderung haftet (= Teilbürgschaft).
- Nachbürgschaft: Der Nachbürge steht dem Gläubiger dafür ein, dass der Vorbürge seine Verpflichtung erfüllt.
- Rückbürgschaft: Der Rückbürge haftet dem Hauptbürgen für die Erfüllung dessen Regresses gegen den Hauptschuldner.
- Ausfallbürgschaft: Der Ausfallbürge haftet erst, wenn der Gläubiger trotz Zwangsvollstreckung beim Schuldner infolge Versagens sonstiger Sicherheiten einen Ausfall hat (echte Bedingung, § 158 I).
- Selbstschuldnerische Bürgschaft: Dieser Bürge hat gemäß § 773 I Nr. 1 BGB auf die Einrede der Vorausklage, § 771 BGB, verzichtet.

Ist der Irrtum des Bürgen über die mangelnde Solvenz des Hauptschuldners ein hinreichender Anfechtungsgrund?

↳ SchuldR BT II, Rn. 216 ff.

Verkehrswesentliche Eigenschaften einer Person i.S.d. § 119 II Alt. 1 BGB sind neben den auf natürlichen Eigenschaften beruhenden Merkmalen auch tatsächliche oder rechtliche Verhältnisse und Beziehungen zur Umwelt, soweit sie nach der Verkehrsanschauung für die Wertschätzung oder Verwendbarkeit von Bedeutung sind. Damit handelt es sich auch bei der **Solvenz des Hauptschuldners** um eine **verkehrswesentliche Eigenschaft** einer Person **i.S.d. § 119 II Alt. 1 BGB**.
Jedoch gehört es im Rahmen der Bürgschaft gerade zum **typischen Risiko**, dass der Hauptschuldner nicht zahlungsfähig ist.
Damit scheidet eine Anfechtung nach § 119 II Alt. 1 BGB aus.

Eine Anfechtung wegen **arglistiger Täuschung durch** den **Hauptschuldner grds. scheidet** ebenfalls **aus**, weil der Bürgschaftsvertrag zwischen dem Bürgen und dem Gläubiger geschlossen wird und der Hauptschuldner **i.d.R. nur Dritter i.S.d. § 123 II S. 1 BGB** ist. Somit muss sich der Gläubiger die Täuschung **nur zurechnen lassen**, **wenn** er sie **kannte oder kennen musste**.

Wann ist Sittenwidrigkeit bei Angehörigenbürgschaften anzunehmen?

↳ SchuldR BT II, Rn. 216 ff.

Damit eine Angehörigenbürgschaft nach § 138 I BGB nichtig ist, müssen folgende Voraussetzungen vorliegen:

1. **Krasse finanzielle Überforderung**

   Liegt dann vor, wenn der Schuldner aus seinem pfändbaren Einkommen die laufenden Zinsen nicht zu tilgen vermag.

2. **Strukturelles Ungleichgewicht: typischerweise bei emotionaler Verbundenheit Bürge/Hauptschuldner**

   Wird bei Vorliegen des ersten Merkmals bei nahen Angehörigen (z.B. Eltern, Kinder, Geschwister, Großeltern) vermutet.

3. **Kenntnis der Bank**

   Es reicht Kenntnis von den die Sittenwidrigkeit begründenden Tatsachen.

4. **Kein Ausschluss der Sittenwidrigkeit**

   - Ausschluss bei Interesse der Bank an Schutz vor Vermögensverschiebungen unter Ehegatten.
   - Bei bes. Geschäftserfahrung oder Eigeninteresse des Bürgen.

Wann liegt bei Arbeitnehmerbürgschaften Sittenwidrigkeit vor?

↳ SchuldR BT II, Rn. 216 ff.

Damit eine Arbeitnehmerbürgschaft nach § 138 I BGB nichtig ist, müssen folgende Voraussetzungen vorliegen:

2. **Krasse finanzielle Überforderung**

   Liegt dann vor, wenn der Schuldner aus seinem pfändbaren Einkommen die laufenden Zinsen nicht zu tilgen vermag.

3. **Strukturelles Ungleichgewicht**

   Da i.d.R. kein der Ehe vergleichbares Näheverhältnis, kann hier die o.g. **Vermutung nicht** eingreifen. Es muss daher die strukturelle Unterlegenheit von dem Arbeitnehmer dargelegt werden.

4. **Kenntnis der Bank**

   Es reicht Kenntnis von den die Sittenwidrigkeit begründenden Tatsachen.

5. **Kein Ausschluss der Sittenwidrigkeit**

   - Bei bes. Geschäftserfahrung oder Eigeninteresse des Bürgen.

Sind auf den Bürgschaftsvertrag die
§§ 491 ff. und 312 ff. BGB anwendbar?

↬ SchuldR BT II, Rn. 216 ff.

Der **Bürgschaftsvertrag** ist **kein Verbraucherkreditvertrag** i.S.d. **§§ 491 ff. BGB**, da der Bürge für seine Verpflichtung keinen Kredit oder sonstige Finanzierungshilfen erhält, sodass eine direkte Anwendung der §§ 491 ff. BGB ausscheidet. Auch eine **analoge Anwendung scheidet** mangels Vergleichbarkeit **aus**, denn der Bürge wird zum einen durch das Schriftformerfordernis bzgl. der Bürgschaftserklärung nach § 766 S. 1 BGB geschützt. Zum anderen ist die Bürgschaft streng akzessorisch zur Hauptforderung, d.h. der Bürge kann sich grds. auf die Einwendungen des Hauptschuldners berufen, anders als der Schuldbeitretende.
Auch die **§§ 312b, 312g BGB** sind auf Bürgschaften nicht (mangels Planwidrigkeit einer Regelungslücke auch nicht analog) **anzuwenden**, wenn der Bürge Verbraucher ist.
Die Bürgschaft stellt keinen Vertrag dar, der auf eine *entgeltliche Leistung des Unternehmers* (Bank) i.S.d. § 312 I BGB gerichtet ist (BGH, L/L 2021, 73 ff.). Auch eine Anwendung im Wege richtlinienkonformer Rechtsfortbildung kommt nicht in Betracht. Zwar gilt Art. 3 I S.1 VR-RL für alle Verträge zwischen Unternehmer und Verbraucher, aber ein Widerrufsrecht besteht gem. Art. 9 II nur für die dortigen Verträge.

Wie weit geht die Haftung des Bürgen?

↳ SchuldR BT II, Rn. 216 ff.

Aufgrund des **Grundsatz**es **der strengen Akzessorietät** ist die Bürgschaftsverpflichtung stets vom Bestand der Hauptforderung abhängig. Wenn sich der Umfang der Hauptschuld ändert, gilt folgendes:

- Eine **Reduzierung** (wie Erfüllung oder Erlass) der Hauptschuld wirkt **stets zugunsten des Bürgen, § 767 I S. 1 BGB**.
- Das **Erlöschen** der Hauptforderung führt zum **Erlöschen der Bürgschaft, § 767 I S. 1 BGB**. Das Erlöschen ist also eine **Einwendung**, keine bloße Einrede nach §§ 768, 770 BGB.
- Eine **rechtsgeschäftliche Erweiterung** der Hauptschuld **erweitert** die Haftung des Bürgen **nicht, § 767 I S. 3 BGB**.
- Der **Bürge haftet** dagegen für **nicht rechtsgeschäftliche Erweiterungen** der Hauptverbindlichkeit, z.B. durch Verzug, § 767 I S. 2 BGB.
- Ob der Bürge auch für die **Zinsen** der Hauptschuld haftet, richtet sich **nur nach dem Bürgschaftsvertrag**.

Wie wird die Bürgschaft auf Dritte übertragen?

↳ SchuldR BT II, Rn. 216 ff.

- Tritt der Gläubiger die Forderung gemäß § 398 S. 1 BGB an einen Dritten ab, so **geht** das **Bürgschaft**srecht ebenfalls auf den Dritten **über**, **§ 401 I BGB**.

Zur Klarstellung: Die Bürgschaft kann nicht getrennt von der Hauptforderung übertragen werden. Sie folgt der Hauptverbindlichkeit nach § 401 I BGB „wie ein Hund an der Leine“. Hinsichtlich der Bürgschaft liegt damit ein **gesetzlicher Erwerb** (**nach § 401 BGB**) vor.

- Einen **gutgläubigen Erwerb der Bürgschaft gibt es nicht**, weil es keinen gutgläubigen Forderungserwerb gibt (vgl. § 404 BGB) und zudem die Bürgschaft nicht rechtsgeschäftlich, sondern gesetzlich nach § 401 I BGB erworben wird.
- Aus § 404 BGB folgt außerdem, dass es auch keinen gutgläubigen lastenfreien Erwerb der Forderung gibt. Der Bürge kann daher alle Einwendungen gegen die Bürgschaft auch dem neuen Gläubiger gegenüber geltend machen.
- Ist für die Abtretung der Forderung der Übergang der Bürgschaft vertraglich ausgeschlossen, erlischt die Bürgschaft nach § 1250 II BGB analog.

Systematisieren Sie sich die rechtshemmenden Einreden der §§ 768, 770, 771 BGB!

↳ SchuldR BT II, Rn. 216 ff.

§ 768 BGB	§ 770 I, II BGB	§ 771 BGB
Schuldnerbezogene Einreden können als bürgenbezogene Einreden geltend gemacht werden, § 768 I S. 1 BGB. Gemäß § 768 II BGB bleiben die Einreden trotz Verzichts des Hauptschuldners dem Bürgen erhalten.	Leistungs-verweigerungsrecht für den Bürgen, solange Hauptschuldner anfechten bzw. der Gläubiger aufrechnen kann	Leistungs-verweigerungsrecht für den Bürgen, solange nicht der Gläubiger eine Zwangsvollstreckung gegen den Hauptschuldner versucht hat.
Ausnahmen: • § 768 I S. 2 BGB • 254 II InsO.	**§ 770 I BGB** gilt nach h.M. **analog** für andere Gestaltungsrechte des Hauptschuldners (str.)	**Ausnahmen:** • § 773 I BGB, insbes. Nr. 1, selbstschuldnerische Bürgschaft • § 349 HGB

Systematisieren Sie die Einreden des Bürgen gegen die Forderung und die Bürgschaft!

SchuldR BT II, Rn. 216 ff.

Einreden des Bürgen gegen	Vor Abtretung	Nach Abtretung
Die Forderung	§ 768 BGB	401, 404 ff., 768 BGB
Die Bürgschaft	§§ 770,771, 773 BGB	770, 771, 773 BGB

Die Bürgschaft ist ein **streng akzessorisches** Personalkreditsicherungsmittel. Daher kann sie nicht getrennt von der Forderung übertragen werden (siehe KK 9).
Außerdem verhindert die strenge Akzessorietät, dass der Bürge durch die Übertragung der Forderung Einreden gegen den Gläubiger der Hauptforderung verliert, §§ 401, 404 ff. BGB.

Wie wirken sich Urteile im Verhältnis der drei Parteien für den Bürgen bzw. den Hauptschuldner aus?

↳ SchuldR BT II, Rn. 216 ff.

- Grundsätzlich wirken Urteile nur zwischen den Parteien (inter partes), § 325 I Alt. 1 ZPO.
- Wenn es jedoch ein Urteil im Verhältnis Hauptschuldner und Gläubiger gibt, das die Klage des Gläubigers wegen Nichtbestehens der Hauptforderung abweist, so kann sich der Bürge darauf berufen. Hier gibt es eine **Rechtskrafterstreckung wegen materiell-rechtlicher Abhängigkeit**.
- Wenn der Gläubiger mit seiner Klage gegen den Hauptschuldner erfolgreich ist, wirkt dieses Urteil nicht zwangsläufig gegen den Bürgen. Hier gilt die inter-partes-Wirkung.

Ein Urteil im Prozess zwischen Gläubiger und Bürgen wirkt sich nicht im Verhältnis zwischen Gläubiger und Hauptschuldner aus.

Wie wirkt sich die Verjährung der Hauptschuld auf die Bürgschaft aus?

Überblick

↳ SchuldR BT II, Rn. 216 ff.

Das Problem, ob sich der Bürge auf die Verjährung der Hauptschuld berufen kann, stellt sich, wenn:

- Der Gläubiger vor Verjährung der Hauptschuld **nur gegen den Bürgen** vorgeht **und**
- Die **Hauptschuld** während des Prozesses **verjährt**

Durch die Klage gegen den Bürgen hat der Gläubiger die Verjährung der Hauptschuld nicht gemäß § 204 I Nr. 1 BGB gehemmt, denn die Hauptschuld ist nicht akzessorisch zur Bürgschaft.

Sinn und Zweck der **Akzessorietät** der Bürgschaft ist der **Schutz des Bürgen**. Der Bürge hat Bestand und Durchsetzbarkeit der Hauptschuld nicht zu vertreten, die Hauptschuld ist eine fremde Verbindlichkeit.
Weil aber die Hauptschuld verjährt und damit nicht durchsetzbar ist, kann sich der **Bürge** aufgrund der Akzessorietät auch trotz der Klage des Gläubigers über **§§ 768, 214 I BGB auf** die **Einrede der Verjährung berufen (Ausnahme: § 771 S.2 BGB)**.

Wie stellt sich der Rückgriff des Bürgen gegen den Hauptschuldner dar?

↳ SchuldR BT II, Rn. 216 ff.

1. Im ***Innenverhältnis*** besteht regelmäßig ein Auftrag, sodass gem. **§§ 662, 670 BGB** der Bürge vom Hauptschuldner Regress verlangen kann.

2. **§ 774 I S. 1 BGB** ordnet zugunsten des in Anspruch genommenen Bürgen im ***Außenverhältnis*** außerdem eine **cessio legis** an: Die Forderung des Gläubigers gegen den Hauptschuldner geht kraft Gesetzes auf den Bürgen über, soweit dieser den Gläubiger befriedigt.
Der eigentliche **Sinn** der cessio legis ist, dem zahlenden Bürgen parallel zum Erwerb der Forderung auch die **bestehenden akzessorischen Sicherheiten zu übertragen, §§ 412, 401 BGB**.
Ob und in welcher Höhe die Forderung aber auf den Bürgen übergeht, **bestimmt** sich danach, inwieweit der Bürge im **Innenverhältnis** zwischen Bürgen und Hauptschuldner Ausgleich verlangen kann, § 774 I S. 3 BGB. Liegt zwischen Bürge und Hauptschuldner z.B. eine Schenkung vor (absolute Ausnahme), so gibt es im Innenverhältnis keinerlei Ausgleichsansprüche und damit auch keine cessio legis.

Verdeutlichen Sie sich die den Bürgenregress anhand einer Skizze!

SchuldR BT II, Rn. 216 ff.

Erläuterung des Bürgenregresses bei einem Auftrag im Innenverhältnis

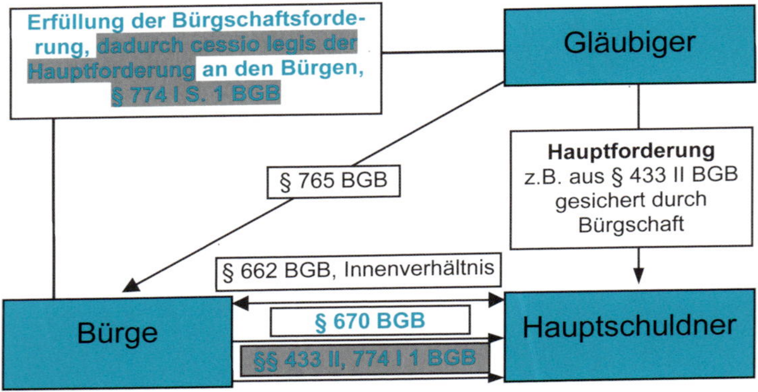

Was versteht man unter dem Wettlauf der Sicherungsgeber?

↳ SchuldR BT II, Rn. 216 ff.

- Eine Forderung kann durch verschiedene Sicherungsmittel (z.B. Bürgschaft, Hypothek, Pfandrecht) gesichert sein.
- Wenn nun einer der Sicherungsgeber leistet, ist problematisch, ob und inwieweit der Sicherungsgeber, der geleistet hat, von den anderen Sicherungsgeber Ausgleich verlangen kann.
- Nach dem Wortlaut des Gesetzes geht die durch akzessorische Sicherungsmittel gesicherte Forderung auf den Sicherungsgeber, der zuerst leistet, im Wege einer cessio legis über (nach §§ 774 I S. 1, 1143 I S. 1 bzw. 1225 S. 1 BGB). Mit der Forderung gehen nach **§§ 412, 401 BGB** auch die **akzessorischen** Sicherungsmittel wie Hypothek, Bürgschaft und Pfandrecht gegen die anderen Sicherungsgeber über.
- Danach könnte der zuerst zahlende Sicherungsgeber in vollem Umfang die anderen Sicherungsnehmer in Regress nehmen, sodass derjenige am besten stünde, der zuerst zahlt.

  ➔ Es käme also zu einem Wettlauf der Sicherungsgeber.

Wie ist der Ausgleich der Sicherungsgeber untereinander angemessen zu lösen?

↳ SchuldR BT II, Rn. 216 ff.

Das Ergebnis eines **Wettlaufs der Sicherungsgeber** ist **wertungsmäßig** **nicht haltbar**.
Die Lösung des Problems muss jedenfalls dazu führen, dass nicht der zuerst zahlende Sicherungsgeber immer vollen Ausgleich gegen die anderen Sicherungsgeber nehmen kann.
Bei **mehreren Sicherungsgebern mit identischem Sicherungsmittel** findet sich eine **gesetzliche Regelung**, so für Mitbürgen §§ 774 II, 426 BGB, für Mitpfandgläubiger §§ 1225 S. 2, 774 II, 426 BGB.
Für den Rückgriff untereinander ist danach das **Innenverhältnis maßgeblich**, **§ 426 I S. 1 BGB**; nur insoweit gehen die anderen Sicherheiten auf den zahlenden SiG über. Wenn im Innenverhältnis keine besonderen Vereinbarungen getroffen wurden, gilt **grds**. eine anteilige **pro-Kopf-Haftung**.
Der **Rechtsgedanke** des Mitbürgenausgleichs nach §§ 774 II, 426 BGB ist somit stets **auf** den **Ausgleich zwischen Sicherungsgebern** verschiedenartiger Sicherungsmittel **anzuwenden**.

Was ist die Schutzwirkung des § 776 BGB?

Überblick

SchuldR BT II, Rn. 216 ff.

§ 776 BGB schützt den Bürgen davor, an den Gläubiger zahlen zu müssen, obwohl dieser den Rückgriff des Bürgen dadurch gefährdet hat, dass er eine parallele Sicherheit aufgegeben hat.
Aufgeben i.S.d. § 776 BGB bedeutet nur vorsätzliches, aktives Handeln. Ein fahrlässiges Verschlechtern, Vernichten oder schlecht Verwerten reicht nicht aus.
Eine Aufgabe liegt jedoch auch darin begründet, dass der Gläubiger die Sicherheit nunmehr für eine andere als die durch den ausgleichsberechtigten Bürgen gesicherte Forderung verwendet.

§ 776 BGB ist abdingbar, jedoch nach h.M. nicht in AGBen da darin ein Verstoß gegen § 307 BGB liegt.
§ 776 BGB findet **analoge Anwendung auf** die **nicht-akzessorischen Sicherungsrechte**. Voraussetzung hierfür ist, dass der Gläubiger aufgrund des Bürgschaftsvertrages verpflichtet gewesen wäre, die Sicherheit auf den zahlenden Bürgen zu übertragen.

Was ist die Rechtsnatur des Vergleichs
und welches sind die
Tatbestandsvoraussetzungen?

↳ SchuldR BT II, Rn. 330 ff.

- Der Begriff des Vergleichs ist in § 779 BGB geregelt.
- Der Vergleich ist ein gegenseitiger schuldrechtlicher Vertrag.
- **§ 779 I BGB** enthält eine **Legaldefinition** des Vergleichs. Danach sind **Tatbestandsvoraussetzungen**:
  - ⇨ **Bestehen von Streit oder Ungewissheit über ein Rechtsverhältnis**
    Die Ungewissheit bzw. der Streit müssen subjektiv vorliegen und können aus tatsächlichen oder rechtlichen Gründen gegeben sein. § 779 II BGB stellt dem die Unsicherheit über die Verwirklichung eines Anspruches gleich.
  - ⇨ **Gegenseitiges Nachgeben**
    Die Parteien müssen aus subjektiver Sicht Zugeständnisse irgendwelcher Art machen. Auch geringfügige und solche, die sich nicht auf den Streit selbst beziehen, reichen aus. Ausreichend ist nicht, wenn nur eine Partei nachgibt; jeder muss nachgeben, weil es der andere auch tut.
  - ⇨ **Kein Verstoß gegen zwingende gesetzliche Vorgaben**

Ist der Vergleich formbedürftig?

! Überblick

↳ SchuldR BT II, Rn. 330 ff.

Einer **Form bedarf** der Vergleich **in der Regel nicht**. Enthält er aber formbedürftige Verpflichtungs- oder Erfüllungsgeschäfte, gilt der Formzwang auch, soweit diese Geschäfte vergleichshalber vorgenommen werden.

Beispiele:

- Eingehung einer Bürgschaft, § 766 S. 1 BGB
- Beendigung eines Arbeitsverhältnisses, § 623 BGB

Beachten Sie bereits hier die Unterschiede zum Prozessvergleich (zu diesem sogleich). Der **Prozessvergleich** muss vor einem deutschen Gericht geschlossen und protokolliert werden, §§ 160 III Nr. 1 Var. 3, 794 I Nr. 1 ZPO.
Der **gerichtliche Vergleich** (Unterschied zum Prozessvergleich: nicht zwingend prozessbeendigende Wirkung) **ersetzt nach § 127a BGB jegliche Form** des BGB, d.h. sowohl Schrift- als auch notarielle Form.

Was sind die Rechtsfolgen des Vergleichs?

Überblick

↳ SchuldR BT II, Rn. 330 ff.

- Der Vergleich **ordnet die streitigen Rechtsbeziehungen neu** und schließt aus, dass die Parteien auf die im Streit geregelten Streitpunkte zurückgreifen können.
- Zumeist wird der Vergleich – weil nach dem Parteiwillen so gewollt – **neben das alte Schuldverhältnis** treten.
- Ein entgegenstehender Wille (so z.B. bei Novation oder Schuldumsetzung) muss dagegen deutlich hervortreten.
- Bleibt das alte Schuldverhältnis neben dem Vergleich bestehen, können die Parteien noch daraus vorgehen, soweit es sich nicht gerade um die Fragen handelt, die der Vergleich regelt.

Die Unwirksamkeit des Vergleichs nach § 779 I BGB ist ein gesetzlich geregelter Fall der Störung der Geschäftsgrundlage.
§ 313 BGB bleibt aber anwendbar, wenn die Voraussetzungen des § 779 I BGB nicht oder nicht vollständig erfüllt sind, insbesondere beim beiderseitigen Motivirrtum.

Was sind die Besonderheiten des Prozessvergleichs?

Überblick

↳ SchuldR BT II, Rn. 330 ff.

- Die **Rechtsnatur** des Prozessvergleichs ist ein Prozessvertrag mit **Doppelnatur**, d.h. mit materiellem und prozessualem Teil.
- **Prozessualer und materieller Teil** bedingen sich, d.h. die beiden Teile sind auch **in ihrer Wirksamkeit voneinander abhängig**.
- Die **Wirksamkeit** beider Teile ist aber **getrennt zu prüfen**:
  - ⇨ Hinsichtlich des materiellen Teils insbesondere Geschäftsfähigkeit und § 779 I BGB.
  - ⇨ Hinsichtlich des prozessualen Teils insbesondere Vorliegen der allgemeinen Prozesshandlungsvoraussetzungen und Voraussetzungen der §§ 160 ff., 794 I Nr. 1 ZPO.
- Bei den **Wirkungen** des Prozessvergleichs ist auch wieder zu unterscheiden. Zu den Wirkungen des materiellen Teils siehe KK 3, der **prozessuale Teil** hat insbesondere **prozessbeendigende Wirkung**, d.h. die Rechtshängigkeit des Verfahrens endet, vgl. §§ 81 Hs. 3, Var. 1, 98 S. 2 ZPO.

Zu welchem Zeitpunkt beendet der Prozessvergleich die Rechtshängigkeit des Verfahrens?

↳ SchuldR BT II, Rn. 330 ff.

- Wenn ein wirksamer, vgl. KK 4, Prozessvergleich vorliegt, endet die Rechtshängigkeit des Verfahrens zum Zeitpunkt des Vorliegens aller Wirksamkeitsvoraussetzungen.
- In der Praxis wird häufig ein Widerrufsvorbehalt vereinbart. Dieser ist eine aufschiebende Bedingung i.S.d. § 158 I BGB. In diesem Fall tritt prozessbeendigende Wirkung mit Eintritt der Bedingung ein.

Unterscheiden Sie von dem Prozessvergleich ein außergerichtliches Versprechen zur Rücknahme der Klage. Durch ein solches **Klagerücknahmeversprechen** wird die Rechtshängigkeit des Streitgegenstands nicht beseitigt. Es ist vielmehr eine **prozessuale Einrede**, die bei rechtzeitiger Geltendmachung zur Abweisung der Klage als unzulässig führt (§ 242 BGB, venire contra factum proprium).
Weitere solche **Zulässigkeitseinreden** sind: Einrede mangelnder Ausländersicherheit, §§ 110, 113 ZPO, Einrede mangelnder Kostenerstattung bei vorheriger Klagerücknahme, § 269 VI ZPO, Einrede der Schiedsgerichtsklausel, § 1032 ZPO.

Was gilt bei unwirksamen Prozessvergleichen?

Überblick **Vergleich 6**

↳ SchuldR BT II, Rn. 330 ff.

Bei **Unwirksamkeit des Prozessvergleichs** ist **zu unterscheiden**:

1. **Anfängliche Unwirksamkeit** (ex tunc), sowohl hinsichtlich des materiellen als auch des prozessualen Teils, z.B. bei Anfechtung, § 142 I BGB, Nichteintritt einer Bedingung (vor allem Wirksamkeit eines vorbehaltenen Widerrufs) führt dazu, dass es nie einen wirksamen Prozessvergleich und damit keine prozessbeendigende Wirkung gegeben hat. Der alte Prozess bleibt damit rechtshängig. Daher stünde einer neuen Klage die negative Prozessvoraussetzung der anderweitigen Rechtshängigkeit entgegen Dieser ist aber eine verzichtbare prozessuale Rüge, die grundsätzlich vor Beginn der Verhandlung zur Hauptsache bzw. im Rahmen einer vom Gericht gesetzten Klageerwiderungsfrist vorzubringen ist (**BGH, Life&LAW 03/2014, 183 ff.**)
2. **Nachträgliche Unwirksamkeit** (ex nunc), z.B. bei Rücktritt und Aufhebung, führt dazu, dass der prozessuale Teil (die prozessbeendigende Wirkung) bereits eingetreten ist. Damit wurde der alte Prozess wirksam beendet.

Welches ist die Rechtsnatur des konstitutiven Schuldanerkenntnisses/-versprechens?

SchuldR BT II, Rn. 338 ff.

Die folgenden Ausführungen gelten ausschließlich für das konstitutive (= abstraktes bzw. selbständiges Schuldanerkenntnis/-versprechen).

- Das **konstitutive Schuldversprechen** ist in § 780 BGB, das **konstitutive Schuldanerkenntnis** in § 781 BGB geregelt. Sie unterscheiden sich nur durch ihren Wortlaut. Einen rechtlichen Unterschied gibt es nicht.
- Das Schuldanerkenntnis und das Schuldversprechen sind einseitig verpflichtende abstrakte Verträge mit dem Inhalt, dass der Schuldner unabhängig vom Bestehen eines Schuldgrundes eine Leistung verspricht bzw. bestehende Schuld anerkennt.
- Die Schriftform, § 126 BGB, ist Wirksamkeitsvoraussetzung, §§ 780 S. 1, § 781 S. 1 BGB. Die elektronische Form, § 126a BGB, ist ausdrücklich ausgeschlossen, §§ 780 S. 2, 781 S. 2 BGB. Das Formerfordernis gilt nicht gemäß §§ 782 BGB, wenn das SA im Wege eines Vergleichs oder einer Abrechnung erteilt wird und nicht gemäß § 350 HGB, wenn die Erklärung von einem Kaufmann im Rahmen seines Handelsgeschäfts getätigt wird.

Erstellen Sie sich eine Übersicht zu den Unterschieden zwischen konstitutivem und deklaratorischem Schuldanerkenntnis!

Überblick — Schuldanerkenntnis 2

↳ SchuldR BT II, Rn. 338 ff.

	Abstraktes bzw. konstitutives Schuldanerkenntnis (SA)	Deklaratorisches bzw. kausales Schuldanerkenntnis
Anspruchsgrundlage	Eigene zusätzliche AGL ⇨ daher konstitutives SA	Nur ursprüngliche AGL ⇨ daher deklaratorisches SA
Form	Schriftform, §§780, 781 BGB	formfrei
Nichtigkeit des Grundgeschäfts	Schuldanerkenntnis wirksam ⇨ daher abstraktes SA beachte aber § 812 II BGB	Schlägt grds. durch ⇨ daher kausales SA
Einreden gegen die anerkannte Forderung	Grundsätzlich unbeachtlich Ausnahmen: • § 656 II BGB • § 762 II BGB	Verlust, soweit sie bekannt waren oder hätten bekannt sein können
Verjährung	3 Jahre nach §§ 195, 199 I BGB	Ursprüngliche Verjährung Aber § 212 I Nr. 1 BGB

Grenzen Sie ab zwischen einer reinen Wissens-/ Absichtserklärung, dem konstitutiven und dem deklaratorischen Schuldanerkenntnis!

↳ SchuldR BT II, Rn. 338 ff.

Die **Abgrenzung** ist **Auslegungsfrage**, vorzunehmen anhand des **Rechtsbindungswillens**. Ein **abstraktes SA** liegt nur vor, wenn die mit dem Versprechen übernommenen Verpflichtungen von ihren wirtschaftlichen und rechtlichen Zusammenhängen losgelöst und rein auf den Leistungswillen des Schuldners gestellt werden sollen.

Im Zweifel liegt damit kein abstraktes Schuldanerkenntnis vor, insbesondere dann nicht, wenn im Inhalt der Urkunde der Verpflichtungsgrund genannt ist.

Letzteres ist ein gewichtiges Indiz für das Vorliegen eines **deklaratorischen SA**. Voraussetzung für ein deklaratorisches SA ist das Außerstreitstellen der AGL des Verpflichtungsgrundes, d.h. ein Streit der Parteien muss überhaupt erst vorausgegangen sein. Eventuelle Einreden und Einwendungen sollen dadurch nicht mehr geltend gemacht werden können. Es kann aber nur auf solche Einreden und Einwendungen verzichtet werden, die zur Zeit der Erklärung bereits vorhanden und den Beteiligten bekannt waren.

Reine **Absichtserklärungen** weisen den geringsten Rechtsbindungswillen auf und wirken nur prozessual als Beweislastumkehr oder -erleichterung.

Wie wird das Schuldanerkenntnis bereicherungsrechtlich behandelt?

! Überblick **Schuldanerkenntnis 4**

↳ SchuldR BT II, Rn. 338 ff.

§ 812 II BGB stellt klar, dass es sich bei dem **abstrakten SA** um eine Leistung im bereicherungsrechtlichen Sinn handelt. § 812 II BGB ist kein Sonderfall der Leistungskondiktion, sondern nur eine gesetzliche Erläuterung des Begriffs der Leistung. Das abstrakte SA ist **kondizierbar**, wenn die anerkannte Schuld nicht oder nicht mehr besteht.

Ein **deklaratorisches SA** fällt nicht unter § 812 II BGB, da es sich hierbei nicht um eine selbständige Leistung handelt. Beim deklaratorischen SA führt daher die Unwirksamkeit des Verpflichtungsgrundes auch zur Unwirksamkeit des SA.

Wer ohne Rechtsgrund ein abstraktes SA eingegangen ist, kann gemäß § 821 BGB die Erfüllung einredeweise verweigern.

§ 821 BGB ist eine echte, nicht von Amts wegen zu beachtende Einrede. Das Geleistete kann nach § 813 I S. 1 BGB zurückverlangt werden, da die Einrede des **§ 821 BGB** eine **dauernde (peremptorische) Einrede** ist.

Welche Arten von Factoring sind zu unterscheiden und wie werden diese behandelt?

Überblick

↳ SchuldR BT II, Rn. 158 ff.

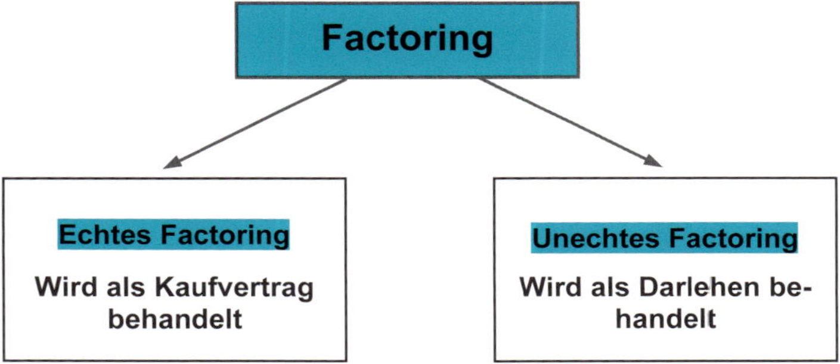

Was ist Sinn und Zweck des Factorings und wie wird es durchgeführt?

↳ SchuldR BT II, Rn. 158 ff.

- Um Liquiditätsverluste von Unternehmen auszugleichen, die dadurch entstehen, dass den Kunden Zahlungsfristen eingeräumt werden, verkaufen die Unternehmen die Forderungen an eine **Bank**, den **sog. Factor**. Dieser Factor lässt sich die Forderungen übertragen und stellt dem Unternehmen dafür den Gegenwert der Forderung, vermindert um die Provision, zur Verfügung. I.d.R. überträgt der Unternehmer seine Forderungen gegen den Abnehmer durch **Globalzession** auf den Factor.
- Beim **echten Factoring** trägt der **Factor** das **Delkredererisiko**, d.h. das Risiko der Uneinbringlichkeit der Forderung. Es handelt sich also um einen Forderungskauf.
- Beim **unechten Factoring** trägt der Factoringkunde, d.h. das **Unternehmen**, das Risiko des Forderungsausfalls (**Delkredererisiko**). Die Gutschrift des Gegenwerts der Forderung ist hier also ein bloßes Kreditgeschäft, d.h. ein Darlehen. Die Abtretung erfolgt zur Sicherheit des Kredits und zugleich erfüllungshalber.

Wie ist das Verhältnis zwischen Factor und anderen Sicherungsgebern? Welche Rolle spielt dabei die Globalzession?

– Teil I –

↳ SchuldR BT II, Rn. 158 ff.

Auch die Zession (Abtretung) an einen Factor kann mit Abtretungen zugunsten anderer Sicherungsgeber kollidieren.
Hierbei gilt grds. der **Prioritätsgrundsatz**, d.h. die zeitlich erste Abtretung geht späteren vor.
Dieser Grundsatz ist jedoch dann wertungsmäßig zu korrigieren, wenn es zu einseitigen Benachteiligungen führt.
Die **Korrektur** wird über die sog. **Vertragsbruchtheorie** vorgenommen. **Diese kommt aber nur dann zur Anwendung, wenn der verlängerte EV nachfolgt.** Sie wurde für das Verhältnis von Globalzession und verlängertem Eigentumsvorbehalt entwickelt. Denn die strenge Einhaltung des Prioritätsgrundsatzes würde hier auf Dauer zu einer Benachteiligung des Warenlieferanten führen, weil mit der Bank regelmäßig eine dauerhafte Geschäftsbeziehung besteht, während die Lieferverträge i.d.R. neu – und damit nachrangig zu den Globalzessionsforderungen – abgeschlossen werden. Siehe klarstellend KK 5.
Bei der Übertragung der Grundsätze der Vertragsbruchtheorie ist nach h.M. **zwischen unechtem und echtem Factoring** zu **differenzieren**.

Wie ist das Verhältnis zwischen Factor und anderen Sicherungsgebern? Welche Rolle spielt dabei die Globalzession?
– Teil II –

↳ SchuldR BT II, Rn. 158 ff.

Zur Klarstellung: Zur wertungsmäßigen Korrektur des Prioritätsgrundsatzes über die Vertragsbruchtheorie kommt man **nur**, wenn der verlängerte EV dem Factoring/der Globalzession nachfolgt!

- Beim **echten Factoring** ist die **Vertragsbruchtheorie nicht anwendbar**, d.h. es bleibt beim Prioritätsgrundsatz. Denn der Vorbehaltsverkäufer steht wirtschaftlich und rechtlich ebenso da, wie wenn der Käufer die Forderung selbst eingezogen hätte.
- Beim **unechten Factoring** ist **nach Ansicht des BGH** die **Vertragsbruchtheorie anwendbar**, da der Factor das Delkredererisiko nicht übernimmt. Denn in der Insolvenz des Vorbehaltskäufers konkurriert die Kaufpreisforderung mit dem Rückzahlungsanspruch der Factorbank. Insofern ist das unechte Factoring mit der Globalzession zu vergleichen (str.).

Wie ist das Verhältnis zwischen Factor und anderen Sicherungsgebern? Welche Rolle spielt dabei die Globalzession?

– Teil III –

↳ SchuldR BT II, Rn. 158 ff.

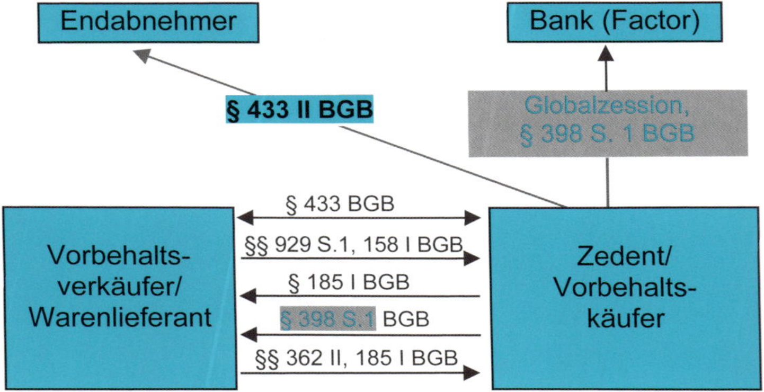

Wie ist das Verhältnis zwischen Factor und anderen Sicherungsgebern? Welche Rolle spielt dabei die Globalzession?

– Teil IV –

↳ SchuldR BT II, Rn. 158 ff.

Der **verlängerte EV** enthält folgende Abreden:

- Die Sache wird unter der aufschiebenden Bedingung der vollständigen Kaufpreiszahlung übereignet, §§ 929 S. 1, 158 I BGB.
- Der Vorbehaltskäufer wird zur Weiterveräußerung im ordnungsgemäßen Geschäftsverkehr ermächtigt, § 185 I BGB.
- Die Forderung aus dieser Weiterveräußerung wird dem Vorbehaltsverkäufer im Voraus abgetreten, § 398 S. 1 BGB.
- Der Vorbehaltskäufer wird zur Entgegennahme des Kaufpreises ermächtigt, §§ 362 II, 185 I BGB.

Bei einer **Globalzession** verpflichtet sich der Zedent zu einer Vorausabtretung aller seiner Forderungen gegenüber dem Zessionar.

Wie ist das Verhältnis zwischen Factor und anderen Sicherungsgebern? Welche Rolle spielt dabei die Globalzession?
– Teil V –

↳ SchuldR BT II, Rn. 158 ff.

Treffen nun unechtes Factoring und verlängerter EV aufeinander, so kollidiert die Pflicht des Vorbehaltskäufers (VK), den Kaufpreisanspruch nach § 433 II BGB an den Vorbehaltsverkäufer (VV) abzutreten, mit seiner Pflicht, alle seine Forderungen an die Bank abzutreten (siehe auf KK 5 als § 398 S. 1 BGB).

Bei strikter Anwendung des Prioritätsgrundsatzes wäre stets die Abtretung zugunsten der Factorbank wirksam. Der VV wäre nie – wie eigentlich vom verlängerten EV beabsichtigt – gegen das Insolvenzrisiko des VV gesichert.

Der VK wird daher durch das unechte Factoring zum Vertragsbruch gegenüber dem VV gezwungen.

Daher ist das unechte Factoring nichtig nach der Vertragsbruchtheorie.

Die Vertragsbruchtheorie stellt letztlich die Anwendung des § 138 I BGB im Drei-Personen-Verhältnis dar.

Sowohl Verwahrung (i.d.R.) als auch Leihe sind unentgeltliche Verträge, bei denen eine Sache einem anderen überlassen wird.
Was unterscheidet beide voneinander?

Verwahrung	Leihe
Interesse an Überlassung liegt bei der Person, die die Sache weggibt **(Hinterlegen)**	Interesse an Überlassung liegt bei der Person, der die Sache übergeben wird **(Entleihen)**

A gibt dem B eine Sache unentgeltlich in Verwahrung. B ermöglicht D grob fahrlässig den Diebstahl der Sache. Haftet B?
Kann er von A etwas verlangen?

1. **Haftung des B?**

AGL? §§ 280 I, III, 283

Privilegierung? (-), § 690 gilt nur für leichte Fahrlässigkeit

2. **Was kann A verlangen?**

Gem. **§ 255 BGB Anspruch auf Verschaffung des Eigentums,**
§§ 929, 931, 398 i.V.m. §§ 823 I, 249 I bzw. § 812 I S. 1, 2. Alt. BGB

Ist der Verwahrer berechtigt, die Sache bei einem Dritten zu hinterlegen?

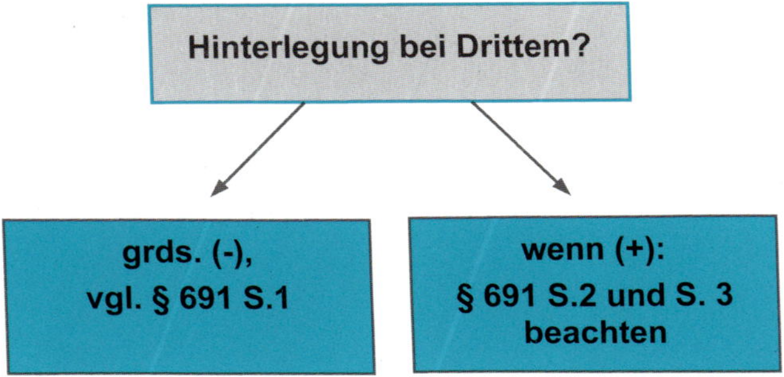
Hinterlegung bei Drittem?
grds. (-),
vgl. § 691 S.1
wenn (+):
§ 691 S.2 und S. 3
beachten

Wie ist die Verjährung hinsichtlich des Rückforderungsanspruchs des Hinterlegers geregelt?

Verjährung bei Rückforderung

⇓

Grundsatz: Allgem. Verjährung, §§ 195, 199 BGB

⇓

Besonderheit: Beginn der Verjährung ab Rückforderung, § 695 S.2

⇓

Begründung: Sonst könnte der Verwahrer nach Ablauf von **3 Jahren** die **Herausgabe verweigern**

Kommt im Restaurant ein Verwahrungsvertrag zwischen Gastwirt und Gast zustande?

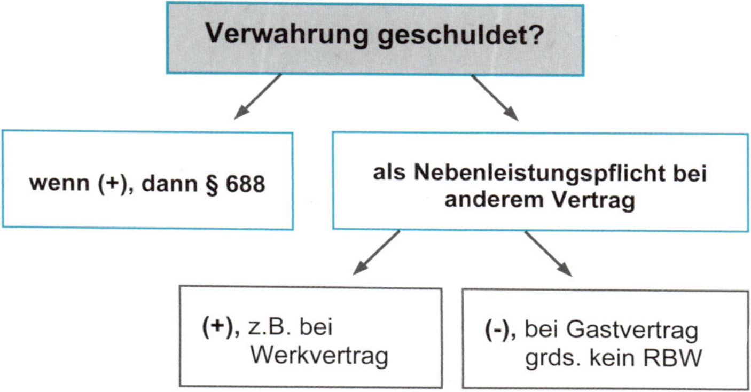
Verwahrung geschuldet?
wenn (+), dann § 688
als Nebenleistungspflicht bei anderem Vertrag
(+), z.B. bei Werkvertrag
(-), bei Gastvertrag grds. kein RBW

Was ist bei der deliktischen Haftung des Verwahrers zu beachten?

- ⇨ **Bei Beschädigung bzw. Zerstörung haftet Verwahrer aus § 280 I (283) u. § 823 I BGB**

- ⇨ **§ 690 gilt entsprechend für deliktischen Anspruch**

Die Skripten: Ihr Erfolgsprogramm für Studium und Examen
DIE HAUPTSKRIPTEN
DAS PRÜFUNGSWISSEN
HEMMER / WÜST / KRICK / TYROLLER
ARBEITSRECHT
Das Prüfungswissen
für Studium
und Examen
STENSEN / GRIEGER
SRECHT I

Die Assessor-Basics:
Ihr Training für das Assessorexamen
THEORIESKRIPTEN
& KLAUSURENTRAINING
HEMMER / WÜST / GOLD / KRICK
DIE ZIVILRECHTLICHE
ANWALTKLAUSUR
Teil 1: Arbeitstechnik und Formalia
Assessor-Basics
Klausurtechnik
Formulierungshilfen
Aufbauregeln

Life&LAW
04/2021
IHR EXAMENSWISSEN
EXAMENSRELEVANTE ENTSCHEIDUNGEN
KLAUSURTYPISCH AUFBEREITET
ZIVILRECHT
STRAFRECHT
ÖFFENTLICHES RECHT
TYPISCHE KLAUSURPROBLEME
GRUNDFÄLLE
HEMMER.LIFE

Notizen